Daniel Flores

Anunnakis
El Ascenso y la Caída de los Creadores
de la Primera Civilización

Título Original: Anunnakis - El Ascenso y la Caída de los Creadores de la Primera Civilización

Copyright © 2025, publicado por Luiz Antonio dos Santos ME.

Este libro es una obra de no ficción que explora mitos y teorías sobre los Anunnakis, su influencia en la civilización sumeria y sus interpretaciones en la cultura moderna. El autor investiga las leyendas, registros históricos e hipótesis arqueológicas, presentando un panorama amplio sobre estas enigmáticas figuras.

2ª Edición
Equipo de Producción
Autor: Daniel Flores
Editor: Luiz Santos
Cubierta: Studios Booklas/Arnaldo Jacan
Diagramación: Carlos Martins
Traducción: Mariana Gonzalez

Publicación e Identificación
Anunnakis - El Ascenso y la Caída de los Creadores de la Primera Civilización
ISBN: 978-65-9981-049-7
Booklas, 2025
Categorías: Historia Antigua / Arqueología Alternativa
DDC: 299.92 / **CDU:** 93/94
Todos los derechos reservados a:
Luiz Antonio dos Santos ME / Booklas

Ninguna parte de este libro puede ser reproducida, almacenada en un sistema de recuperación o transmitida por cualquier medio — electrónico, mecánico, fotocopia, grabación u otro— sin la autorización previa y expresa del titular de los derechos de autor.

Contenido

Prólogo 4
Capítulo 1 Mitología Sumeria 7
Capítulo 2 Origen 15
Capítulo 3 Enki y Enlil 23
Capítulo 4 El Diluvio Universal 31
Capítulo 5 La Creación del Hombre 41
Capítulo 6 Los Anunnakis y los Nefilim 51
Capítulo 7 El Reino de los Cielos 61
Capítulo 8 El Control sobre la Tierra 72
Capítulo 9 Mitos de la Realeza 84
Capítulo 10 El Conocimiento Prohibido 96
Capítulo 11 La Influencia de los Anunnakis 110
Capítulo 12 Los Templos 117
Capítulo 13 Sacerdotisas y los Sacerdotes 127
Capítulo 14 La Cosmología Sumeria 138
Capítulo 15 Las Leyendas del Inframundo 150
Capítulo 16 El Poder Político y Militar 160
Capítulo 17 La Manipulación del Tiempo 171
Capítulo 18 La Magia 182
Capítulo 19 Interpretaciones Arqueológicas 193
Capítulo 20 Los Extraterrestres 204
Capítulo 21 La Tecnología 219

Capítulo 22 La Espiritualidad Moderna 230
Capítulo 23 La Filosofía 242
Capítulo 24 La Cultura Popular 253
Capítulo 25 Teorías Modernas 266
Capítulo 26 Reflexiones Finales 277
Epílogo 286

Prólogo

En las vastas arenas de la antigua Mesopotamia, donde los primeros rayos de civilización comenzaron a brillar, una cultura emergió con un poder e influencia que resonaría a través de los milenios. Los sumerios, con su avanzada comprensión de la agricultura, la arquitectura, y la escritura, no solo dejaron un legado material, sino que también nos brindaron mitos e historias que han perdurado en la conciencia humana. En el corazón de su rica mitología, los Anunnakis, dioses poderosos y enigmáticos, ocupan un lugar central.

Los Anunnakis, según la tradición sumeria, no eran simples deidades. Eran seres inmortales que no solo influían en los destinos de los humanos, sino que también compartían con ellos los secretos de la civilización. La escritura, la astronomía, la agricultura y la metalurgia fueron, según los mitos, dones que estos dioses otorgaron a la humanidad. Pero, como con todo conocimiento divino, estos regalos no venían sin condiciones. Los Anunnakis vigilaban de cerca cómo se utilizaban estos saberes, castigando el abuso y guiando el desarrollo humano.

A lo largo de los siglos, los mitos sobre estos seres se transformaron. Lo que comenzó como una rica narrativa sumeria, fue absorbiéndose en las culturas acadias, babilónicas y asirias, extendiéndose más allá de la región de Mesopotamia. Sin embargo, su huella no quedó restringida al pasado antiguo. En tiempos modernos, los Anunnakis han encontrado un nuevo hogar en teorías de conspiración, la cultura digital y la ciencia ficción. Las teorías de antiguos astronautas, popularizadas por autores como Zecharia Sitchin, sugieren que los Anunnakis no eran dioses, sino seres extraterrestres que, en su momento, visitaron la Tierra y jugaron un papel clave en el desarrollo de la civilización humana.

Estas teorías, aunque controvertidas, han capturado la imaginación de millones de personas en todo el mundo. Las plataformas digitales como YouTube, Instagram y Reddit han permitido que las historias sobre los Anunnakis sigan evolucionando y sean reinterpretadas para una nueva generación, fascinada por lo místico, lo desconocido, y lo cósmico. Los creadores de contenido han dado vida a estos mitos a través de ilustraciones, memes y videos que exploran su relación con la humanidad, el poder y el control global.

Los Anunnakis, lejos de desaparecer en las nieblas del tiempo, continúan siendo figuras de gran relevancia. Ya sea a través de la lente de la historia antigua o de las modernas teorías de conspiración, estos dioses siguen inspirando y desconcertando. Su dualidad —como benefactores y castigadores— refleja una verdad universal: el conocimiento, aunque puede elevar a la humanidad a nuevas alturas, también tiene el potencial de destruir si no se maneja con la debida reverencia.

A medida que te adentras en las páginas de este libro, te encontrarás no solo con las leyendas sumerias que han resistido el paso del tiempo, sino también con una exploración más profunda del impacto de los Anunnakis en la cultura y el pensamiento modernos. A través de la mitología, la arqueología alternativa y la cultura digital, descubrirás cómo estas figuras han dejado una marca indeleble en nuestra comprensión de la civilización, el poder y el destino humano. Los Anunnakis no son solo mitos del pasado; son símbolos eternos de nuestra búsqueda por entender el universo y nuestro lugar en él.

Capítulo 1
Mitología Sumeria

La civilización sumeria es considerada una de las primeras y más influyentes en la historia de la humanidad. Floreció alrededor del 4500 a.C. en la región sur de Mesopotamia, donde actualmente se encuentra el sur de Irak. Los sumerios fueron pioneros en la creación de una sociedad altamente organizada, con avances en la agricultura, la escritura, la arquitectura y el gobierno. Esta civilización no solo influyó profundamente en el desarrollo de la región de Mesopotamia, sino que también dejó un legado duradero en la historia del mundo.

Los sumerios vivieron en ciudades-estado independientes como Ur, Uruk, Kish, Lagash y Eridu, cada una de ellas gobernada por su propio rey o líder. La vida en estas ciudades se centraba en torno a los templos y los zigurats, que eran no solo lugares de adoración, sino también centros económicos y políticos. Los sumerios también fueron responsables de importantes innovaciones tecnológicas, como la rueda, el arado y el sistema de riego, que les permitió aprovechar los recursos del entorno y crear una sociedad próspera.

Uno de los mayores logros de los sumerios fue el desarrollo de la escritura cuneiforme. Esta forma de escritura utilizaba un sistema de signos grabados en tablillas de arcilla, lo que permitía registrar transacciones comerciales, leyes y, lo más importante, la mitología y las historias religiosas. Este sistema fue crucial para el mantenimiento de registros administrativos, pero también abrió la puerta a la preservación de los mitos y las leyendas que han llegado hasta nuestros días.

La sociedad sumeria también se destacó por su profunda religiosidad. Los sumerios creían que sus dioses tenían un control total sobre el destino de los seres humanos y de la naturaleza. Estos dioses formaban parte de un complejo panteón en el que los Anunnakis ocupaban un lugar central. La mitología sumeria era intrincada y rica, y muchos de sus mitos influyeron en las culturas que surgieron después en la región de Mesopotamia, como la acadia, la babilónica y la asiria.

En el ámbito político, la organización sumeria se basaba en una forma de gobierno teocrática, en la que el rey actuaba como intermediario entre los dioses y los seres humanos. Este sistema de gobierno fue clave para la cohesión de las ciudades-estado, ya que los reyes no solo eran líderes políticos, sino también figuras religiosas que aseguraban la protección y el favor divino para su pueblo.

La ubicación geográfica de Sumer, entre los ríos Tigris y Éufrates, también jugó un papel crucial en el desarrollo de esta civilización. El acceso al agua y las fértiles tierras aluviales permitieron una producción agrícola estable, lo que a su vez sustentó el crecimiento de las ciudades y el desarrollo de una economía compleja. Los sumerios fueron hábiles agricultores y comerciantes, y establecieron rutas comerciales que se extendían desde Anatolia hasta el valle del Indo, lo que les permitió adquirir materias primas que no estaban disponibles en su región, como la madera, los metales y las piedras preciosas.

Sin embargo, no todo era estabilidad. Las ciudades sumerias eran conocidas por sus conflictos y guerras internas. La competencia por el control de los recursos y el poder político llevó a enfrentamientos constantes entre las ciudades-estado. A pesar de estos conflictos, Sumer logró mantener su estatus como una de las civilizaciones más avanzadas de su tiempo durante varios siglos.

La civilización sumeria dejó un legado indeleble en la historia de la humanidad. Sus avances en la escritura, la ley, la agricultura y la organización social sentaron las bases para el desarrollo de otras grandes civilizaciones. Además, sus mitos y leyendas, especialmente aquellos relacionados con los Anunnakis, continuaron influyendo en las tradiciones religiosas y culturales de la región mucho después de la caída de Sumer.

La importancia de los sumerios no radica solo en sus logros materiales, sino también en su rica herencia cultural y religiosa, que ha perdurado a lo largo de los milenios. En las siguientes páginas, exploraremos en profundidad el papel de la religión en la vida de los sumerios, centrándonos en el panteón de deidades que dominaron su cosmovisión y en los Anunnakis, quienes desempeñaron un papel crucial en la creación y el destino de la humanidad según la mitología sumeria.

La religión sumeria es el corazón de su civilización, y como en muchas culturas antiguas, su mitología y creencias estaban profundamente arraigadas en su comprensión del cosmos, la naturaleza y el lugar del ser humano en el mundo. Para los sumerios, los dioses no eran entidades abstractas o distantes; al contrario, estaban directamente involucrados en los asuntos humanos y naturales. Estos dioses no solo controlaban aspectos del clima o la fertilidad, sino también el destino de los seres humanos, el ciclo de la vida y la muerte, y el orden político y social.

En el centro de la mitología sumeria, se encontraba un complejo panteón de deidades, cada una con funciones y dominios específicos. An, el dios del cielo, era considerado el rey supremo del panteón, aunque su papel en los mitos fue en gran medida pasivo. Enlil, el dios del aire y la tormenta, era una de las deidades más poderosas y activas, encargado de tomar decisiones cruciales sobre el destino de los humanos y de los otros dioses. Enki, el dios del agua dulce, la sabiduría y la magia, era conocido por su ingenio y su papel protector hacia la humanidad.

Cada ciudad sumeria tenía su propio dios patrón, a quien rendían especial culto. Por ejemplo, Enki era adorado principalmente en la ciudad de Eridu, mientras que Enlil era el dios patrono de Nippur, uno de los centros religiosos más importantes de Sumer. Estos dioses patronos actuaban como protectores de sus respectivas ciudades y eran responsables de la prosperidad, la seguridad y la justicia en sus territorios.

Un aspecto fundamental de la religión sumeria era el concepto de que los dioses habían creado a los seres humanos para servirles. Según la mitología sumeria, el trabajo diario, la agricultura, la construcción de templos y la realización de ofrendas eran formas en que los humanos servían a los dioses y garantizaban su favor. En este sentido, la vida humana estaba inseparablemente vinculada al mantenimiento del orden divino, conocido como me, un conjunto de principios y leyes cósmicas que aseguraban la estabilidad del universo y la sociedad.

Los sumerios también creían en un destino predeterminado por los dioses. Esta noción de destino no solo afectaba a los individuos, sino también a los reyes, las ciudades y los eventos históricos. En la cosmovisión sumeria, los humanos tenían un papel limitado en la determinación de su futuro, ya que los dioses controlaban todo lo que sucedía en la tierra. Este control divino se reflejaba en las decisiones que tomaban los dioses en sus consejos celestiales, donde se discutían asuntos tanto terrenales como divinos.

La mitología sumeria no solo estaba compuesta por relatos sobre la creación y las interacciones entre los dioses y los humanos, sino también por mitos que explicaban fenómenos naturales y ciclos cósmicos. El mito del diluvio, por ejemplo, es uno de los relatos más antiguos que describen una gran inundación enviada por los dioses para castigar a la humanidad. Este mito sumerio tiene paralelismos con otras culturas, como la hebrea y la babilónica, que también desarrollaron narraciones sobre grandes inundaciones y la intervención divina.

Los ritos y ceremonias religiosas sumerias eran un medio para apaciguar y honrar a los dioses. Estos rituales eran supervisados por sacerdotes y sacerdotisas, que actuaban como intermediarios entre los humanos y las deidades. Los templos, que incluían las famosas zigurats, no solo eran centros religiosos, sino también el núcleo de la vida política y económica. Los sacerdotes realizaban sacrificios y ofrendas diarias, oraban por la protección divina y organizaban festividades en honor a los dioses. Los rituales podían variar desde simples oraciones y libaciones hasta ceremonias más complejas que involucraban música, danza y sacrificios de animales.

El templo era visto como la "casa" del dios, y la imagen de la deidad era cuidada y venerada como si fuera la presencia física del propio dios en la tierra. En las ceremonias más importantes, se creía que los dioses descendían del cielo para interactuar con los humanos y recibir sus ofrendas. Estos rituales eran esenciales para mantener el favor divino y evitar la ira de los dioses, que podían castigar a la humanidad con desastres naturales o con la retirada de su protección.

Así, la religión sumeria no solo explicaba los misterios del universo, sino que también proporcionaba un marco para la estructura social y política. La relación entre los humanos y los dioses era la clave para comprender el orden del mundo, y los mitos proporcionaban un conjunto de lecciones morales y éticas que guiaban la vida diaria. La creación del ser humano por parte de los Anunnakis, y su relación con el destino de los sumerios, era una de las narrativas más profundas de esta cosmovisión, como veremos en las siguientes secciones del libro.

La influencia de los dioses sumerios en la vida cotidiana de su civilización no puede subestimarse. Estos dioses no solo gobernaban las fuerzas de la naturaleza, sino que también dictaban las leyes, la justicia y el comportamiento adecuado entre los seres humanos. Para los sumerios, la vida en la tierra era una réplica del orden divino, y todo en su sociedad estaba estructurado en torno a la voluntad de los dioses.

El panteón sumerio era vasto, con deidades que representaban casi todos los aspectos de la existencia humana y natural. Además de los dioses mayores como An, Enlil y Enki, existían numerosas divinidades menores que gobernaban áreas más específicas de la vida, como el amor, la fertilidad, la guerra y la agricultura. Inanna, la diosa del amor y la guerra, era especialmente venerada y jugaba un papel crucial en muchos mitos, incluidos los relatos sobre su descenso al inframundo y su relación con la soberanía terrenal.

El mito de la creación es uno de los relatos más importantes que refleja la relación entre los dioses y los humanos. Según este mito, los dioses crearon a los humanos con el propósito de que trabajaran la tierra y ofrecieran sus frutos a los dioses. Los seres humanos, creados a partir de la mezcla de arcilla con la esencia divina, estaban destinados a servir como siervos de los dioses. Sin embargo, los mitos también reflejan la compasión de algunos dioses, como Enki, que a menudo interviene para proteger a la humanidad de la ira de otras deidades.

En la vida diaria, los sumerios dedicaban tiempo a rendir culto a los dioses a través de oraciones, ofrendas y rituales. Los templos no solo eran centros religiosos, sino también centros de poder político y económico. Los sacerdotes, que controlaban estos templos, ejercían una gran influencia sobre las decisiones gubernamentales y comerciales, lo que consolidaba aún más la conexión entre la religión y la vida cotidiana.

Los festivales religiosos eran otra parte importante de la cultura sumeria. Celebrados en honor a los dioses, estos festivales involucraban grandes procesiones, sacrificios y banquetes. Uno de los festivales más importantes era el Akitu, celebrado en la primavera, que simbolizaba el renacimiento de la naturaleza y la reafirmación del orden divino. Este festival, que también involucraba rituales de renovación del poder del rey, subrayaba la estrecha relación entre la religión y la política.

Los dioses sumerios también influían en el arte y la literatura. Muchas de las obras de arte, esculturas y relieves de la época representan a los dioses y los mitos asociados a ellos. Los sumerios desarrollaron un estilo artístico que reflejaba la grandeza y el poder de sus deidades, y sus templos estaban decorados con representaciones de escenas mitológicas que narraban las proezas divinas.

Los dioses sumerios no solo modelaban el orden cósmico, sino también las estructuras sociales y políticas de la civilización. La influencia de estas deidades es visible en todos los aspectos de la vida sumeria, desde la organización de sus ciudades hasta las leyes que regían su comportamiento. A medida que profundizamos en el papel específico de los Anunnakis, veremos cómo estos dioses se distinguían dentro del panteón sumerio y qué papel jugaron en la creación y el destino de la humanidad.

Dentro del panteón sumerio, los Anunnakis ocupan un lugar especial como un grupo de deidades que desempeñan un papel fundamental en la creación y el mantenimiento del orden en la Tierra. Estos dioses, a menudo descritos como los descendientes de An, el dios del cielo, eran vistos como los administradores divinos de los asuntos humanos y cósmicos. Se cree que los Anunnakis habitaban tanto en los cielos como en la tierra, y tenían un poder significativo sobre el destino de los seres humanos.

El nombre "Anunnaki" deriva de la palabra "Anu", que significa "cielo" o "firmamento", y "ki", que significa "tierra". Esta combinación refuerza su papel como intermediarios entre el cielo y la tierra, actuando como fuerzas que conectaban lo divino con lo terrenal. Aunque el número exacto de Anunnakis varía en los textos antiguos, se sabe que eran numerosos y que cada uno tenía una función específica en la administración del cosmos.

En el mito de la creación sumeria, los Anunnakis eran responsables de supervisar las operaciones del universo, asegurando que el orden cósmico fuera mantenido. También desempeñaban un papel crucial en la creación del ser humano, una tarea que fue delegada por los dioses mayores. En este sentido, los Anunnakis se presentan como intermediarios entre los dioses principales y la humanidad, garantizando que los humanos cumplieran su propósito como servidores de los dioses.

Sin embargo, los Anunnakis no solo eran administradores del cosmos; también eran jueces. En muchos mitos sumerios, se les describe como las deidades que presidían el destino de los seres humanos, tomando decisiones sobre la vida, la muerte y el más allá. Esta dualidad como creadores y jueces les otorgaba una posición central en la religión sumeria.

A medida que exploremos en mayor profundidad el papel de los Anunnakis en los mitos sumerios, veremos cómo su influencia se extiende no solo a la creación de la humanidad, sino también a la intervención en los asuntos humanos, como el famoso mito del diluvio, donde juegan un papel clave en la decisión de destruir y luego preservar a la humanidad.

En el vasto panteón sumerio, los Anunnakis eran un grupo destacado de deidades que desempeñaban múltiples roles esenciales en la mitología y la religión. No solo se les atribuía el poder de controlar las fuerzas naturales y el destino de los humanos, sino que también eran vistos como protectores del orden cósmico y jueces del inframundo.

El papel de los Anunnakis como jueces del inframundo era especialmente importante en la creencia sumeria sobre la vida después de la muerte. Se creía que los Anunnakis presidían los destinos de las almas en el inframundo, decidiendo el futuro de los muertos. Este papel como jueces refuerza su imagen como administradores del orden cósmico, asegurando que la justicia divina se mantuviera tanto en la vida como en la muerte.

Al mismo tiempo, los Anunnakis también tenían un papel creador. Fueron responsables de la creación de los seres humanos y, según algunos mitos, de la creación del universo. Su conexión con la vida, la muerte y la creación les otorgaba una influencia sin igual en la vida diaria de los sumerios, quienes les rendían culto en templos y realizaban ofrendas para asegurar su protección y favor.

Los Anunnakis eran deidades clave en la religión sumeria, con una influencia que se extendía desde la creación del cosmos hasta la administración de la vida y la muerte. Su papel como intermediarios entre los dioses y los humanos, y como jueces del destino, los convirtió en figuras centrales del panteón sumerio, un papel que exploraremos más profundamente en los capítulos posteriores.

Capítulo 2
Origen

El mito de la creación es uno de los relatos más importantes dentro de la mitología sumeria y está íntimamente ligado a los Anunnakis. Según los sumerios, el universo surgió del caos primordial, y los dioses fueron quienes le dieron forma y orden. En este contexto, los Anunnakis desempeñaron un papel crucial, ya que no solo eran una parte esencial de este proceso creativo, sino también los encargados de mantener el equilibrio y la justicia en el cosmos.

El relato de la creación sumeria comienza con el dios An, el cielo, y su contraparte Ki, la tierra. Estos dos elementos primordiales dieron origen a una serie de deidades, entre las cuales se encuentran Enlil, dios del aire, y Enki, dios del agua. Sin embargo, la creación del mundo no fue una tarea que los dioses principales llevaron a cabo solos. Para esta labor, delegaron responsabilidades a los Anunnakis, quienes se convirtieron en las fuerzas operativas del universo, encargados de organizar el cosmos y de mantener el orden en la Tierra.

Los textos antiguos sugieren que los Anunnakis fueron llamados a actuar cuando los dioses mayores se dieron cuenta de que necesitaban un grupo de deidades para gestionar las labores más arduas de la creación. Así, los Anunnakis asumieron la tarea de moldear la tierra, el agua y los cielos, además de garantizar que los ciclos de la naturaleza, como las estaciones y los ciclos lunares, se desarrollaran sin interrupciones.

El mito de la creación también está relacionado con la creación de la humanidad. Los textos describen que los dioses principales, como Enlil y Enki, decidieron crear a los humanos como sirvientes para los dioses, ya que las deidades menores, los

Anunnakis, estaban cansados de trabajar sin descanso. En este punto, los Anunnakis participaron directamente en la creación de los seres humanos, utilizando la arcilla y elementos divinos para darles forma. Enki, conocido por su sabiduría y compasión hacia los humanos, jugó un papel clave en este proceso.

Uno de los aspectos más intrigantes del mito de la creación es la interacción entre los Anunnakis y la humanidad. Aunque los humanos fueron creados para servir a los dioses, los Anunnakis no eran dioses distantes. De hecho, desempeñaban un papel activo en la vida de los humanos, interactuando con ellos a través de diversas intervenciones divinas, ya fuera para protegerlos o para castigarlos, según la situación.

El relato sumerio de la creación no es solo una historia sobre el origen del mundo, sino también una explicación de cómo los dioses y los humanos estaban interconectados. Los Anunnakis, como mediadores entre el cielo y la tierra, eran las figuras clave que mantenían el equilibrio entre los dioses mayores y los mortales. A medida que avancemos en este capítulo, exploraremos más a fondo la naturaleza de los Anunnakis y su papel en la creación y administración del universo, y cómo su influencia continúa siendo objeto de estudio y fascinación hasta nuestros días.

La creación del hombre es uno de los episodios más fascinantes de la mitología sumeria, y en este relato los Anunnakis juegan un papel fundamental. Según los textos sumerios, los Anunnakis, bajo la supervisión de los dioses principales como Enki y Enlil, fueron responsables de moldear a los primeros humanos. La creación de la humanidad surgió como una solución a un problema que los dioses enfrentaban: la necesidad de mano de obra para mantener el orden en la Tierra y en el cosmos.

En los textos sumerios, como el Poema de Atrahasis, se menciona que los dioses menores, entre ellos los Anunnakis, estaban encargados de realizar trabajos pesados, como la construcción de canales y la irrigación, además de otras labores necesarias para mantener la creación. Cansados y agobiados por estas tareas, los Anunnakis pidieron a los dioses mayores que aligeraran su carga. Fue entonces cuando Enki, el dios de la sabiduría, propuso la creación de los humanos, que serían diseñados para llevar a cabo estas tareas.

El relato describe cómo los Anunnakis, guiados por Enki, mezclaron arcilla con la esencia divina, lo que dio origen a los primeros seres humanos. Esta mezcla de elementos terrestres y celestiales significaba que los humanos no solo estaban destinados a trabajar la tierra, sino que también llevaban en su interior una parte de la divinidad de los Anunnakis, lo que los conectaba con los dioses de una manera única. Los seres humanos eran, por lo tanto, criaturas creadas para servir a los dioses, pero también eran una extensión del poder divino en la tierra.

El proceso de creación no fue sencillo ni inmediato. Los textos sugieren que hubo varios intentos fallidos antes de que los Anunnakis lograran crear seres humanos completamente funcionales. Algunos relatos describen cómo los primeros intentos resultaron en seres defectuosos o inadecuados para cumplir con las tareas divinas. Sin embargo, con el tiempo, los Anunnakis lograron perfeccionar la técnica y crearon a los humanos tal como los conocemos en la mitología sumeria.

El mito también describe la relación jerárquica entre los humanos y los dioses, especialmente los Anunnakis. Aunque los humanos fueron creados para servir, los Anunnakis no eran tiranos, sino guías que supervisaban las actividades humanas y garantizaban que el equilibrio cósmico se mantuviera. Enki, en particular, es descrito como un dios que, aunque formaba parte de la élite divina, tenía una gran empatía hacia la humanidad. En varios mitos, Enki interviene para proteger a los humanos de castigos o desastres enviados por los otros dioses, lo que subraya el papel protector de algunos Anunnakis.

El relato de la creación del hombre también revela mucho sobre la cosmovisión sumeria. Los sumerios no veían a los humanos como independientes de los dioses, sino como parte de un sistema divino más grande. Los Anunnakis, en este sentido, eran los intermediarios que conectaban el reino celestial con el terrenal, y los humanos estaban sujetos a las leyes divinas que estos dioses administraban.

La creación del hombre por parte de los Anunnakis es un testimonio del poder divino y de la conexión entre lo humano y lo divino en la mitología sumeria. Aunque los humanos eran servidores de los dioses, también compartían una parte de la esencia divina que los Anunnakis les habían otorgado, lo que los hacía una parte integral del orden cósmico. Esta relación entre humanos y Anunnakis sería puesta a prueba en varios mitos posteriores, en los que las decisiones divinas y los actos humanos cambiarían el curso de la historia.

Los Anunnakis, descritos en los textos sumerios y acádicos, son representados como deidades poderosas, con características que reflejan su estatus divino y su conexión tanto con el cielo como con la tierra. Aunque los relatos sobre los Anunnakis pueden variar en algunos detalles, existen ciertos atributos y descripciones que se mantienen consistentes a lo largo de las diferentes narraciones.

En cuanto a su apariencia, los Anunnakis son frecuentemente representados como figuras humanoides, pero con ciertos rasgos que indican su naturaleza divina. Algunos relatos sugieren que tenían una altura imponente, lo que simbolizaba su poder y superioridad sobre los humanos. Además, se les describe a menudo con una combinación de rasgos humanos y animales, lo que enfatizaba su dominio sobre la naturaleza y su conexión con los elementos.

Uno de los atributos más importantes de los Anunnakis era su inmortalidad. Como dioses, no estaban sujetos a las mismas limitaciones que los humanos. Aunque algunos mitos describen que los Anunnakis podían sufrir o incluso morir en circunstancias excepcionales, en general, eran considerados inmortales y eternos, lo que los diferenciaba claramente de los mortales a quienes gobernaban.

Los Anunnakis también eran conocidos por su poder sobre los elementos naturales. Cada uno de ellos estaba asociado con un aspecto particular de la naturaleza o de la vida humana. Por ejemplo, Enlil, uno de los Anunnakis más poderosos, estaba asociado con el aire y el viento, mientras que Enki controlaba las aguas dulces y la sabiduría. Esta conexión con la naturaleza no solo les otorgaba autoridad sobre los humanos, sino también sobre el clima, las cosechas y el destino de las ciudades-estado sumerias.

En términos de personalidad, los Anunnakis son representados como seres caprichosos y, a veces, conflictivos. Al igual que los dioses de otras mitologías, los Anunnakis tenían emociones humanas, como el enojo, la compasión, los celos y el amor. Este rango emocional a menudo influía en sus interacciones con los humanos, lo que podía resultar en bendiciones o castigos divinos dependiendo de su estado de ánimo o de las circunstancias.

A pesar de su poder y su estatus como seres inmortales, los Anunnakis no eran invulnerables. En ciertos mitos, se describen situaciones en las que los Anunnakis sufren las consecuencias de sus acciones o se enfrentan a desafíos que ponen en peligro su posición. Estos relatos sugieren que, aunque los Anunnakis eran extremadamente poderosos, también estaban sujetos a un orden divino superior, personificado en dioses mayores como An o Enlil.

Los Anunnakis eran figuras clave en la mitología sumeria, dotados de poderes sobrenaturales y atributos divinos que los situaban por encima de los humanos. A lo largo de los mitos, su papel en la creación y administración del universo es central, y su influencia en la vida humana es evidente en cada aspecto de la cultura sumeria.

Uno de los aspectos más singulares de los Anunnakis es su dualidad como seres divinos y terrenales. En la mitología sumeria, los Anunnakis no solo habitaban en los cielos, como muchas otras deidades, sino que también tenían una presencia activa en la tierra. Esta característica dual los distinguía de otras deidades del panteón sumerio y les confería un papel más directo en los asuntos humanos.

En los mitos sumerios, los Anunnakis a menudo descendían a la tierra para interactuar con los humanos, ya sea para guiar, proteger o castigar. Esta capacidad de moverse entre el cielo y la tierra los convertía en intermediarios entre los dioses mayores, que habitaban en los cielos, y los humanos que vivían en la tierra. En este sentido, los Anunnakis eran vistos como los encargados de llevar a cabo las órdenes de los dioses principales y de supervisar el destino de la humanidad.

Además de su capacidad para moverse entre los reinos divinos y terrenales, los Anunnakis también eran responsables de la administración de ciertos aspectos de la vida humana. Esto incluía el control de las cosechas, el clima y las guerras, así como la implementación de leyes y castigos divinos. En este sentido, su papel como deidades terrenales los acercaba más a los humanos, ya que los Anunnakis no eran solo seres abstractos o distantes, sino fuerzas activas en la vida diaria.

En algunos mitos, los Anunnakis también son descritos como los primeros reyes de la tierra. Este aspecto de su naturaleza terrestre refuerza la idea de que los Anunnakis no solo gobernaban desde los cielos, sino que también se involucraban directamente en la política y el gobierno de las ciudades-estado sumerias. Según estos relatos, los primeros reyes humanos fueron designados por los Anunnakis, lo que subraya aún más su papel como guardianes del orden terrenal.

La dualidad de los Anunnakis también se refleja en su capacidad para intervenir en momentos críticos de la historia humana. Por ejemplo, en el mito del diluvio, los Anunnakis toman la decisión de destruir a la humanidad, pero también son los responsables de salvar a un pequeño grupo de humanos, lo que muestra tanto su poder destructivo como su capacidad para la misericordia.

Esta combinación de poderes divinos y terrenales les otorgaba una influencia única en la mitología sumeria, ya que no solo controlaban el destino desde los cielos, sino que también actuaban como administradores activos de la vida en la tierra. A medida que avancemos en este libro, veremos cómo esta dualidad de los Anunnakis se refleja en su papel en otros mitos y en la vida cotidiana de los sumerios.

Dentro del panteón sumerio, los Anunnakis no eran los únicos dioses, sino que coexistían con otras deidades que también desempeñaban funciones importantes en la mitología. Sin embargo, la relación entre los Anunnakis y estas otras divinidades era compleja y multifacética, ya que los Anunnakis a menudo actuaban como intermediarios o colaboradores en los planes de los dioses mayores.

Una de las relaciones más significativas es la que los Anunnakis tenían con Enlil, el dios del aire y uno de los dioses más poderosos del panteón sumerio. Enlil era visto como el líder de los Anunnakis y, en muchos relatos, era él quien dictaba sus acciones. Esta relación jerárquica es crucial para entender el papel de los Anunnakis como ejecutores de las decisiones divinas. Aunque los Anunnakis tenían poder e influencia, en última instancia respondían a los deseos de dioses como Enlil y An.

La relación entre los Anunnakis y Enki, el dios de la sabiduría, también es digna de mención. Enki, a menudo descrito como el protector de la humanidad, colaboraba frecuentemente con los Anunnakis en asuntos relacionados con la creación y la preservación de la humanidad. Sin embargo, también existen relatos en los que Enki se enfrentaba a las decisiones de los Anunnakis, como en el mito del diluvio, donde Enki desobedeció la orden de destruir a la humanidad y ayudó a Ziusudra, el equivalente sumerio de Noé, a sobrevivir.

Además de su interacción con dioses mayores, los Anunnakis también tenían relaciones con divinidades menores y con espíritus que habitaban en el inframundo. En algunos relatos, los Anunnakis actuaban como jueces en el inframundo, decidiendo el destino de las almas. Esta función judicial reforzaba su papel como guardianes del orden cósmico, asegurando que tanto los vivos como los muertos siguieran las leyes divinas.

la relación entre los Anunnakis y otras divinidades refleja la estructura jerárquica y compleja del panteón sumerio. Los Anunnakis eran figuras centrales en la administración del universo, pero también eran parte de una red más amplia de dioses y espíritus que trabajaban juntos, a veces en armonía y otras veces en conflicto, para mantener el orden en el cosmos. A medida que avancemos en los próximos capítulos, exploraremos cómo estas relaciones influyeron en los eventos míticos más importantes de la mitología sumeria.

Capítulo 3
Enki y Enlil

Enki es una de las figuras más importantes y complejas del panteón sumerio. Conocido como el dios de la sabiduría, el agua dulce y la creación, Enki desempeña un papel fundamental en muchos de los mitos que involucran a los Anunnakis. Su influencia no se limita a los aspectos divinos de la creación y la administración del cosmos, sino que también abarca el conocimiento, la magia y la protección de los seres humanos. Su nombre, que puede traducirse como "Señor de la Tierra", refuerza su estatus como una de las deidades más poderosas y activas de la mitología sumeria.

Enki es particularmente asociado con el agua dulce, específicamente con el Abzu, una vasta masa subterránea de agua que los sumerios creían que era la fuente de toda la vida. El control de Enki sobre el agua simboliza su dominio sobre la creación, ya que el agua era vista como un elemento primordial para la vida y la fertilidad en la cultura sumeria. Además, el agua, en la mitología sumeria, era un símbolo de conocimiento y sabiduría, lo que conectaba directamente con las facultades intelectuales de Enki.

Uno de los mitos más significativos que involucran a Enki es su papel en la creación de la humanidad. Según la narrativa sumeria, cuando los Anunnakis y los dioses principales se vieron abrumados por las tareas de mantener el cosmos en orden, Enki propuso la creación de seres humanos para realizar este trabajo. En lugar de condenar a los Anunnakis a la eternidad de trabajos forzados, Enki, usando su sabiduría, ayudó a crear a los humanos mezclando arcilla con la esencia divina.

Este acto no solo estableció a Enki como un dios creador, sino que también resaltó su compasión hacia tanto los dioses como los humanos. A diferencia de otras deidades que a veces castigaban a los humanos por su desobediencia o debilidad, Enki era conocido por su inclinación a ayudar a la humanidad. En varios mitos, Enki interviene para proteger a los humanos de la ira de otros dioses, como cuando ayuda a Ziusudra (Noé en el relato sumerio del diluvio) a sobrevivir al gran diluvio enviado por Enlil.

Además de ser el dios de la sabiduría, Enki también era un dios de la magia. Su conocimiento abarcaba no solo el ámbito físico, sino también el espiritual y esotérico. Enki era capaz de manipular la naturaleza, cambiar el curso de los ríos, abrir canales y controlar los fenómenos naturales a voluntad. Su dominio sobre las aguas subterráneas le daba la capacidad de proporcionar abundancia o de privar de ella, dependiendo de su voluntad.

El poder de Enki no era solo sobre los humanos, sino también sobre los otros dioses. En muchos relatos, Enki utiliza su astucia para superar conflictos entre deidades, y a menudo actúa como mediador entre los dioses más poderosos, como Enlil, y los dioses menores o la humanidad. Su habilidad para resolver conflictos sin recurrir a la violencia le da una posición única dentro del panteón sumerio: mientras otros dioses como Enlil recurrían a la fuerza para imponer su autoridad, Enki prefería usar la diplomacia y la sabiduría.

El papel de Enki en la mitología sumeria es multifacético. Como dios de la sabiduría, del agua y de la creación, Enki no solo es una figura de gran poder, sino también una de las deidades más benevolentes hacia la humanidad. Su conexión con el agua, la vida y el conocimiento le confiere un estatus de protector y creador, un papel que continúa siendo fundamental a medida que profundizamos en la relación entre los dioses y los seres humanos.

Si Enki es el dios de la sabiduría y la creación, Enlil es el dios del poder y la autoridad. Como dios del aire y de la tormenta, Enlil es una de las deidades más poderosas del panteón sumerio.

Se le considera el guardián del orden cósmico, responsable de mantener el equilibrio entre los cielos y la tierra, y su influencia se extiende sobre todos los aspectos de la vida sumeria, desde la política hasta la naturaleza.

Enlil es un dios asociado con la autoridad divina, y en muchos mitos, es él quien toma decisiones importantes que afectan tanto a los dioses como a los humanos. A diferencia de Enki, quien suele ser representado como un dios compasivo, Enlil es conocido por su severidad y, a veces, su temperamento violento. Su naturaleza como dios del aire y de las tormentas simboliza su capacidad para desatar la ira de los elementos cuando lo considera necesario.

Enlil fue también uno de los dioses responsables de crear el mundo tal como lo conocemos, pero su papel principal no era el de crear, sino el de imponer el orden. Después de que el universo fue formado, fue Enlil quien organizó los cielos y la tierra, estableciendo las leyes y las reglas que tanto los dioses como los humanos debían seguir. Este papel como administrador cósmico le otorga una posición de poder supremo en la mitología sumeria.

Uno de los mitos más conocidos que involucran a Enlil es el del diluvio. Según este relato, los humanos se habían multiplicado y su ruido perturbaba el descanso de los dioses. Enlil, molesto por la interferencia de la humanidad en la paz de los dioses, decidió destruir a la humanidad mediante un gran diluvio. Este acto muestra la severidad de Enlil y su disposición a castigar a los humanos cuando sentía que habían infringido las leyes divinas.

Sin embargo, Enlil no es presentado únicamente como un dios de la destrucción. También es un dios de la fertilidad y la agricultura. Aunque su principal dominio era el aire, su influencia sobre el viento y el clima lo vinculaba estrechamente con la agricultura, ya que el viento llevaba las lluvias que eran esenciales para las cosechas. Así, Enlil no solo representaba la fuerza destructiva de la naturaleza, sino también su capacidad para nutrir y sostener la vida.

En términos políticos, Enlil era el patrón de los reyes. Se creía que los reyes sumerios recibían su derecho a gobernar directamente de Enlil, lo que les daba una legitimidad divina. El templo de Enlil en Nippur era uno de los centros religiosos más importantes de Sumer, y su control sobre esta ciudad sagrada le otorgaba un estatus incomparable entre los dioses. Cada rey sumerio que deseaba afirmar su autoridad debía rendir culto a Enlil, lo que consolidaba aún más su poder.

Enlil es, por tanto, un dios que representa la autoridad, la ley y el orden. Aunque su severidad lo diferencia de dioses más benevolentes como Enki, su papel como guardián del equilibrio cósmico y de la justicia divina es fundamental para la estructura de la mitología sumeria. La relación entre Enlil y Enki, dos de las figuras más poderosas del panteón, es clave para entender los equilibrios y los conflictos en los mitos sumerios.

El conflicto entre Enki y Enlil es uno de los temas más recurrentes en la mitología sumeria. Aunque ambos dioses son esenciales para el funcionamiento del cosmos, sus personalidades y enfoques hacia la humanidad son radicalmente diferentes. Mientras Enlil es severo, autoritario y está dispuesto a castigar a los humanos por sus transgresiones, Enki es compasivo, protector y frecuentemente intercede en favor de la humanidad.

Esta oposición entre Enki y Enlil no solo refleja una tensión entre dos dioses, sino también una dicotomía entre diferentes formas de gobernar y relacionarse con los humanos. En muchos mitos, Enki se presenta como el defensor de la humanidad frente a las decisiones implacables de Enlil. Uno de los relatos más conocidos que ilustra este conflicto es el mito del diluvio.

En este mito, Enlil, cansado del ruido y el desorden causado por los humanos, decide exterminarlos con un diluvio catastrófico. Sin embargo, Enki, que siente compasión por los humanos, decide advertir a Ziusudra, un hombre piadoso, para que construya un arca y salve a su familia y a los animales del diluvio. Este acto de desobediencia por parte de Enki muestra su disposición a desafiar a Enlil cuando cree que su juicio es demasiado duro.

El conflicto entre Enki y Enlil no es necesariamente una rivalidad abierta, sino más bien una diferencia en sus roles divinos. Enlil, como dios de la autoridad, es el encargado de mantener el orden y aplicar las leyes divinas, incluso si esto significa castigar a los humanos. En cambio, Enki, como dios de la sabiduría y la creación, se preocupa más por el bienestar de los humanos y tiende a buscar soluciones que beneficien tanto a los dioses como a la humanidad.

A lo largo de varios mitos, esta dinámica entre Enki y Enlil se repite. En algunos casos, Enki actúa como un contrapeso a las decisiones más drásticas de Enlil, mientras que en otros, Enlil parece respetar la astucia de Enki, aunque no siempre esté de acuerdo con sus métodos. Esta relación entre los dos dioses es esencial para mantener el equilibrio en la mitología sumeria, ya que refleja la necesidad de tanto autoridad como compasión en la administración del universo.

El conflicto entre Enki y Enlil también puede interpretarse como una representación de las fuerzas complementarias que son necesarias para la vida y la creación. Mientras que Enlil representa el rigor y el orden, Enki simboliza la flexibilidad y la sabiduría. Ambos dioses son indispensables para el funcionamiento del cosmos, y su relación refleja la interdependencia de sus roles en el mantenimiento del orden divino y humano.

El conflicto entre Enki y Enlil no solo afecta a los dioses, sino que también tiene un impacto profundo en la creación y en la humanidad. La tensión entre estos dos dioses refleja las contradicciones inherentes en el trato divino hacia los humanos. Mientras Enki ve a los humanos como una creación digna de protección y ayuda, Enlil los percibe más como servidores de los dioses, y no duda en castigarlos cuando se desvían de su propósito.

Uno de los aspectos más interesantes de este conflicto es cómo afecta al destino de la humanidad en varios mitos. En el caso del diluvio, por ejemplo, el acto de Enki de salvar a Ziusudra es lo que permite que la humanidad continúe existiendo después del castigo de Enlil. Sin esta intervención, los humanos habrían sido completamente destruidos, lo que subraya el papel crucial de Enki en la preservación de la vida.

Este patrón de intervención de Enki se repite en otros mitos, donde actúa como mediador entre los dioses y los humanos. En algunos relatos, Enki proporciona a los humanos conocimientos importantes, como el uso del fuego, la agricultura y las artes mágicas, lo que les permite mejorar su calidad de vida y prosperar. Estas acciones a menudo están en conflicto con la visión más restrictiva de Enlil, quien parece preferir que los humanos permanezcan en una posición subyugada.

Sin embargo, el conflicto entre Enki y Enlil no siempre es destructivo. En muchos casos, su relación crea un equilibrio necesario para el buen funcionamiento del cosmos. Enlil, con su enfoque en la ley y el orden, garantiza que los humanos no se vuelvan demasiado arrogantes o se desvíen de su propósito divino. Mientras tanto, Enki, con su enfoque en la sabiduría y la innovación, ayuda a los humanos a evolucionar y superar las dificultades, lo que a su vez beneficia a los dioses, ya que los humanos pueden servirles mejor.

Esta tensión entre castigo y misericordia, entre orden y sabiduría, es lo que define gran parte de la relación entre los dioses y los humanos en la mitología sumeria. El conflicto entre Enki y Enlil no es simplemente una lucha de poder entre dos deidades, sino una representación de los desafíos que enfrentan los dioses al tratar de equilibrar sus propias necesidades con las de los humanos.

A lo largo de los mitos, se nos presenta una imagen de la humanidad que oscila entre la destrucción y la salvación, dependiendo de qué dios tenga más influencia en un momento determinado. Esta ambivalencia refleja la complejidad de la mitología sumeria y su visión del universo, en la que los dioses no son figuras unidimensionales, sino seres con motivaciones y emociones complejas que a menudo entran en conflicto.

Las consecuencias del enfrentamiento entre Enki y Enlil son profundas y duraderas en la mitología sumeria, afectando no solo a la humanidad, sino también a la estructura misma del cosmos. En muchos de los mitos, el conflicto entre estos dos dioses tiene resultados inmediatos que definen el curso de la historia y el destino de los humanos, pero también establece un patrón continuo de tensión entre los principios del orden y la sabiduría.

Uno de los principales resultados de este enfrentamiento es la creación de un equilibrio precario entre el castigo y la compasión. Enlil, como dios del orden, a menudo busca imponer su autoridad a través de castigos severos, como el diluvio, mientras que Enki interviene para mitigar estas acciones y salvar a la humanidad. Este equilibrio entre destrucción y protección define gran parte de la dinámica entre los dioses y los humanos en la mitología sumeria.

Otra consecuencia importante es la creación de una dualidad en la relación entre los dioses y los reyes sumerios. Mientras que Enlil es visto como el dios que otorga la legitimidad divina a los reyes y establece las leyes que deben seguir, Enki es quien dota a los reyes de sabiduría y conocimiento para gobernar con justicia y sabiduría. Esta dualidad entre el poder y la sabiduría se convierte en un tema recurrente en la política sumeria, donde los reyes deben equilibrar el uso de la fuerza con el uso del intelecto para mantener el orden en sus reinos.

A largo plazo, el conflicto entre Enki y Enlil también establece un marco para la evolución de la humanidad. A través de sus intervenciones, Enki permite que los humanos desarrollen tecnologías, conocimientos y habilidades que mejoran su calidad de vida y los alejan del estado de servidumbre pura al que Enlil los había condenado inicialmente. Sin embargo, este progreso también conlleva riesgos, ya que el exceso de conocimiento o poder puede llevar a la arrogancia, lo que eventualmente provocaría la ira de Enlil y otros dioses.

Por último, el conflicto entre Enki y Enlil subraya una de las lecciones más importantes de la mitología sumeria: la necesidad de equilibrio. Ni el exceso de orden ni el exceso de libertad son beneficiosos por sí solos. Para que el cosmos y la humanidad prosperen, es necesario que exista un equilibrio entre el poder y la sabiduría, entre el castigo y la misericordia. Este mensaje, transmitido a través de los mitos sobre estos dos dioses, sigue siendo relevante no solo en el contexto de la mitología antigua, sino también en la forma en que los seres humanos comprenden su lugar en el universo.

Capítulo 4
El Diluvio Universal

El mito del diluvio es uno de los relatos más antiguos y universales en las mitologías de muchas culturas antiguas, pero tiene una importancia particular en la tradición sumeria. La historia del diluvio en la mitología sumeria, narrada en textos como el Poema de Atrahasis y La Epopeya de Gilgamesh, describe cómo los dioses, encabezados por Enlil, deciden destruir a la humanidad a través de un gran diluvio. Sin embargo, gracias a la intervención del dios Enki, algunos humanos logran sobrevivir y repoblar la Tierra.

En el relato sumerio, los dioses crean a los humanos para que sirvan como trabajadores, ocupándose de las tareas que los dioses ya no quieren realizar. Durante mucho tiempo, los humanos sirven obedientemente a los dioses, pero su número comienza a crecer descontroladamente. Este crecimiento poblacional provoca un exceso de ruido que interrumpe el descanso de los dioses, en particular de Enlil, quien se irrita por la falta de paz.

En respuesta a esta molestia, Enlil convoca a una reunión del consejo divino, donde propone destruir a la humanidad para restaurar el orden y la tranquilidad. Los demás dioses, aunque inicialmente vacilan, terminan aceptando el plan de Enlil, y juntos deciden enviar un diluvio devastador que cubra toda la tierra y acabe con la civilización humana.

Sin embargo, Enki, dios de la sabiduría y protector de la humanidad, no está de acuerdo con esta decisión. Aunque no puede desobedecer abiertamente las órdenes de los demás dioses, Enki encuentra una manera de salvar a una parte de la humanidad. A través de sueños o visiones, Enki advierte a Ziusudra (también conocido como Utnapishtim en versiones posteriores babilónicas), un rey piadoso, del inminente diluvio. Le instruye para que construya un arca grande en la que pueda refugiarse junto con su familia y una selección de animales para repoblar la Tierra después de la catástrofe.

El diluvio llega, tal como los dioses lo han planeado. Las aguas cubren la tierra y destruyen todo lo que los humanos han construido. La tormenta dura varios días y noches, arrasando ciudades, campos y toda forma de vida. Pero Ziusudra, obedeciendo las instrucciones de Enki, sobrevive en su arca, junto con su familia y los animales que ha salvado. Cuando las aguas finalmente retroceden, Ziusudra realiza sacrificios en agradecimiento a los dioses.

Al ver los sacrificios y notar que algunos humanos han sobrevivido, los dioses se sienten aliviados de que la humanidad no haya sido completamente aniquilada. Enlil, aunque al principio enfurecido por la desobediencia de Enki, finalmente acepta que la humanidad puede seguir existiendo, pero bajo nuevas condiciones. Enlil y los demás dioses establecen nuevas reglas para regular la población humana y prevenir que un exceso de ruido o desorden vuelva a perturbar la paz divina. Así, la humanidad es salvada y un nuevo orden se establece en la Tierra.

Este relato del diluvio es profundamente simbólico, no solo porque refleja la preocupación de los dioses por el orden, sino también porque muestra la dualidad de la relación entre los dioses y los humanos. Enlil representa el rigor y la justicia divina, dispuesto a destruir la humanidad cuando se sale de control, mientras que Enki simboliza la compasión y la protección, interviniendo para salvar a aquellos que considera dignos de vivir.

La historia del diluvio en la mitología sumeria también destaca la importancia del sacrificio y el respeto por los dioses. A través de su devoción y obediencia, Ziusudra asegura la continuidad de la humanidad, lo que refuerza la idea de que la humanidad depende de la benevolencia divina para su supervivencia. Además, el mito del diluvio en Sumer fue un precursor de otros relatos similares en culturas vecinas, como el diluvio bíblico en el Génesis o la versión babilónica en la Epopeya de Gilgamesh.

Este mito no solo refleja las creencias religiosas de los sumerios sobre el castigo y la redención, sino que también podría haber sido una forma de explicar desastres naturales reales, como inundaciones catastróficas que afectaron a la región de Mesopotamia a lo largo de su historia.

En el mito del diluvio sumerio, los Anunnakis desempeñan un papel crucial, ya que son ellos quienes, bajo la dirección de Enlil, acuerdan la decisión de destruir a la humanidad. Sin embargo, para comprender plenamente las razones detrás de este cataclismo, es importante explorar las motivaciones de los dioses y el contexto en el que se toma esta decisión.

La razón principal para el diluvio, según el mito, es el ruido producido por los humanos. A medida que la población crece, el bullicio y el desorden aumentan, perturbando la tranquilidad de los dioses, quienes se sienten abrumados por el caos que ha creado la humanidad. Este ruido, que metafóricamente representa el descontrol y la falta de orden, irrita particularmente a Enlil, quien ve en ello una amenaza al equilibrio y la paz que debe mantenerse entre los dioses y los humanos.

Para los sumerios, el concepto de orden cósmico (me) era fundamental. Los dioses crearon a los humanos no solo para que trabajaran y ofrecieran sacrificios, sino también para mantener el equilibrio en el mundo. Cuando este orden se ve amenazado, los dioses sienten la necesidad de intervenir para restaurarlo. El ruido de los humanos no es solo una molestia física; es un símbolo de que los humanos han excedido su propósito original y ya no respetan las reglas divinas que rigen el cosmos.

Los Anunnakis, como dioses encargados de administrar la tierra, se ven implicados directamente en esta crisis. Aunque Enlil es quien toma la iniciativa de proponer la destrucción de la humanidad, los Anunnakis, como un colectivo de deidades que supervisan el orden natural y social, también respaldan esta decisión. Para ellos, la preservación del orden es más importante que la vida humana en sí misma.

Sin embargo, las razones detrás del diluvio van más allá del simple ruido. Los textos sumerios sugieren que los humanos habían comenzado a desobedecer a los dioses, negándose a cumplir con sus deberes religiosos y sociales. Esto representaba un desafío al poder divino, y los Anunnakis, al igual que otros dioses, temían que la humanidad se volviera demasiado arrogante y rebelde. En este sentido, el diluvio no solo es una respuesta a la perturbación del orden, sino también un castigo divino por la falta de obediencia y reverencia de los humanos.

La decisión de enviar el diluvio también refleja la naturaleza ambivalente de los Anunnakis. Si bien son poderosos y controlan muchos aspectos de la creación, también están sujetos a las emociones y deseos de los dioses principales, como Enlil. A pesar de que algunos Anunnakis, como Enki, no están completamente de acuerdo con la decisión, su participación en el consejo de los dioses los convierte en cómplices del cataclismo.

El diluvio, por tanto, es un reflejo de las tensiones entre el poder divino y la responsabilidad de los humanos. Los Anunnakis, como guardianes del orden cósmico, ven el castigo de la humanidad como una forma necesaria de restablecer el equilibrio. Sin embargo, también hay una sensación de que la humanidad debe ser preservada de alguna manera, lo que explica por qué Enki toma la decisión de intervenir y salvar a Ziusudra.

Esta ambivalencia entre castigo y protección es característica de la relación entre los dioses y los humanos en la mitología sumeria. Aunque los Anunnakis tienen el poder de destruir, también comprenden la importancia de mantener cierta continuidad en la creación. Este balance es lo que define gran parte de su papel en la mitología, y el mito del diluvio es una manifestación de este dilema.

Ziusudra es una figura clave en el mito del diluvio sumerio, y su historia es un testimonio de la relación ambigua entre los dioses y los humanos. A menudo comparado con Noé en la tradición bíblica o con Utnapishtim en la versión babilónica del diluvio, Ziusudra es el rey piadoso y justo que recibe la advertencia divina de Enki sobre la inminente catástrofe, lo que le permite salvar a la humanidad y preservar la vida en la Tierra.

Ziusudra era rey de Shuruppak, una de las ciudades más antiguas de Sumer. A diferencia de la mayoría de los humanos de su tiempo, que habían olvidado sus deberes religiosos y se habían entregado al desorden, Ziusudra era devoto y cumplía estrictamente con los ritos y sacrificios a los dioses. Esta devoción es lo que lo hace digno de la intervención de Enki.

Cuando los dioses deciden enviar el diluvio para destruir a la humanidad, Enki, aunque no puede desobedecer abiertamente el decreto divino, encuentra una forma de salvar a Ziusudra sin contravenir directamente la orden de Enlil. En algunos relatos, Enki se aparece en los sueños de Ziusudra y le revela los planes de los dioses. En otros, Enki simplemente habla con Ziusudra a través de una pared, transmitiéndole las instrucciones necesarias para sobrevivir.

Siguiendo las instrucciones de Enki, Ziusudra construye un arca o gran barco, lo suficientemente grande como para albergar a su familia y a una pareja de cada especie de animales. En algunos relatos, el arca también contiene semillas de plantas para garantizar que la vida vegetal pueda ser restaurada después del diluvio.

El diluvio finalmente llega, y las aguas cubren la tierra durante varios días y noches, destruyendo todo a su paso. Ziusudra y los que están con él en el arca sobreviven a la tormenta, y cuando las aguas comienzan a retroceder, el arca se posa en una montaña. Ziusudra, al igual que Noé en la tradición bíblica, envía un pájaro para ver si la tierra ha emergido y si es seguro desembarcar.

Una vez que Ziusudra y su familia desembarcan, realiza sacrificios a los dioses en agradecimiento por haber sido salvado. Estos sacrificios son importantes porque restauran el equilibrio entre los dioses y los humanos, mostrando que Ziusudra entiende su papel como servidor de las deidades y reconoce su dependencia del favor divino.

Los dioses, al ver los sacrificios, se reconcilian con la humanidad. Incluso Enlil, que inicialmente estaba furioso al descubrir que algunos humanos habían sobrevivido, finalmente acepta que Ziusudra es digno de vivir. Como recompensa por su devoción, los dioses otorgan a Ziusudra la inmortalidad, trasladándolo a una vida eterna en un lugar sagrado, lejos del resto de la humanidad.

La historia de Ziusudra destaca varios temas importantes en la mitología sumeria. En primer lugar, subraya la importancia de la devoción y el sacrificio a los dioses como una forma de asegurar la protección divina. En segundo lugar, muestra cómo la intervención divina, en este caso a través de Enki, puede salvar a aquellos que son considerados justos, incluso en medio de un castigo catastrófico. La historia de Ziusudra refleja la ambigüedad moral de los dioses sumerios, quienes, aunque poderosos y severos, también pueden mostrar misericordia y recompensar la fidelidad.

El relato de Ziusudra no solo tiene un impacto en la mitología sumeria, sino que también ha influido en muchas otras culturas a lo largo del tiempo. Su historia es un testimonio de cómo los mitos sumerios se convirtieron en la base de muchas narraciones posteriores sobre el diluvio y la relación entre los dioses y los humanos.

El mito del diluvio no es exclusivo de la mitología sumeria. A lo largo de la historia, diversas culturas antiguas han desarrollado narraciones similares, donde un diluvio catastrófico enviado por los dioses destruye a la humanidad. Estas historias, aunque varían en detalles, comparten temas comunes y muestran cómo las civilizaciones antiguas trataron de explicar desastres naturales y su relación con las deidades.

Una de las versiones más conocidas del mito del diluvio es la que se encuentra en la Epopeya de Gilgamesh, el gran poema épico de la antigua Mesopotamia. En esta versión, el personaje de Utnapishtim desempeña un papel similar al de Ziusudra. Utnapishtim, advertido por el dios Ea (la versión acadia de Enki), construye un arca para salvarse a sí mismo, a su familia y a los animales del diluvio enviado por los dioses. Después de la tormenta, Utnapishtim recibe la inmortalidad como recompensa por su obediencia.

Otro relato del diluvio muy conocido es el que aparece en el libro del Génesis de la Biblia, donde Noé es el protagonista. Similar a Ziusudra y Utnapishtim, Noé recibe una advertencia divina sobre el diluvio y construye un arca para salvar a su familia y a una pareja de cada especie de animales. Después del diluvio, Noé ofrece sacrificios a Dios, quien promete no volver a destruir la Tierra con una inundación. La similitud entre estos relatos sugiere que la historia del diluvio sumerio tuvo una profunda influencia en las culturas posteriores.

En la mitología griega, también encontramos un relato del diluvio en la historia de Deucalión y Pirra. Según este mito, Zeus decide destruir a la humanidad mediante un diluvio debido a la maldad de los hombres. Deucalión, advertido por su padre, el titán Prometeo, construye un arca para salvarse a sí mismo y a su esposa. Después del diluvio, Deucalión y Pirra repueblan la tierra arrojando piedras que se transforman en seres humanos.

Estas similitudes no solo muestran la influencia mutua entre las culturas antiguas, sino que también reflejan una preocupación compartida por los desastres naturales y su relación con el comportamiento humano. En muchos de estos mitos, el diluvio es una forma de castigo divino por el pecado o la desobediencia de los humanos, y solo aquellos que son justos o piadosos logran sobrevivir. Además, el acto de salvar a los animales en cada una de estas historias sugiere una conexión profunda entre los humanos, la naturaleza y el orden cósmico.

Una posible explicación de la prevalencia de estos mitos es que las inundaciones eran un fenómeno común en las civilizaciones antiguas situadas cerca de grandes ríos, como el Tigris, el Éufrates, el Nilo o el Ganges. Las inundaciones catastróficas, que destruían aldeas y cosechas, podrían haber sido interpretadas como castigos divinos, lo que llevó a la creación de estos mitos como una forma de explicar estos desastres naturales.

Los mitos del diluvio también revelan cómo las culturas antiguas concebían su relación con los dioses. En muchas de estas historias, los dioses son retratados como entidades poderosas pero impredecibles, capaces de destruir y salvar a la humanidad según su voluntad. Los seres humanos, por su parte, tienen la responsabilidad de respetar a los dioses y vivir de acuerdo con sus leyes, ya que cualquier desviación de este orden puede resultar en castigos devastadores.

Las similitudes entre los mitos del diluvio en diferentes culturas sugieren una fuente común de inspiración o una transmisión cultural a lo largo del tiempo. Al mismo tiempo, estos relatos muestran cómo las civilizaciones antiguas trataban de dar sentido a los eventos naturales y a su relación con lo divino. La historia del diluvio en la mitología sumeria es, por lo tanto, tanto una reflexión sobre el poder de los dioses como una advertencia sobre los peligros de desobedecer el orden cósmico.

El mito del diluvio ha sido objeto de muchas interpretaciones a lo largo del tiempo, tanto por estudiosos de la religión como por científicos y arqueólogos. Mientras que las antiguas civilizaciones lo veían como un relato literal o una advertencia moral, las interpretaciones modernas han explorado diferentes enfoques para entender el significado y el origen de este mito.

Una de las interpretaciones más comunes es la de ver el mito del diluvio como una alegoría sobre la renovación y el renacimiento. En muchas culturas, el agua es un símbolo de purificación y transformación, y el diluvio puede ser entendido como un proceso cíclico en el que la humanidad es destruida para ser purificada y luego renace en un estado nuevo y mejor. Esta interpretación sugiere que el diluvio no solo es un castigo, sino también una oportunidad para la renovación y la reconfiguración del orden cósmico.

Desde el punto de vista psicológico, algunos estudiosos han interpretado el mito del diluvio como una representación de los miedos humanos más profundos. El agua, que puede ser tanto una fuente de vida como de destrucción, simboliza la vulnerabilidad de los humanos frente a las fuerzas incontrolables de la naturaleza. El diluvio, en este sentido, es una manifestación de la ansiedad colectiva sobre la supervivencia y la dependencia de los humanos de fuerzas externas, ya sean naturales o divinas.

Otra interpretación interesante proviene del campo de la arqueología. Algunos arqueólogos sugieren que el mito del diluvio podría estar basado en eventos históricos reales. La región de Mesopotamia, donde surgió la civilización sumeria, estaba sujeta a inundaciones periódicas debido a los desbordamientos de los ríos Tigris y Éufrates. Una inundación particularmente devastadora podría haber quedado grabada en la memoria colectiva de los sumerios, lo que habría dado origen al mito del diluvio. Esta teoría se ha visto respaldada por algunos hallazgos arqueológicos en la región, donde se han encontrado capas de sedimento que sugieren inundaciones masivas en el pasado.

En el ámbito religioso, algunos estudiosos han argumentado que el mito del diluvio tiene un significado ético y moral. En estas interpretaciones, el diluvio es visto como una advertencia sobre las consecuencias de la desobediencia y el pecado. Los humanos, al ignorar las leyes divinas, provocan la ira de los dioses, lo que resulta en su destrucción. Sin embargo, los justos, como Ziusudra o Noé, son salvados debido a su devoción y obediencia, lo que refuerza la importancia de vivir de acuerdo con los principios divinos.

En la literatura y la cultura popular, el mito del diluvio ha seguido influyendo en las narrativas modernas. Desde novelas hasta películas, la idea de un cataclismo global que amenaza con destruir la humanidad sigue siendo un tema recurrente. En muchas de estas representaciones, el diluvio es visto como una metáfora de los desastres ambientales o los conflictos globales que enfrentamos en la actualidad. En este sentido, el mito del diluvio sigue siendo una advertencia relevante sobre los peligros de ignorar las leyes naturales y divinas.

Ll mito del diluvio ha sido objeto de teorías más especulativas. Algunos autores de teorías alternativas han sugerido que el diluvio podría ser evidencia de un cataclismo global causado por factores extraterrestres o desconocidos, interpretaciones que suelen carecer de respaldo científico pero que han capturado la imaginación popular. Estas teorías, aunque controvertidas, muestran cómo el mito del diluvio sigue siendo una fuente de fascinación y especulación en la era moderna.

El mito del diluvio ha trascendido su origen como un relato sumerio para convertirse en un símbolo poderoso que resuena en muchas culturas y épocas. Ya sea visto como una advertencia moral, una alegoría sobre la renovación o un reflejo de eventos históricos, el diluvio sigue siendo un mito central en la comprensión humana de su relación con las fuerzas del cosmos y con los dioses.

Capítulo 5
La Creación del Hombre

En la mitología sumeria, el propósito de la creación del ser humano está profundamente ligado a las necesidades y deseos de los dioses, en especial de los Anunnakis. Según los relatos sumerios, los dioses, tras haber creado el universo y haber organizado la tierra, se encontraron con la necesidad de aliviar sus propios trabajos. Este es el fundamento principal detrás de la creación de los seres humanos: ser una fuerza laboriosa que llevaría a cabo las tareas que los dioses ya no querían realizar.

El concepto clave en la cosmovisión sumeria es que los humanos no fueron creados de manera espontánea o por capricho, sino con un propósito claro: trabajar para los dioses y servirles. Las fuentes sumerias, como el Poema de Atrahasis, describen cómo los Anunnakis estaban inicialmente encargados de realizar todo el trabajo en la Tierra, desde la irrigación de los campos hasta la construcción de ciudades y templos. Estos trabajos, especialmente en una región donde la agricultura y el manejo del agua eran esenciales para la supervivencia, pronto se volvieron demasiado arduos y agotadores para los dioses menores.

Fue entonces cuando los dioses mayores, como Enlil y Enki, tomaron la decisión de crear a los humanos como sirvientes que pudieran realizar estas tareas. Los seres humanos fueron diseñados específicamente para trabajar, para cuidar los campos y proporcionar los sacrificios y las ofrendas que los dioses requerían para mantenerse fuertes y satisfechos. De esta manera, los humanos cumplían una función primordial en el mantenimiento del orden cósmico, asegurando que las ciudades prosperaran y que los dioses recibieran la veneración que merecían.

El mito sumerio de la creación del hombre también refleja una visión jerárquica del universo, donde los dioses ocupan una posición superior y los humanos una posición subordinada. Los Anunnakis, aunque divinos, no estaban en el nivel más alto del panteón, pero fueron designados para supervisar a la humanidad y garantizar que los humanos cumplieran con su papel. En este sentido, los humanos no solo eran vistos como trabajadores, sino también como una especie de mediadores entre los Anunnakis y el mundo natural, encargados de mantener el equilibrio entre los dioses y la Tierra.

El propósito de la creación del hombre también incluye una dimensión de dependencia mutua. Aunque los humanos fueron creados para servir a los dioses, la relación no era completamente unilateral. Los dioses dependían de los humanos para llevar a cabo ciertos trabajos, y la humanidad, a su vez, dependía de la protección y el favor divino. Los sacrificios y las ofrendas que los humanos realizaban eran una forma de mantener esta relación de reciprocidad. Si los humanos fallaban en sus deberes, los dioses podrían castigarlos con catástrofes naturales, sequías o inundaciones. Pero si cumplían con sus obligaciones, los dioses les brindaban abundancia y prosperidad.

El mito también revela aspectos importantes sobre la naturaleza humana según los sumerios. Los seres humanos, aunque eran una creación de los dioses, no eran inmortales ni divinos. Eran criaturas de carne y hueso, sujetas a las leyes del tiempo, la enfermedad y la muerte. Esto los diferenciaba claramente de los dioses, pero también establecía una relación de dependencia constante. Los humanos necesitaban la protección de los dioses para sobrevivir, y esa protección solo podía asegurarse mediante el trabajo diligente y la obediencia a las leyes divinas.

El propósito de la creación del ser humano en la mitología sumeria refleja una visión del mundo en la que los dioses y los humanos tienen roles claramente definidos dentro de un orden cósmico más amplio. Los humanos existen para servir a los dioses, pero también juegan un papel crucial en el mantenimiento del equilibrio entre el cielo y la tierra. Esta relación simbiótica entre dioses y humanos subyace en muchos de los mitos sumerios y es clave para entender cómo los sumerios concebían su lugar en el universo.

El papel de Enki en la creación de la humanidad es uno de los aspectos más destacados de la mitología sumeria. Enki, el dios de la sabiduría, el agua dulce y la magia, fue el principal arquitecto detrás de la creación de los seres humanos, y su intervención en este proceso está impregnada de compasión y sabiduría. A diferencia de Enlil, quien ve a los humanos principalmente como servidores de los dioses, Enki tiene una visión más benevolente de la humanidad, y esta diferencia es crucial para comprender su papel en los mitos de la creación.

Según el Poema de Atrahasis y otras fuentes sumerias, los Anunnakis, bajo la supervisión de los dioses mayores, estaban obligados a realizar todo el trabajo necesario para mantener la Tierra. Cansados y agobiados por estas tareas, los Anunnakis se quejaron a Enlil, pidiendo alivio de su carga. Enlil, como el dios del aire y de la autoridad, convocó a los dioses para discutir una solución, y fue Enki quien propuso la creación de seres humanos que pudieran asumir estas tareas.

El proceso de creación fue dirigido por Enki, quien utilizó su vasto conocimiento para combinar elementos de la naturaleza con la esencia divina. Según algunos relatos, Enki mezcló arcilla con la sangre de un dios sacrificado para crear a los primeros humanos. Este uso de arcilla, un material terrenal, y la sangre divina, un símbolo de la inmortalidad y el poder, subraya la idea de que los humanos son una combinación de lo mortal y lo divino. Aunque los humanos fueron creados para ser mortales y débiles en comparación con los dioses, también poseen una chispa de divinidad que los conecta con el mundo celestial.

Enki desempeña un papel activo en la creación y el desarrollo de la humanidad, no solo en su concepción, sino también en su protección y educación. En varios mitos, Enki interviene para salvar a los humanos de la destrucción o para proporcionarles el conocimiento necesario para prosperar. Su compasión hacia la humanidad contrasta con la actitud más severa de Enlil y otros dioses, quienes a menudo ven a los humanos como criaturas inferiores y fácilmente reemplazables.

Un ejemplo clave de la intervención de Enki es su papel en el mito del diluvio. Cuando los dioses, liderados por Enlil, deciden destruir a la humanidad con una inundación, Enki desafía esta decisión y advierte a Ziusudra para que construya un arca y se salve. Este acto de desobediencia hacia el consejo divino demuestra el compromiso de Enki con la humanidad y su deseo de proteger a los humanos de la extinción total.

Además de ser el creador, Enki también es considerado el maestro de la humanidad. En varios relatos, Enki enseña a los humanos habilidades esenciales para la vida, como la agricultura, la metalurgia y la escritura. Estos dones no solo ayudan a los humanos a sobrevivir, sino que también les permiten prosperar y formar civilizaciones avanzadas. En este sentido, Enki no solo ve a los humanos como trabajadores para los dioses, sino también como una especie que puede alcanzar un mayor nivel de conocimiento y desarrollo.

En cuanto a su relación con los otros dioses, Enki a menudo se enfrenta a la desaprobación de Enlil y otros por su tendencia a proteger a los humanos. Sin embargo, su sabiduría y su capacidad para resolver conflictos sin recurrir a la violencia le otorgan un lugar especial en el panteón. Enki es el dios que, aunque tiene un gran poder, prefiere utilizarlo para el bien de los humanos en lugar de imponerles castigos o exigir su obediencia ciega.

El papel de Enki en la creación de la humanidad es multifacético. No solo es el creador físico de los humanos, sino también su protector, educador y defensor. A través de su intervención, los humanos no solo obtienen la vida, sino también el conocimiento y la protección necesarios para desarrollarse como una civilización. Enki es, en muchos sentidos, el dios que conecta a los humanos con los dioses y asegura que su existencia tenga un propósito más allá del simple servicio a las deidades.

La relación entre los Anunnakis y la creación de la humanidad en la mitología sumeria ha sido interpretada de muchas maneras a lo largo del tiempo. Uno de los aspectos más intrigantes de estos mitos es la conexión entre los Anunnakis y la genética humana, un tema que, aunque implícito en los textos antiguos, ha dado lugar a muchas teorías y especulaciones en la era moderna.

En los relatos sumerios, los Anunnakis, bajo la dirección de Enki, participaron activamente en la creación de los primeros humanos. Según los textos, los Anunnakis utilizaron materiales del mundo terrenal (como la arcilla) y los combinaron con elementos divinos para crear una nueva forma de vida. Este proceso de mezcla entre lo terrenal y lo divino sugiere que los Anunnakis no solo crearon a los humanos a partir de la nada, sino que también impartieron algo de su propia esencia en la nueva especie.

Este concepto de impartir "esencia divina" a los humanos puede interpretarse como una referencia metafórica a la intervención genética o al traspaso de características divinas a la humanidad. Los mitos sumerios no hablan explícitamente de genética, por supuesto, pero la idea de que los humanos son una combinación de elementos divinos y materiales terrestres ha llevado a algunos a especular que los Anunnakis pudieron haber "manipulado" de alguna manera la vida existente en la Tierra para crear a los humanos.

En algunos mitos, la creación de los humanos no fue un proceso perfecto desde el principio. Los primeros intentos de los Anunnakis para crear a los humanos produjeron seres defectuosos o incapaces de realizar las tareas necesarias. Estos fracasos sugieren que los dioses tuvieron que experimentar con diferentes combinaciones antes de lograr la versión final del ser humano. Este detalle ha sido interpretado por algunos como una forma temprana de manipulación genética, donde los Anunnakis habrían modificado organismos preexistentes para crear una nueva especie con las características deseadas.

En el contexto de las teorías modernas, algunos autores han propuesto que los Anunnakis no eran solo deidades mitológicas, sino seres avanzados que podrían haber tenido conocimiento de genética y biotecnología. Según estas teorías, los Anunnakis podrían haber intervenido en el desarrollo de la vida en la Tierra, manipulando el ADN de especies prehumanas para crear al Homo sapiens. Estas ideas, aunque especulativas, han capturado la imaginación de muchos debido a la rica tradición mitológica sumeria y a los detalles intrigantes que aparecen en sus textos antiguos.

Desde un punto de vista mitológico, la creación de los humanos por parte de los Anunnakis no solo explica el origen de la humanidad, sino también su relación compleja con los dioses. Los humanos, al estar hechos de materiales terrenales y divinos, tienen una conexión única con los Anunnakis. Esto no solo les otorga un lugar especial en el universo, sino que también significa que los humanos son, en cierto sentido, una extensión de los propios dioses. Sin embargo, esta relación también implica una dependencia continua de los humanos hacia los Anunnakis, ya que los dioses poseen el poder sobre la vida y la muerte.

La creación de los humanos por parte de los Anunnakis en la mitología sumeria sugiere una relación íntima entre lo divino y lo mortal. Aunque los relatos antiguos no hablan explícitamente de genética, la idea de que los humanos fueron creados mediante la combinación de elementos divinos y terrestres ha inspirado interpretaciones modernas que vinculan estos mitos con conceptos científicos. Lo que queda claro es que los humanos, según los mitos sumerios, no solo fueron creados como trabajadores, sino como una especie que lleva dentro de sí una chispa de lo divino.

En la mitología sumeria, los seres humanos fueron creados con un propósito muy claro: servir a los dioses. Esta idea de la humanidad como siervos es un tema central en muchos de los mitos sumerios, donde los humanos son vistos como una herramienta esencial para mantener el orden divino y cósmico.

Desde su creación, los humanos estuvieron destinados a realizar las tareas que los dioses ya no querían realizar. Los Anunnakis, cansados de llevar a cabo el trabajo físico necesario para mantener la Tierra, delegaron estas responsabilidades a los humanos. Esto incluía no solo el trabajo agrícola y la construcción de ciudades, sino también el mantenimiento de los templos y la realización de sacrificios regulares a los dioses.

La relación entre los humanos y los dioses en Sumer era, en esencia, una relación de dependencia mutua. Los dioses necesitaban a los humanos para realizar el trabajo físico que aseguraba la estabilidad del mundo, mientras que los humanos dependían del favor divino para sobrevivir. Si los humanos realizaban sus tareas correctamente, los dioses les otorgaban prosperidad y abundancia. Sin embargo, si fallaban en sus deberes o se comportaban de manera inapropiada, los dioses podían castigarlos enviando desastres naturales, sequías o enfermedades.

Este concepto de los humanos como siervos también se refleja en la estructura de las ciudades sumerias, donde los templos desempeñaban un papel central tanto en la vida religiosa como en la vida económica. Los sacerdotes, que actuaban como intermediarios entre los humanos y los dioses, supervisaban los sacrificios y las ofrendas que se realizaban para apaciguar a las deidades. Estos sacrificios no eran solo rituales simbólicos, sino que se consideraban necesarios para mantener el favor divino y asegurar la protección de la ciudad.

Además, la vida cotidiana en Sumer estaba profundamente influenciada por las exigencias de los dioses. Los humanos no solo trabajaban para mantener el mundo físico, sino que también debían seguir un conjunto de normas morales y sociales que estaban determinadas por las leyes divinas. Los dioses, especialmente los Anunnakis, eran vistos como los legisladores supremos que dictaban las reglas sobre cómo debían vivir los humanos. Estas leyes abarcaban desde las prácticas religiosas hasta las interacciones sociales y las estructuras de poder.

Sin embargo, a pesar de esta relación de servidumbre, los mitos sumerios también sugieren que los humanos tenían un valor intrínseco. Aunque fueron creados principalmente para servir, también eran portadores de la esencia divina, lo que los hacía especiales en comparación con otras formas de vida. Esta dualidad en la visión de los humanos —como sirvientes, pero también como seres con una conexión única con los dioses— es uno de los aspectos más complejos y fascinantes de la mitología sumeria.

A lo largo de los textos antiguos, la humanidad aparece en una posición vulnerable pero importante. Los dioses podían destruir a los humanos si lo deseaban, como en el mito del diluvio, pero también necesitaban de su trabajo y devoción para mantener el equilibrio cósmico. Esta interdependencia entre dioses y humanos es fundamental para entender la cosmovisión sumeria, donde el orden del universo dependía de una relación de obediencia y reciprocidad entre lo divino y lo mortal.

A pesar de la estrecha relación entre los humanos y los Anunnakis en la mitología sumeria, existen diferencias fundamentales entre ambos. Estas diferencias no solo destacan la separación entre lo divino y lo mortal, sino que también subrayan el lugar que los humanos ocupan en el cosmos y su relación con los dioses.

Una de las diferencias más evidentes es la inmortalidad. Los Anunnakis, como deidades, son inmortales y no están sujetos a las mismas limitaciones físicas que los humanos. Mientras que los humanos envejecen, enferman y mueren, los Anunnakis no están atados a las leyes del tiempo y la muerte. Esta inmortalidad les otorga un estatus superior, lo que refuerza su autoridad sobre los humanos. En algunos mitos, los humanos intentan alcanzar la inmortalidad, como en la Epopeya de Gilgamesh, pero fracasan, lo que subraya la separación entre las dos especies.

Otra diferencia clave es el poder. Los Anunnakis poseen habilidades sobrehumanas, desde controlar los elementos naturales hasta moldear el destino de los humanos. Enki, por ejemplo, tiene el poder de manipular las aguas y crear vida, mientras que Enlil puede desatar tormentas devastadoras. Los humanos, por otro lado, están a merced de las fuerzas naturales y divinas. Aunque pueden desarrollar tecnologías y habilidades a través del conocimiento impartido por los dioses, siempre dependen de la voluntad de los Anunnakis para su bienestar y supervivencia.

El conocimiento es otro punto de diferenciación. Los Anunnakis, especialmente Enki, son vistos como depositarios del conocimiento divino, y aunque parte de este conocimiento es compartido con los humanos, siempre existe una brecha entre lo que los dioses saben y lo que los humanos pueden comprender. Los dioses tienen acceso a secretos cósmicos y leyes universales que los humanos no pueden alcanzar. Esta limitación del conocimiento humano refuerza la idea de que los humanos, aunque portadores de la esencia divina, siguen siendo inferiores a los Anunnakis en términos de sabiduría y comprensión del universo.

A pesar de estas diferencias, los mitos sumerios también destacan ciertas similitudes entre los Anunnakis y los humanos. Ambos son representados con formas humanoides, y los Anunnakis muestran emociones similares a las humanas, como la ira, la compasión, los celos y el amor. En algunos relatos, los dioses incluso cometen errores o muestran debilidades, lo que los humaniza en cierto grado. Esta representación de los dioses como seres con emociones humanas sugiere que, aunque divinos, los Anunnakis no están completamente desconectados de la experiencia humana.

Sin embargo, a nivel fundamental, los humanos y los Anunnakis representan dos niveles diferentes de existencia. Los humanos, creados para servir y trabajar en la Tierra, están limitados por sus cuerpos mortales y su dependencia de los dioses. Los Anunnakis, por su parte, habitan en una esfera más alta, desde donde controlan y administran el destino de la creación. Esta división entre lo divino y lo mortal es esencial para comprender la relación jerárquica entre los dos, y establece los límites del poder humano frente a los misterios del cosmos.

Aunque los humanos y los Anunnakis comparten ciertos aspectos, como la forma física y algunas emociones, las diferencias entre ellos son fundamentales para entender la estructura de poder en la mitología sumeria. Los humanos, aunque portadores de una chispa divina, están destinados a vivir una existencia limitada y subordinada, mientras que los

Anunnakis, inmortales y poderosos, gobiernan el destino del mundo.

Capítulo 6
Los Anunnakis y los Nefilim

Los Nefilim son una figura enigmática que aparece en múltiples tradiciones mitológicas antiguas, incluidos los textos sumerios y posteriores escritos bíblicos. En la mitología sumeria, los Nefilim son a menudo asociados o confundidos con los Anunnakis debido a las similitudes en sus descripciones y funciones. Sin embargo, aunque ambos grupos comparten ciertas características, los Nefilim tienen su propia identidad dentro del marco de las mitologías antiguas, y su origen y papel han sido objeto de numerosos debates y teorías a lo largo de la historia.

El término "Nefilim" proviene de la palabra hebrea que significa "caídos" o "aquellos que han caído", lo que ha llevado a muchos estudiosos a interpretarlos como seres caídos del cielo o ángeles rebeldes. En la mitología sumeria, esta interpretación ha sido aplicada a ciertos dioses o semidioses que descienden a la Tierra, lo que genera una conexión natural entre los Nefilim y los Anunnakis, quienes, según la creencia sumeria, también eran deidades celestiales que tenían un rol directo en la creación y gobernanza de la humanidad.

En los relatos antiguos, los Nefilim son descritos como gigantes poderosos, una característica que también comparten con los Anunnakis, quienes eran considerados seres de gran tamaño y fuerza. Estos gigantes aparecen en los textos sumerios y más tarde en escritos como el Libro de Enoc, donde se les describe como hijos de los "hijos de Dios" (ángeles caídos) y mujeres humanas. Este detalle conecta directamente con la creencia de que los Nefilim eran el resultado de la unión entre entidades celestiales y seres humanos, lo que refuerza su naturaleza híbrida y misteriosa.

A pesar de que los textos sumerios no mencionan a los Nefilim por su nombre, la idea de dioses que descienden a la Tierra para interactuar con la humanidad es un tema común. Los Anunnakis, al ser deidades que bajaban a la Tierra para gobernar y participar en los asuntos humanos, pueden haber servido de inspiración para el desarrollo posterior de la figura de los Nefilim en la tradición bíblica y otras culturas. La semejanza entre los Nefilim y los Anunnakis ha llevado a muchos investigadores a sugerir que ambos podrían representar versiones diferentes de un mismo mito antiguo sobre seres poderosos que tienen un impacto directo en el destino de la humanidad.

En las fuentes antiguas, los Nefilim también están asociados con la rebelión contra las normas establecidas por los dioses. En algunas interpretaciones, se cree que los Nefilim se rebelaron contra el orden divino establecido, lo que condujo a su caída desde el cielo. Esta idea de seres poderosos que desafían la autoridad de los dioses mayores está presente en los mitos de muchas culturas, y en el caso de los Nefilim, su rebelión podría haber sido una respuesta a la estricta estructura jerárquica que los dioses celestiales impusieron sobre la humanidad.

Los Nefilim, al igual que los Anunnakis, eran temidos y reverenciados por los humanos debido a su inmenso poder y su conexión con el mundo celestial. Sin embargo, a diferencia de los Anunnakis, que cumplían funciones más administrativas y supervisaban la vida en la Tierra, los Nefilim parecen tener un papel más desestabilizador, lo que los convierte en figuras ambivalentes en la mitología. Si bien su fuerza y habilidades son admirables, su naturaleza rebelde los aleja de los dioses principales y crea una tensión en las narraciones sobre ellos.

Los Nefilim son seres míticos que, aunque no se mencionan directamente en los textos sumerios con el mismo nombre, comparten muchas características con los Anunnakis. Son seres gigantescos y poderosos, descendientes de deidades celestiales, y representan una conexión directa entre el cielo y la Tierra. Su naturaleza ambigua y su aparente rebelión contra el orden divino los convierten en figuras complejas que han capturado la imaginación de las culturas antiguas y continúan siendo objeto de estudio y especulación en tiempos modernos.

La relación entre los Anunnakis y los Nefilim ha sido objeto de interpretaciones y debates debido a las similitudes y diferencias en sus descripciones dentro de los mitos antiguos. Mientras que los Anunnakis son principalmente descritos como deidades creadoras y administradores de la vida en la Tierra, los Nefilim, aunque menos mencionados en los textos sumerios, parecen representar un grupo paralelo o derivado de seres con atributos similares. Ambos comparten una naturaleza celestial y su influencia sobre la humanidad, pero el contexto de su aparición y sus roles específicos son lo que los diferencia en las narraciones.

Los Anunnakis, como se ha mencionado anteriormente, eran los descendientes de los dioses principales del panteón sumerio y desempeñaban un papel crucial en la creación de la humanidad y el mantenimiento del orden en la Tierra. Eran vistos como intermediarios entre el cielo y la Tierra, con la responsabilidad de supervisar y guiar a los humanos. En este sentido, su relación con la humanidad era jerárquica y paternalista, ya que se esperaba que los humanos sirvieran a los dioses y se sometieran a su autoridad.

Por otro lado, los Nefilim, en la tradición bíblica y en otros relatos antiguos, son vistos más como seres rebeldes o como una mezcla entre lo divino y lo humano, lo que complica su relación con los dioses y con la humanidad. Si bien los Anunnakis interactuaban con los humanos de manera directa y a menudo constructiva, los Nefilim representan una transgresión de los límites establecidos por los dioses, ya que, según algunos mitos, estos gigantes surgieron de la unión entre seres celestiales y humanos mortales. Esto introduce una dimensión de caos y desobediencia que no es tan prominente en las historias sobre los Anunnakis.

Es posible que los Nefilim representen una especie de reflejo oscuro de los Anunnakis. Mientras que los Anunnakis se adhieren al orden cósmico y a las leyes establecidas por los dioses mayores como Enlil y Anu, los Nefilim, en algunos mitos, parecen haberse desviado de ese camino, buscando poder y conocimiento fuera de los límites permitidos por los dioses. Esta diferencia entre ambas figuras subraya una tensión entre la obediencia al orden divino y la búsqueda de libertad o poder individual.

La relación entre los Anunnakis y los Nefilim también puede verse en términos de su impacto en la humanidad. Los Anunnakis, como creadores, son responsables de dar forma a la civilización humana, impartiendo conocimiento y controlando los elementos naturales. En contraste, los Nefilim, debido a su naturaleza rebelde, son a menudo vistos como agentes de destrucción o de desequilibrio, una amenaza para la estabilidad que los Anunnakis se esfuerzan por mantener. En algunos relatos bíblicos y apócrifos, los Nefilim son incluso responsables de la corrupción de la humanidad, lo que provoca que los dioses tomen medidas drásticas, como el envío del diluvio universal para purgar el mundo.

Otro aspecto interesante de la relación entre los Anunnakis y los Nefilim es la cuestión de su posible colaboración o conflicto. Aunque no existen textos sumerios que mencionen explícitamente una confrontación directa entre estos dos grupos, es plausible que ambos representen diferentes facetas de una misma estructura mitológica, donde los Anunnakis representan el orden divino y los Nefilim, la transgresión de ese orden. En este sentido, los Nefilim pueden haber sido una advertencia sobre los peligros de desafiar a los dioses, mientras que los Anunnakis encarnan la autoridad y el poder que deben ser respetados.

Desde un punto de vista más esotérico, algunos teóricos modernos han sugerido que los Nefilim podrían haber sido una "casta" inferior de Anunnakis o una manifestación más oscura de los mismos. Esta teoría, aunque especulativa, se basa en la noción de que ambos grupos comparten muchas características, pero representan lados opuestos de la interacción divina con la humanidad: los Anunnakis como creadores y protectores, y los Nefilim como figuras de rebelión y desafío.

La relación entre los Anunnakis y los Nefilim es compleja y multifacética. Si bien ambos comparten una conexión celestial y un impacto significativo en la humanidad, difieren en sus roles dentro del orden cósmico y en su relación con los dioses y los humanos. Mientras los Anunnakis son vistos como guardianes del orden divino, los Nefilim encarnan la ambivalencia y el peligro de transgredir los límites establecidos por los dioses. A medida que avancemos en el estudio de estas figuras, veremos cómo estas diferencias continúan desarrollándose en las interpretaciones modernas y en las teorías sobre su legado.

El legado de los Nefilim en la Tierra ha sido un tema recurrente en las discusiones mitológicas y teológicas a lo largo de la historia. A pesar de que los Nefilim no son tan prominentes en los textos sumerios como los Anunnakis, su influencia es perceptible en la forma en que las antiguas civilizaciones percibían la conexión entre los seres celestiales y los humanos. En particular, su legado se ha entrelazado con conceptos de poder, grandeza y rebelión, características que marcaron profundamente su presencia en las narraciones antiguas.

En la tradición bíblica y otros textos antiguos, los Nefilim son descritos como gigantes de gran fuerza y estatura que habitaban la Tierra antes y después del diluvio. Esta imagen de los Nefilim como gigantes no solo subraya su poder físico, sino también su influencia espiritual y cultural. Los Nefilim, al ser descendientes de dioses o ángeles caídos y humanos, eran vistos como una especie de raza híbrida que poseía una sabiduría y fuerza más allá de la capacidad humana común. En muchos casos, se les atribuye la construcción de grandes monumentos o la impartición de conocimientos avanzados a los humanos.

El impacto de los Nefilim en la humanidad puede verse como doble. Por un lado, su presencia simbolizaba una conexión directa con lo divino, y algunos relatos sugieren que, aunque rebeldes, trajeron ciertos conocimientos y habilidades a los humanos que de otra manera no habrían poseído. Estas habilidades podrían haber incluido el conocimiento de las estrellas, la arquitectura avanzada o incluso las artes mágicas.

Desde este punto de vista, los Nefilim podrían haber sido responsables de algunos de los avances tecnológicos y culturales más importantes de las primeras civilizaciones.

Por otro lado, el legado de los Nefilim también está asociado con la corrupción y el caos. En la tradición bíblica, su presencia en la Tierra se vincula con la degeneración moral de la humanidad, lo que eventualmente llevó a que Dios decidiera enviar el diluvio para purgar al mundo de su influencia. Esta dualidad en la representación de los Nefilim —como seres poderosos que traen tanto conocimiento como destrucción— resuena en las historias de muchas culturas antiguas, donde la figura del semidiós o ser híbrido suele estar asociada tanto con la grandeza como con la ruina.

Otro aspecto del legado de los Nefilim es su impacto en la percepción de los gigantes y otros seres poderosos en la mitología de diferentes culturas. La figura del gigante es un tema recurrente en los mitos de todo el mundo, desde los titanes griegos hasta los jotuns en la mitología nórdica. En muchos casos, estos gigantes comparten características similares a las de los Nefilim: son seres poderosos, a menudo hijos de dioses, que representan una amenaza o desafío al orden establecido por los dioses. Este arquetipo de los Nefilim ha perdurado en las historias de gigantes como seres tanto de sabiduría como de destrucción.

En algunas interpretaciones esotéricas y modernas, los Nefilim son vistos como una raza que influyó en el desarrollo temprano de la humanidad. Algunas teorías contemporáneas sugieren que los Nefilim podrían haber sido responsables de la creación de grandes estructuras megalíticas, como las pirámides o Stonehenge, basándose en su supuesta fuerza y conocimiento avanzados. Estas teorías, aunque especulativas, han encontrado eco en movimientos que buscan conectar los mitos antiguos con teorías sobre civilizaciones perdidas o intervención extraterrestre.

El legado de los Nefilim también se manifiesta en la idea de una "raza perdida" de gigantes que, según algunas leyendas, todavía podrían habitar la Tierra en lugares remotos o desconocidos. Esta creencia en seres ocultos, descendientes de los

Nefilim, ha alimentado tanto la mitología popular como la ficción contemporánea, dando lugar a historias sobre gigantes ocultos, seres poderosos y antiguos secretos enterrados en lo profundo de la Tierra.

Aunque los Nefilim no tienen un papel tan claramente definido como los Anunnakis en los textos sumerios, su legado en la Tierra ha sido significativo. Representan tanto la grandeza como el peligro de la intervención divina en el mundo humano, y su influencia ha perdurado en la mitología, la teología y las teorías esotéricas hasta nuestros días. Los Nefilim, con su naturaleza ambigua, siguen siendo un símbolo poderoso de la relación entre los dioses, los humanos y el destino de la civilización.

Las teorías modernas sobre los Nefilim han evolucionado mucho más allá de las antiguas narraciones mitológicas, y en la actualidad, estos seres enigmáticos son objeto de debate en contextos que van desde la arqueología alternativa hasta la ufología y las teorías de conspiración. Si bien los textos antiguos proporcionan una base limitada para comprender a los Nefilim, las interpretaciones modernas han ampliado su significado y su lugar en la historia de la humanidad.

Uno de los enfoques más populares en las teorías modernas es la idea de que los Nefilim no eran simplemente seres mitológicos, sino una raza real de gigantes que alguna vez caminó sobre la Tierra. En esta interpretación, los Nefilim se consideran una especie antigua, ahora extinta, que poseía un conocimiento y una tecnología avanzados. Algunos teóricos sugieren que los Nefilim podrían haber sido los responsables de la construcción de los grandes monumentos antiguos, como las pirámides de Egipto, Stonehenge, o las ciudades megalíticas de América del Sur, debido a sus habilidades superiores en ingeniería y su gran fuerza física.

Esta teoría, aunque especulativa, se basa en la idea de que muchas estructuras antiguas parecen estar más allá de las capacidades de las civilizaciones que las construyeron, lo que lleva a algunos a proponer que una raza avanzada, como los

Nefilim, debió haber jugado un papel crucial en su creación. Este tipo de interpretaciones ha sido ampliamente popularizado por autores de la arqueología alternativa y teorías pseudocientíficas, quienes buscan dar explicaciones no convencionales a los misterios de la historia antigua.

Otra teoría que ha ganado popularidad en el contexto de las investigaciones esotéricas es la conexión entre los Nefilim y los extraterrestres. Según esta línea de pensamiento, los Nefilim no eran deidades en el sentido tradicional, sino visitantes de otro planeta que descendieron a la Tierra en tiempos antiguos y mezclaron su ADN con el de los humanos. Esta interpretación ha sido impulsada por la popularidad de la teoría de los antiguos astronautas, que sugiere que muchas de las figuras míticas descritas en las culturas antiguas eran, de hecho, seres extraterrestres que interactuaron con la humanidad en épocas remotas.

En este contexto, los Nefilim se consideran una especie híbrida, producto de la unión entre extraterrestres y humanos, lo que explicaría tanto su enorme tamaño físico como su avanzado conocimiento. Los defensores de esta teoría afirman que los Nefilim podrían haber sido los responsables de la creación de la civilización tal como la conocemos, introduciendo avances tecnológicos, sociales y culturales que ayudaron a la humanidad a evolucionar. Esta teoría, aunque polémica, ha capturado la imaginación de muchos en la comunidad de la ufología y ha sido tema de numerosos libros, documentales y programas de televisión.

Además de estas teorías más esotéricas, también existen interpretaciones más científicas y arqueológicas sobre los Nefilim. Algunos estudiosos creen que los relatos sobre los Nefilim podrían haberse basado en avistamientos de personas inusualmente altas o de culturas guerreras con una estatura promedio superior a la de los humanos comunes de la época. Este tipo de interpretación sugiere que los Nefilim no eran seres divinos ni extraterrestres, sino que simplemente representaban una clase o tribu de humanos gigantes que, debido a su fuerza y tamaño, fueron mitificados y eventualmente divinizados en las narraciones antiguas.

Por último, en el ámbito de la teología, los Nefilim siguen siendo objeto de discusión en relación con su significado espiritual. Algunos teólogos ven a los Nefilim como un símbolo de la corrupción del alma humana y la caída de la humanidad al desobedecer a Dios, lo que llevó a la intervención divina a través del diluvio. En este sentido, los Nefilim no solo representan una raza de gigantes, sino también una advertencia moral sobre los peligros de desafiar las leyes divinas y romper el orden natural.

Las teorías modernas sobre los Nefilim abarcan una amplia gama de interpretaciones, desde arqueología alternativa hasta teorías extraterrestres y reflexiones teológicas. A pesar de las diferencias entre estas teorías, todas coinciden en que los Nefilim siguen siendo una figura fascinante y misteriosa, cuyo legado ha dejado una marca profunda en la historia y la imaginación humana.

A lo largo de este capítulo, hemos explorado tanto los Nefilim como los Anunnakis, y a pesar de las similitudes que comparten, existen diferencias significativas entre estos dos grupos de seres mitológicos. Ambos desempeñan roles importantes en las narraciones sobre los orígenes de la humanidad y el impacto de los seres celestiales en la vida terrenal, pero la naturaleza de su relación con los humanos y su papel en los mitos los distingue de manera clara.

En primer lugar, los Anunnakis son descritos en la mitología sumeria como dioses directamente involucrados en la creación de los humanos. Su propósito principal es supervisar y administrar la vida en la Tierra, actuando como intermediarios entre los dioses mayores y los mortales. Su influencia sobre la humanidad es directa y establecida dentro de un marco jerárquico, donde los humanos son creados para servir a los dioses y cumplir con los deberes que se les asignan.

Por otro lado, los Nefilim, aunque también son figuras celestiales o semidivinas, parecen desempeñar un papel menos administrativo y más caótico. En muchos relatos, los Nefilim son el resultado de una transgresión: la unión de seres divinos o ángeles caídos con humanos, lo que genera una raza de gigantes poderosos que, en algunos casos, corrompen la humanidad o desafían el orden establecido por los dioses. Esta naturaleza rebelde y su origen híbrido los convierte en figuras más ambiguas que los Anunnakis, quienes representan el poder legítimo y la estabilidad.

Otra diferencia clave es la manera en que estos seres interactúan con la humanidad. Los Anunnakis, según los textos sumerios, están más enfocados en la construcción de la civilización, proporcionando a los humanos el conocimiento y las herramientas necesarias para prosperar. Enki, por ejemplo, otorga a los humanos la sabiduría de la agricultura, la escritura y la metalurgia. Los Nefilim, sin embargo, están más asociados con la fuerza bruta y el poder físico. Aunque en algunas teorías modernas se les atribuyen avances tecnológicos, en los textos antiguos su influencia se relaciona más con el caos y la transgresión de las normas divinas.

La percepción moral de ambos grupos es diferente. Mientras que los Anunnakis son venerados como deidades que, aunque a veces severas, actúan en el mejor interés de la creación, los Nefilim suelen estar asociados con la decadencia moral y el castigo divino. En el contexto bíblico, por ejemplo, los Nefilim son una de las razones por las que Dios envía el diluvio para purgar la Tierra. Los Anunnakis, por su parte, aunque participan en decisiones difíciles como el diluvio, lo hacen como guardianes del orden cósmico, no como responsables directos de la corrupción humana.

Aunque tanto los Anunnakis como los Nefilim representan la intervención de lo celestial en el mundo terrenal, sus roles y características los separan claramente en las narraciones mitológicas. Los Anunnakis encarnan el poder y la autoridad divina, mientras que los Nefilim representan una transgresión de las leyes cósmicas, reflejando así diferentes aspectos de la relación entre los dioses y los humanos.

Capítulo 7
El Reino de los Cielos

Los Anunnakis, en la mitología sumeria, no solo son dioses vinculados a la creación y el gobierno de la Tierra, sino que también tienen una relación profunda con el cosmos y el reino de los cielos. Su papel como deidades cósmicas les otorga una influencia mucho más amplia que la simple administración de la humanidad; son vistos como fuerzas universales que gobiernan no solo el destino de los humanos, sino también el orden celestial.

En las mitologías sumerias, los cielos eran considerados un dominio sagrado reservado para los dioses más poderosos, y entre ellos, los Anunnakis ocupaban una posición prominente. Estos dioses no solo residían en los cielos, sino que eran los encargados de mantener el equilibrio cósmico entre los diferentes niveles de la creación: el cielo, la tierra y el inframundo. An, el dios del cielo y padre de los Anunnakis, es el ejemplo más claro de esta conexión con el reino celestial. Aunque An desempeña un papel más distante en los mitos, sus descendientes, los Anunnakis, actúan como sus intermediarios directos, gestionando las leyes del universo.

El vínculo entre los Anunnakis y el cosmos también se manifiesta en su capacidad para controlar los ciclos naturales y cósmicos. Se les atribuye el poder sobre los astros, las estaciones y los ciclos de la vida y la muerte. Esta conexión con el cosmos es un reflejo de la importancia que la astronomía y la observación de los cielos tenían para las civilizaciones antiguas, especialmente en Sumer. Los templos sumerios, como los famosos zigurats, eran construidos no solo como lugares de adoración, sino también como observatorios astronómicos, donde los sacerdotes podían seguir el movimiento de los astros, considerados manifestaciones de la voluntad de los dioses.

En algunos mitos, los Anunnakis son descritos como seres que viajan entre los cielos y la tierra, lo que refuerza su estatus como entidades cósmicas. Esta capacidad de moverse entre diferentes dimensiones no solo subraya su poder sobre la naturaleza y el destino, sino que también los coloca en una posición única como intermediarios entre las deidades celestiales y el mundo mortal. En este sentido, los Anunnakis no son solo gobernantes de la Tierra, sino guardianes del orden universal.

Además, su relación con el cosmos no se limita solo al gobierno de las estrellas y los planetas, sino que también abarca su rol en la creación de los seres humanos y su destino. En muchos mitos, los Anunnakis se ven como los arquitectos de la vida en la Tierra, pero su influencia va más allá de la creación física. Controlan las fuerzas invisibles que guían la vida, como el tiempo, el destino y el alma, elementos que estaban intrínsecamente conectados con el orden celestial.

En la mitología sumeria, la jerarquía cósmica está estrictamente ordenada. Los Anunnakis son parte de una estructura divina que involucra a otras deidades mayores, como An, Enlil y Enki, que supervisan el universo desde los cielos. Cada dios tiene un rol específico que cumplir en el mantenimiento del cosmos, y los Anunnakis, como deidades cósmicas, están profundamente involucrados en este proceso. Esta estructura refleja una visión del mundo altamente organizada, en la que el equilibrio cósmico depende de la obediencia a las leyes divinas.

La percepción de los Anunnakis como deidades cósmicas también influenció a otras culturas antiguas, que adaptaron estas ideas en sus propias mitologías. En Babilonia, por ejemplo, el dios Marduk asumió muchos de los roles cósmicos que en Sumer correspondían a los Anunnakis, consolidando aún más la idea de que estos dioses estaban intrínsecamente ligados al orden universal. Incluso en la actualidad, los Anunnakis son vistos por algunos como entidades cósmicas que trascienden el mito, lo que alimenta teorías sobre su posible conexión con seres de otros planetas o dimensiones.

Los Anunnakis no solo fueron deidades terrestres involucradas en la creación y el gobierno de la humanidad, sino también fuerzas cósmicas responsables del mantenimiento del equilibrio celestial. Su rol como deidades cósmicas subraya su influencia en los aspectos más profundos y universales de la existencia, desde los ciclos estelares hasta el destino de los seres humanos.

En la mitología sumeria, el cielo no es solo un lugar físico donde residen los dioses, sino una dimensión sagrada que está intrínsecamente conectada con la vida en la Tierra. El concepto del cielo en Sumer no solo se refiere a lo que podemos observar desde el suelo, sino a un reino superior de existencia donde los dioses controlan y supervisan todos los aspectos del cosmos. Esta idea de un cielo habitado por deidades es central en la estructura religiosa y mitológica de los sumerios.

El cielo, conocido en la lengua sumeria como An, era considerado el dominio supremo de los dioses. An, el dios del cielo, era la deidad principal de este reino, pero no era un gobernante activo en los mitos; en su lugar, delegaba la administración de los cielos y de la Tierra a otras deidades, como Enlil y los Anunnakis. La conexión entre el cielo y la Tierra es uno de los temas más importantes de la mitología sumeria, ya que los dioses usaban el cielo como un punto de observación y control sobre los asuntos humanos.

El cielo en la mitología sumeria no está separado del destino de la humanidad. Los sumerios creían que las estrellas y los planetas no solo eran objetos físicos, sino entidades divinas que influían en los eventos terrestres. Los movimientos de los cuerpos celestiales eran vistos como expresiones de la voluntad divina, y los sacerdotes sumerios dedicaban mucho tiempo a observar los cielos para predecir los patrones del clima, las estaciones y otros eventos cruciales para la vida cotidiana.

El cielo también era visto como un lugar de transición entre la vida y la muerte. Aunque el inframundo tenía su propio dominio en la mitología sumeria, el cielo era considerado el lugar de los dioses inmortales. Los humanos, aunque mortales, esperaban que sus espíritus tuvieran algún tipo de conexión con el cielo después de la muerte, particularmente si habían vivido vidas piadosas o estaban asociados con el servicio a los dioses.

Una característica importante del concepto sumerio del cielo es su naturaleza estratificada. Los sumerios creían en diferentes niveles del cielo, cada uno asignado a deidades específicas que gobernaban ciertos aspectos de la existencia. Este concepto estratificado del cielo permitía que diferentes deidades supervisaran distintos elementos del universo, desde el destino humano hasta los fenómenos naturales. Este orden jerárquico reflejaba el sistema de ciudades-estado en Sumer, donde cada ciudad estaba gobernada por un rey bajo el mandato de un dios patrón.

El cielo también era el lugar donde se decidían los destinos de los humanos. Los dioses se reunían en el cielo para discutir los asuntos de la Tierra, como se describe en muchos textos sumerios. Estas decisiones, tomadas en el ámbito celestial, tenían un impacto directo en los eventos terrenales, desde las cosechas hasta las guerras. De esta manera, el cielo era visto como el lugar donde se establecía el orden del cosmos y la vida humana.

Además de ser un espacio físico, el cielo también era un símbolo de poder y autoridad divina. Los dioses que residían en el cielo, como An y Enlil, eran percibidos como seres distantes y poderosos, mientras que los Anunnakis, que podían moverse entre el cielo y la Tierra, actuaban como intermediarios entre los dioses celestiales y los humanos. Esta estructura de poder entre el cielo y la Tierra subrayaba la importancia del orden y la jerarquía en la cosmovisión sumeria.

El concepto del cielo en la mitología sumeria no solo influyó en las prácticas religiosas de la civilización, sino que también sentó las bases para interpretaciones posteriores en otras culturas de la región, como Babilonia y Asiria. Estas civilizaciones heredaron muchos de los elementos de la cosmología sumeria y adaptaron el concepto del cielo a sus propias estructuras mitológicas y religiosas.

El cielo en la mitología sumeria es un espacio sagrado y estratificado, donde los dioses gobiernan y supervisan la creación y el destino de la humanidad. A través de su observación y su control, los dioses establecen el orden cósmico, y los humanos, en su relación con los cielos, buscan comprender y cumplir con la voluntad divina.

En la mitología sumeria, la relación entre los Anunnakis y las estrellas es un reflejo de la conexión cósmica que estas deidades tienen con los cielos y el destino de la humanidad. Las estrellas no solo eran objetos celestiales, sino que también simbolizaban a los dioses, y en particular a los Anunnakis, quienes vigilaban los eventos terrenales desde las alturas. Este vínculo entre los Anunnakis y las estrellas formaba parte integral de la cosmología sumeria y reforzaba la idea de que los dioses controlaban el orden del universo a través de los astros.

Los sumerios eran una civilización profundamente interesada en la astronomía, y veían los movimientos de las estrellas y los planetas como manifestaciones de la voluntad de los dioses. Los Anunnakis, como deidades celestiales, estaban asociados con constelaciones y cuerpos estelares específicos, los cuales servían como indicadores de sus acciones y decisiones. Para los sumerios, el cielo no solo era un espacio abstracto, sino una especie de calendario cósmico que los Anunnakis usaban para comunicar su influencia sobre la Tierra.

Uno de los ejemplos más claros de la relación entre los Anunnakis y las estrellas es la creencia de que el destino humano estaba escrito en las estrellas. Los sumerios creían que los Anunnakis podían predecir y manipular los eventos terrenales a través de sus observaciones y control sobre los astros. Los sacerdotes sumerios, que a menudo actuaban como astrónomos, seguían los movimientos de las estrellas para interpretar los mensajes de los dioses y predecir eventos futuros. Esta práctica era conocida como astrología, y su propósito era alinear las acciones humanas con la voluntad de los dioses tal como se reflejaba en el cielo.

Las constelaciones en sí mismas eran a menudo vistas como representaciones de los propios dioses o de eventos míticos que involucraban a los Anunnakis. Cada constelación tenía un significado particular, y algunas estaban asociadas con deidades específicas. Estas asociaciones permitían a los sumerios interpretar los eventos cósmicos y establecer relaciones entre los movimientos de las estrellas y los eventos en la Tierra, como guerras, desastres naturales o períodos de prosperidad.

Los Anunnakis, debido a su naturaleza como seres celestiales, también eran vistos como viajeros entre el cielo y la Tierra. En este sentido, las estrellas simbolizaban su presencia constante y su capacidad para influir en la vida de los humanos desde las alturas. Aunque los Anunnakis a menudo descendían a la Tierra para interactuar directamente con los humanos, su lugar de residencia natural seguía siendo el cielo, y las estrellas servían como una manifestación visible de su poder.

La idea de que los dioses están conectados con las estrellas es una característica común en muchas mitologías antiguas, pero en Sumer esta creencia tenía una base científica y religiosa muy desarrollada. Los sumerios fueron una de las primeras civilizaciones en registrar y seguir sistemáticamente el movimiento de los cuerpos celestiales, lo que les permitió crear calendarios y predecir eventos estacionales. Estos avances en astronomía estaban profundamente entrelazados con su religión, y los Anunnakis eran vistos como los guardianes de este conocimiento celestial.

Además, la relación entre los Anunnakis y las estrellas también tenía un significado simbólico. Las estrellas, que brillaban en la oscuridad del cielo nocturno, representaban el poder eterno de los dioses sobre el caos y la incertidumbre del mundo mortal. Así como las estrellas permanecen fijas y constantes en el cielo, los Anunnakis se consideraban los guardianes del orden y de la estabilidad cósmica. En este sentido, las estrellas eran un recordatorio constante de la presencia de los dioses y de su capacidad para controlar y dirigir el destino de la humanidad.

La relación entre los Anunnakis y las estrellas en la mitología sumeria es una expresión de la profunda conexión entre el cielo y la Tierra. Los Anunnakis, como seres cósmicos, usaban las estrellas para comunicar su voluntad y guiar el destino de la humanidad. Esta relación no solo influyó en las prácticas religiosas y astronómicas de los sumerios, sino que también reforzó la idea de que el destino humano estaba entrelazado con las fuerzas cósmicas controladas por los dioses.

El viaje de los Anunnakis entre el cielo y la tierra es un tema recurrente en la mitología sumeria y refleja su naturaleza como seres que pueden moverse libremente entre diferentes reinos de existencia. Este concepto de dioses que descienden desde los cielos para interactuar con los humanos está profundamente arraigado en la mitología sumeria, y los Anunnakis, en particular, son conocidos por su capacidad para cruzar los límites entre lo celestial y lo terrenal.

Los textos sumerios describen a los Anunnakis como intermediarios entre los dioses mayores, que residen permanentemente en los cielos, y los humanos, que habitan en la tierra. Este rol como intermediarios los convierte en figuras clave para el mantenimiento del orden cósmico, ya que son los encargados de llevar las decisiones divinas desde el cielo hasta la Tierra. A menudo, los Anunnakis descienden a la tierra para supervisar o participar directamente en eventos importantes, como la creación de la humanidad o la organización de las ciudades sumerias.

El concepto del viaje entre el cielo y la tierra también está relacionado con la capacidad de los Anunnakis para influir en los fenómenos naturales. Como seres celestiales, tienen el poder de controlar elementos como el viento, la lluvia y los ciclos estacionales, lo que los convierte en fuerzas fundamentales para la vida en la Tierra. Su viaje entre los reinos celestiales y terrestres les permite mantener el equilibrio entre los diferentes aspectos de la creación y asegurarse de que la humanidad siga cumpliendo su papel dentro del orden cósmico.

En algunos mitos, los Anunnakis son descritos como descendiendo a la Tierra en momentos de crisis o cambio. Por ejemplo, en el mito del diluvio sumerio, los Anunnakis juegan un papel crucial en la decisión de enviar el diluvio para purgar la tierra de los humanos corruptos. En este relato, los dioses mayores se reúnen en los cielos para tomar la decisión, pero son los Anunnakis quienes descienden a la Tierra para ejecutar el plan y asegurarse de que se lleve a cabo correctamente.

La capacidad de los Anunnakis para viajar entre el cielo y la tierra también simboliza su rol como guardianes del destino humano. A través de su acceso a los cielos, los Anunnakis pueden observar a los humanos desde una perspectiva divina y, cuando es necesario, intervenir en los asuntos humanos. Esta intervención puede ser tanto benéfica como destructiva, dependiendo de las circunstancias y del comportamiento de los humanos. En muchos mitos, la intervención de los Anunnakis es vista como una forma de corregir desequilibrios o restaurar el orden cuando la humanidad ha perdido su camino.

El viaje de los Anunnakis también tiene un significado más profundo en términos de su conexión con el ciclo de la vida y la muerte. En la mitología sumeria, los dioses no solo controlan el mundo de los vivos, sino también el inframundo, y los Anunnakis a menudo viajan entre los diferentes reinos de existencia para garantizar que el ciclo de vida, muerte y renacimiento se mantenga. Este aspecto de su naturaleza refleja la creencia sumeria en la interconexión entre los diferentes niveles del cosmos y la importancia de los dioses en mantener ese equilibrio.

Además, el viaje de los Anunnakis entre el cielo y la tierra no solo está limitado a la mitología antigua, sino que también ha sido interpretado en tiempos modernos como una referencia a seres avanzados que podrían haber viajado desde otros planetas o dimensiones. Esta interpretación, aunque especulativa, ha llevado a teorías que vinculan a los Anunnakis con visitantes extraterrestres que descendieron a la Tierra para interactuar con la humanidad, transmitiendo conocimientos avanzados y desempeñando un papel en el desarrollo de las primeras civilizaciones.

El viaje de los Anunnakis entre el cielo y la tierra es un símbolo de su poder y su rol como mediadores entre los diferentes reinos de existencia. Como dioses que pueden moverse libremente entre lo celestial y lo terrenal, los Anunnakis tienen la capacidad de influir en los eventos humanos y naturales, manteniendo el equilibrio cósmico y asegurando que el orden divino se mantenga intacto.

Las interpretaciones astronómicas de los Anunnakis han capturado la imaginación de muchos estudiosos y teóricos modernos, que ven en estas deidades una conexión profunda con el cosmos y los cuerpos celestiales. Desde los textos antiguos, la relación de los Anunnakis con el cielo y las estrellas ha sido objeto de estudio, y en tiempos recientes, estas ideas se han expandido para incluir teorías sobre astronomía, astrología e incluso la posibilidad de que los Anunnakis representaran visitantes de otros planetas.

Una de las interpretaciones más comunes de los Anunnakis es su asociación con las constelaciones y los cuerpos celestiales. Los sumerios eran observadores ávidos de los cielos, y muchas de sus deidades estaban vinculadas a los movimientos de las estrellas y los planetas. En particular, los Anunnakis, como dioses que interactúan con la humanidad, a menudo estaban relacionados con constelaciones específicas que se consideraban señales de sus acciones o presagios de eventos importantes. Los sacerdotes sumerios usaban este conocimiento astronómico para predecir el futuro y para establecer calendarios rituales que alineaban las festividades religiosas con los ciclos celestes.

Una teoría moderna que ha ganado popularidad es la idea de que los Anunnakis no eran simplemente deidades mitológicas, sino seres extraterrestres que llegaron a la Tierra desde otro planeta. Esta teoría, popularizada por autores como Zecharia Sitchin, sugiere que los Anunnakis procedían de un planeta llamado Nibiru, que supuestamente orbita nuestro sistema solar en una trayectoria muy alargada. Según esta teoría, los Anunnakis habrían llegado a la Tierra hace miles de años y habrían desempeñado un papel crucial en la creación de la humanidad y el desarrollo de la civilización.

Aunque esta interpretación no tiene base en la arqueología tradicional ni en la astronomía moderna, ha capturado la imaginación de muchos, quienes ven en los mitos sumerios pistas sobre la posibilidad de visitas extraterrestres en la antigüedad. Los defensores de esta teoría señalan ciertos pasajes en los textos antiguos que describen a los Anunnakis descendiendo del cielo y compartiendo conocimientos avanzados con los humanos, lo que para ellos es evidencia de un contacto entre la Tierra y seres de otros mundos.

Además de estas teorías más especulativas, existen interpretaciones más convencionales que ven en los Anunnakis una representación simbólica de las fuerzas naturales y cósmicas que influyen en la vida humana. Desde este punto de vista, los Anunnakis no son seres literales que viajaron desde las estrellas, sino representaciones míticas de los fenómenos astronómicos que los sumerios observaban y utilizaban para guiar su vida cotidiana. Los movimientos de los planetas, las fases de la luna y las posiciones de las constelaciones eran vistos como manifestaciones de la voluntad de los dioses, y los Anunnakis, como intermediarios celestiales, actuaban para conectar a los humanos con estos ritmos cósmicos.

Las interpretaciones astronómicas de los Anunnakis también han sido exploradas en el contexto de la astrología. Los sumerios creían que el destino de los humanos estaba influido por las estrellas y los planetas, y los Anunnakis, como dioses que controlaban estos cuerpos celestiales, desempeñaban un papel crucial en la determinación del destino humano. Los sacerdotes sumerios, que eran expertos en astrología, interpretaban los movimientos celestiales como señales de la voluntad divina, y los Anunnakis eran vistos como los agentes que implementaban los decretos cósmicos en la vida de las personas.

Las interpretaciones astronómicas de los Anunnakis abarcan una amplia gama de ideas, desde su asociación con las constelaciones y los ciclos celestiales en la antigüedad hasta teorías modernas que los vinculan con seres extraterrestres. Aunque estas interpretaciones varían en su enfoque, todas subrayan la profunda conexión entre los Anunnakis y el cosmos, y su influencia duradera en la forma en que los seres humanos han percibido su lugar en el universo.

Capítulo 8
El Control sobre la Tierra

En la mitología sumeria, los Anunnakis no solo son descritos como dioses creadores y gestores del cosmos, sino también como los guardianes y protectores de la Tierra y de la humanidad. Esta función protectora es uno de los aspectos más importantes de su relación con los seres humanos y refleja la creencia sumeria de que el bienestar y la estabilidad de la civilización dependían directamente de la buena voluntad y la vigilancia de los dioses.

Los Anunnakis, al haber sido delegados por los dioses mayores como An y Enlil, tenían la responsabilidad de mantener el orden en la Tierra y de garantizar que las fuerzas naturales, políticas y sociales se mantuvieran en equilibrio. En este sentido, los Anunnakis eran considerados guardianes del orden cósmico y, al mismo tiempo, protectores de las ciudades sumerias y sus habitantes. En los mitos, los Anunnakis a menudo intervenían para proteger a los humanos de catástrofes naturales, guerras y otras amenazas que podían perturbar la paz y la prosperidad de la sociedad.

Una de las formas más comunes en las que los Anunnakis ejercían su rol protector era a través de la regulación de las fuerzas naturales. Como deidades cósmicas, tenían el poder de controlar el clima, las estaciones y los fenómenos naturales, asegurando que los ciclos de la naturaleza funcionaran correctamente para sustentar la vida en la Tierra. Los sumerios dependían en gran medida de la agricultura, y el control de las lluvias y las cosechas era esencial para su supervivencia. En los mitos, los Anunnakis podían enviar lluvias abundantes o detenerlas como una forma de recompensar o castigar a la humanidad, dependiendo de si los humanos cumplían con sus obligaciones hacia los dioses.

El rol de los Anunnakis como protectores también se extendía a la protección contra fuerzas sobrenaturales o desastres enviados por otros dioses. En algunas historias, los Anunnakis intervienen para salvar a la humanidad de la ira de deidades más poderosas o de catástrofes inminentes. Un ejemplo de esta intervención se puede ver en el mito del diluvio, donde Enki, uno de los Anunnakis, desobedece la orden de Enlil de destruir a toda la humanidad y salva a Ziusudra, el equivalente sumerio de Noé. Este acto de protección subraya la dualidad de los Anunnakis, quienes, aunque son parte de la estructura de poder divina, también pueden mostrar compasión y actuar en favor de los humanos.

Además de su protección contra desastres, los Anunnakis eran vistos como guardianes de la justicia y el orden social. En varias ciudades sumerias, los reyes afirmaban que su poder y autoridad provenían directamente de los Anunnakis, quienes los protegían y les otorgaban el derecho divino de gobernar. Esta relación entre los dioses y los reyes reflejaba la creencia de que el bienestar de la sociedad estaba garantizado por la intervención divina, y que el desorden o la injusticia en la Tierra era un reflejo de la ira o el descontento de los dioses.

Los templos dedicados a los Anunnakis servían como lugares sagrados donde los humanos podían invocar la protección de los dioses. A través de rituales y sacrificios, los sacerdotes y los fieles buscaban mantener la buena voluntad de los Anunnakis y asegurarse de que siguieran protegiendo sus ciudades. Estos templos no solo eran centros religiosos, sino también centros de poder político y económico, lo que refuerza la idea de que la protección divina era fundamental para el funcionamiento de la sociedad sumeria.

La naturaleza protectora de los Anunnakis también los hacía responsables de castigar a aquellos que desobedecían las leyes divinas o perturbaban el orden cósmico. Aunque eran protectores, su protección no era incondicional; los humanos debían cumplir con ciertos deberes y mantener una relación respetuosa con los dioses. Si fallaban en hacerlo, los Anunnakis podían retirar su protección, lo que resultaba en calamidades naturales o sociales. Este equilibrio entre protección y castigo subraya la importancia de la relación simbiótica entre dioses y humanos en la mitología sumeria.

Los Anunnakis no solo eran creadores y administradores del cosmos, sino también guardianes y protectores de la humanidad y del orden terrestre. A través de su poder sobre los fenómenos naturales y su intervención en los asuntos humanos, los Anunnakis aseguraban la estabilidad de la vida en la Tierra, protegiendo a las ciudades sumerias y a sus habitantes de amenazas tanto naturales como sobrenaturales.

La influencia de los Anunnakis en los reinos sumerios no se limitaba a su rol como protectores del orden cósmico y natural, sino que también se extendía a las estructuras políticas y sociales de las ciudades-estado. En la antigua Sumer, la relación entre la religión y la política era indisoluble, y los Anunnakis eran vistos como los garantes del poder real y del orden establecido. Los reyes y gobernantes sumerios a menudo se presentaban como elegidos por los dioses, y su autoridad derivaba directamente de la voluntad de los Anunnakis.

Cada ciudad sumeria tenía un dios o diosa patrón, y los Anunnakis ocupaban un lugar especial en el panteón, ya que su influencia no se limitaba a una ciudad específica. Mientras que deidades locales como Inanna o Enki eran veneradas en ciudades como Uruk o Eridu, los Anunnakis eran vistos como un grupo de dioses que supervisaban el orden general de Sumer. Esto les otorgaba una influencia sobre todas las ciudades sumerias, ya que se les consideraba los administradores divinos del destino de las naciones.

Uno de los aspectos más importantes de la influencia de los Anunnakis en los reinos sumerios era su conexión con el concepto de realeza divina. Los reyes sumerios no gobernaban solo por su habilidad o fuerza militar, sino porque se creía que los Anunnakis les habían otorgado el derecho de gobernar. Esta legitimidad divina era crucial para el mantenimiento del poder en las ciudades-estado, ya que los ciudadanos creían que el bienestar de la ciudad dependía de la voluntad de los dioses. Si un rey era considerado justo y piadoso, se pensaba que los Anunnakis bendecirían a la ciudad con prosperidad. Sin embargo, si un rey desobedecía las leyes divinas o no cumplía con sus deberes religiosos, la ciudad podría sufrir las consecuencias.

El vínculo entre los Anunnakis y la realeza también se manifestaba en las ceremonias de coronación y en las inscripciones reales. Los reyes sumerios a menudo proclamaban en sus inscripciones que habían sido escogidos por los Anunnakis para gobernar y que actuaban en nombre de los dioses para mantener el orden y la justicia en la Tierra. Estas declaraciones no solo reforzaban la autoridad del rey ante su pueblo, sino que también recordaban a los ciudadanos que el orden social estaba respaldado por la voluntad divina. La conexión entre los dioses y los reyes también se reflejaba en los títulos que los reyes asumían, como "Pastor de la Gente", un título que destacaba su papel como intermediarios entre los dioses y los humanos.

Además de otorgar legitimidad a los reyes, los Anunnakis también influían en las leyes y las normas sociales. Muchas de las leyes sumerias, como el famoso Código de Ur-Nammu, se presentaban como mandatos divinos que los reyes promulgaban en nombre de los dioses. Estas leyes regulaban todos los aspectos de la vida en las ciudades sumerias, desde las relaciones comerciales hasta las normas morales, y se creía que al seguir estas leyes, la humanidad estaba cumpliendo con la voluntad de los Anunnakis.

La influencia de los Anunnakis también se manifestaba en las instituciones religiosas y políticas. Los templos dedicados a los Anunnakis no solo eran centros de culto, sino también centros de poder político y económico. Los sacerdotes que servían en estos templos a menudo desempeñaban roles importantes en el gobierno de la ciudad, actuando como consejeros de los reyes y supervisores de las actividades económicas y judiciales. Esta estrecha relación entre la religión y la política aseguraba que el poder de los Anunnakis estuviera presente en todos los aspectos de la vida cívica.

Por último, los Anunnakis también influían en la diplomacia y en las relaciones entre las ciudades-estado sumerias. Las alianzas y los conflictos entre ciudades a menudo se basaban en consideraciones religiosas, y los Anunnakis, como dioses universales, eran invocados en tratados y acuerdos para garantizar su cumplimiento. Si una ciudad rompía un tratado, se creía que estaba desobedeciendo la voluntad de los Anunnakis, lo que podía traer desastres tanto a nivel político como natural.

La influencia de los Anunnakis en los reinos sumerios era omnipresente, desde la legitimidad de los reyes hasta las leyes que regían la sociedad. Como guardianes del orden cósmico, los Anunnakis también eran los garantes del orden político y social, asegurando que las ciudades sumerias prosperaran bajo el gobierno de líderes piadosos y justos.

El poder político de los Anunnakis en la mitología sumeria es uno de los pilares fundamentales en la comprensión de cómo se estructuraba el gobierno en las ciudades-estado sumerias. Los Anunnakis no solo eran deidades responsables del control cósmico y natural, sino que también desempeñaban un papel crucial en la administración del poder terrenal, influyendo directamente en la estructura política de las ciudades sumerias y en la forma en que se distribuía y ejercía el poder.

El poder político de los Anunnakis estaba directamente relacionado con la creencia en la realeza divina. En la antigua Sumer, los reyes no eran vistos simplemente como líderes humanos, sino como representantes directos de los dioses en la Tierra, y entre estos dioses, los Anunnakis ocupaban una posición especial como los administradores del orden y del destino humano. Este concepto de realeza divina fue crucial para establecer la legitimidad del poder político en Sumer, ya que se consideraba que los reyes gobernaban por mandato divino, y su autoridad no solo estaba respaldada por su habilidad para gobernar, sino también por la voluntad de los Anunnakis.

Los reyes sumerios afirmaban que su derecho a gobernar provenía de los Anunnakis. Las inscripciones reales a menudo comenzaban con declaraciones de cómo los dioses, y en particular los Anunnakis, habían elegido al rey para gobernar y cómo el rey actuaba como un intermediario entre los dioses y los humanos. Esto no solo otorgaba una legitimidad divina a los gobernantes, sino que también imponía una serie de responsabilidades a los reyes, quienes debían gobernar de acuerdo con las leyes divinas y mantener el orden establecido por los Anunnakis. Si un rey gobernaba injustamente o desobedecía a los dioses, corría el riesgo de perder su favor y, con él, la estabilidad de su reino.

Además de legitimar el poder de los reyes, los Anunnakis también influían en la creación y el mantenimiento de las leyes. Se creía que las leyes que regían las ciudades-estado eran un reflejo de la voluntad divina, y los Anunnakis, como guardianes del orden cósmico, también eran los garantes del orden social. Las leyes sumerias, como el Código de Ur-Nammu, se presentaban como decretos divinos que los reyes promulgaban para mantener la justicia y la armonía en la sociedad. Estas leyes regulaban aspectos importantes de la vida cotidiana, desde las transacciones comerciales hasta las disputas familiares, y se creía que al seguirlas, los ciudadanos estaban cumpliendo con la voluntad de los dioses.

El poder político de los Anunnakis también se manifestaba en su influencia sobre la guerra y las relaciones diplomáticas entre las ciudades-estado. Los conflictos y las alianzas entre ciudades a menudo se justificaban en términos religiosos, y los Anunnakis eran invocados como los dioses que otorgaban la victoria en las batallas o garantizaban la paz en los tratados. Antes de emprender una guerra, los reyes sumerios realizaban sacrificios y rituales para asegurarse de que tenían el apoyo de los Anunnakis, y si un ejército lograba la victoria, se consideraba que había sido gracias al favor de los dioses.

Los templos dedicados a los Anunnakis también desempeñaban un papel clave en el ejercicio del poder político. Los sacerdotes que servían en estos templos no solo eran líderes religiosos, sino también figuras políticas influyentes que asesoraban a los reyes y ayudaban a mediar en disputas entre ciudades. Además, los templos controlaban una parte significativa de los recursos económicos de las ciudades, lo que les otorgaba un poder considerable en la administración de los asuntos políticos y económicos. Este control sobre los recursos y la toma de decisiones políticas hacía que los templos fueran instituciones centrales en la vida de las ciudades sumerias, y los Anunnakis, como deidades protectoras de estos templos, eran vistos como la fuente última de poder.

Por último, el poder político de los Anunnakis también tenía una dimensión espiritual y esotérica. Los reyes sumerios no solo eran vistos como líderes políticos, sino también como líderes espirituales que tenían una conexión especial con los dioses. Esta conexión se manifestaba en los rituales y ceremonias religiosas que los reyes realizaban para mantener el favor de los Anunnakis y para asegurarse de que su reinado fuera bendecido por los dioses. Esta combinación de poder político y espiritual hacía que el gobierno sumerio estuviera profundamente entrelazado con la religión, y los Anunnakis, como deidades cósmicas, eran la base de este sistema de gobierno teocrático.

El poder político de los Anunnakis en Sumer era omnipresente. A través de su influencia sobre los reyes, las leyes, la guerra y los templos, los Anunnakis actuaban como los garantes del orden político y social en las ciudades-estado sumerias. Este poder no solo legitimaba el gobierno de los reyes, sino que también aseguraba que la sociedad sumeria funcionara de acuerdo con los principios divinos establecidos por los dioses.

Uno de los aspectos más fascinantes del poder de los Anunnakis es su capacidad para controlar los elementos naturales. En la mitología sumeria, los Anunnakis no solo supervisaban el destino de la humanidad y el orden político, sino que también tenían un control directo sobre las fuerzas de la naturaleza, lo que les permitía influir en todos los aspectos de la vida en la Tierra. Esta habilidad para manipular los elementos subraya su estatus como deidades cósmicas con un alcance que iba más allá de la simple administración de los asuntos humanos.

El control de los elementos por parte de los Anunnakis se manifestaba principalmente en su capacidad para regular el clima y los fenómenos meteorológicos. En una región como Sumer, donde la agricultura dependía en gran medida de las lluvias y las crecidas de los ríos, el clima era una preocupación constante. Los sumerios creían que los Anunnakis podían enviar lluvias para asegurar buenas cosechas o, por el contrario, detenerlas para castigar a los humanos por sus transgresiones. De esta manera, los Anunnakis no solo eran responsables de la fertilidad de la tierra, sino también del bienestar general de la sociedad, ya que las cosechas abundantes o las sequías podían determinar el destino de las ciudades-estado.

Uno de los dioses más importantes en este contexto es Enlil, uno de los líderes de los Anunnakis, quien era considerado el dios del viento y del aire. Enlil tenía el poder de desatar tormentas y controlar los vientos, lo que le permitía influir directamente en el clima. En varios mitos, se describe a Enlil desatando tormentas para castigar a la humanidad o para purificar la Tierra, como en el caso del diluvio sumerio. Este control sobre los elementos naturales otorgaba a Enlil y a los otros Anunnakis un poder inmenso sobre la vida en la Tierra, ya que podían afectar tanto el clima como los recursos que los humanos necesitaban para sobrevivir.

Otro aspecto del control de los Anunnakis sobre los elementos naturales es su conexión con los cuerpos celestiales y los ciclos estacionales. Los sumerios creían que los Anunnakis tenían la capacidad de influir en los movimientos de los astros y de regular los ciclos de las estaciones, lo que era crucial para la agricultura y la supervivencia en la antigua Mesopotamia. El control sobre los ciclos estacionales no solo aseguraba la fertilidad de la tierra, sino que también garantizaba que la vida en la Tierra siguiera un ritmo ordenado y predecible, en sintonía con los ciclos cósmicos supervisados por los dioses.

El poder de los Anunnakis sobre los elementos naturales no se limitaba al clima y las estaciones. También se les atribuía el control sobre otros aspectos de la naturaleza, como los ríos y los mares. Enki, uno de los Anunnakis más venerados, era el dios del agua dulce y estaba estrechamente asociado con los ríos y las fuentes subterráneas. Los sumerios creían que Enki podía regular el flujo de los ríos, como el Tigris y el Éufrates, que eran vitales para la irrigación y la agricultura en Sumer. La capacidad de Enki para controlar el agua era vista como un símbolo de su poder creativo, ya que el agua no solo era esencial para la vida, sino también un elemento primordial en la creación del mundo según los mitos sumerios.

Además de controlar los fenómenos naturales, los Anunnakis también eran responsables de mantener el equilibrio entre los diferentes elementos del mundo natural. En la cosmología sumeria, el mundo estaba compuesto por una serie de fuerzas opuestas, como la luz y la oscuridad, el agua y el fuego, la vida y la muerte. Los Anunnakis, como administradores del orden cósmico, eran los encargados de asegurarse de que estas fuerzas permanecieran en equilibrio, lo que garantizaba la estabilidad del mundo. Este control sobre los elementos naturales no solo les daba poder sobre la Tierra, sino que también los convertía en los garantes del equilibrio cósmico.

El control de los elementos naturales por los Anunnakis también tenía una dimensión espiritual. En la mitología sumeria, los elementos de la naturaleza no eran vistos simplemente como fenómenos físicos, sino como manifestaciones de las fuerzas divinas. Al controlar el viento, el agua o las estrellas, los Anunnakis no solo demostraban su poder sobre el mundo material, sino que también revelaban su conexión con las fuerzas espirituales que daban forma al universo. Esta idea de que los elementos naturales estaban vinculados con lo divino hacía que los sumerios vieran en cada fenómeno meteorológico una expresión de la voluntad de los dioses.

El control de los elementos naturales por parte de los Anunnakis subraya su estatus como deidades cósmicas con un poder inmenso sobre todos los aspectos de la vida en la Tierra. Desde el clima hasta los ciclos estacionales y los ríos, los Anunnakis tenían la capacidad de regular el mundo natural y de garantizar que las fuerzas de la naturaleza permanecieran en equilibrio, asegurando así la prosperidad y la estabilidad de la humanidad.

Uno de los logros más significativos atribuidos a los Anunnakis en la mitología sumeria es su papel en la creación y el desarrollo de las primeras civilizaciones humanas. Según las creencias sumerias, los Anunnakis no solo crearon a la humanidad para que sirviera a los dioses, sino que también proporcionaron a los humanos el conocimiento y las herramientas necesarias para construir sociedades avanzadas. Bajo la dirección de los Anunnakis, los seres humanos pasaron de ser simples criaturas a civilizaciones complejas, organizadas y capaces de grandes logros en campos como la agricultura, la arquitectura, la escritura y la ley.

La mitología sumeria sugiere que los Anunnakis actuaron como instructores divinos, enseñando a los humanos las habilidades y conocimientos fundamentales para la vida en sociedad. Enki, uno de los Anunnakis más importantes, es a menudo retratado como el dios que impartió a los humanos el conocimiento de la irrigación, la agricultura y la metalurgia, todas ellas habilidades esenciales para la supervivencia en la antigua Mesopotamia. Este conocimiento permitió a los humanos domesticar la tierra y establecer ciudades, lo que marcó el comienzo de la civilización.

Los Anunnakis no solo proporcionaron conocimientos técnicos, sino que también enseñaron a los humanos a organizarse políticamente. En las primeras ciudades-estado sumerias, como Ur, Uruk y Lagash, los reyes gobernaban bajo la guía de los Anunnakis, quienes establecieron las leyes y las normas sociales que regían la vida en estas sociedades. La relación entre los dioses y los reyes era crucial, ya que la legitimidad del poder real derivaba de los Anunnakis. Se creía que los reyes recibían su mandato de los dioses, lo que les otorgaba el derecho divino de gobernar y mantener el orden en la Tierra.

Uno de los legados más duraderos de los Anunnakis en la creación de civilizaciones fue la introducción de la escritura. Según la tradición sumeria, la escritura fue un regalo de los dioses, transmitido a los humanos para que pudieran registrar leyes, contratos y acontecimientos históricos. Este avance no solo facilitó la administración de las ciudades-estado, sino que también permitió la preservación del conocimiento y la transmisión de ideas de una generación a otra. La invención de la escritura es vista como uno de los logros más importantes de la civilización sumeria, y los Anunnakis, como dioses instructores, fueron considerados los responsables de este avance.

Otro aspecto crucial de la creación de civilizaciones bajo la dirección de los Anunnakis fue el desarrollo de la religión y la construcción de templos. Los Anunnakis no solo eran venerados como dioses, sino que también proporcionaron el modelo para la organización del culto religioso en las ciudades sumerias. Los templos dedicados a los Anunnakis eran los centros de la vida cívica, no solo como lugares de adoración, sino también como centros económicos y políticos. Los sacerdotes que servían en estos templos desempeñaban roles importantes en la administración de la ciudad y en la toma de decisiones políticas, lo que demuestra la estrecha relación entre religión y política en la antigua Sumer.

Además, los Anunnakis también supervisaron la construcción de grandes obras arquitectónicas, como los zigurats, que servían como lugares de culto y observatorios astronómicos. Estas estructuras monumentales eran vistas como una conexión entre el cielo y la Tierra, y su construcción simbolizaba el poder y la influencia de los dioses en la vida cotidiana de los sumerios. La construcción de estas obras no solo era un acto de devoción religiosa, sino también una muestra del avance tecnológico y organizativo de las civilizaciones sumerias bajo la guía de los Anunnakis.

La creación de civilizaciones bajo la dirección de los Anunnakis no solo tenía un impacto en la vida material, sino también en el desarrollo espiritual y cultural de los humanos. Los Anunnakis no solo enseñaron a los humanos cómo organizarse y sobrevivir, sino también cómo vivir de acuerdo con las leyes divinas y mantener una relación armoniosa con los dioses. Este legado espiritual sigue siendo una parte importante de la herencia cultural de Sumer y ha influido en las creencias religiosas y filosóficas de muchas civilizaciones posteriores.

Los Anunnakis desempeñaron un papel fundamental en la creación y el desarrollo de las primeras civilizaciones humanas. A través de su conocimiento y guía, los humanos aprendieron a construir ciudades, desarrollar tecnologías avanzadas y organizarse políticamente. Bajo la dirección de los Anunnakis, las sociedades sumerias alcanzaron niveles sin precedentes de desarrollo cultural, técnico y espiritual, dejando un legado duradero que continúa fascinando a historiadores y estudiosos hasta el día de hoy.

Capítulo 9
Mitos de la Realeza

En la mitología sumeria, los Anunnakis no solo eran deidades cósmicas y guardianes del orden natural, sino que también desempeñaban un papel crucial en la legitimación y el control de la realeza en la Tierra. Los Anunnakis eran considerados reyes divinos que gobernaban tanto sobre los dioses como sobre los humanos, y su autoridad era incuestionable. Esta idea de los Anunnakis como reyes divinos no solo aparece en los textos mitológicos, sino que también estaba profundamente arraigada en las creencias y prácticas políticas de las ciudades-estado sumerias.

La legitimidad de los reyes terrenales derivaba directamente de los Anunnakis. Los reyes sumerios no eran simplemente líderes humanos, sino representantes divinos que gobernaban con el mandato de los dioses. Se creía que los Anunnakis habían establecido el concepto de realeza como una extensión de su propio poder en la Tierra, y que cada rey sumerio gobernaba en nombre de estos dioses. Esta relación entre los dioses y los reyes era fundamental para el funcionamiento de la sociedad sumeria, ya que garantizaba que el orden y la justicia se mantuvieran según las leyes divinas establecidas por los Anunnakis.

Uno de los mitos más conocidos que subraya la conexión entre los Anunnakis y la realeza es el Poema de Atrahasis, donde los dioses crean a los humanos para que sirvan a los Anunnakis y para que los gobernantes mantengan el orden en la Tierra. En este mito, los dioses delegan la responsabilidad del gobierno a los humanos, pero los reyes, como intermediarios entre los dioses y los humanos, son los encargados de hacer cumplir las leyes divinas. Así, los Anunnakis no solo crean a los humanos, sino que también instituyen la realeza como una forma de garantizar que sus designios sean cumplidos en la Tierra.

Los reyes sumerios, por su parte, a menudo afirmaban en sus inscripciones que habían sido escogidos por los Anunnakis para gobernar. Este vínculo con los dioses no solo les otorgaba legitimidad, sino que también los convertía en figuras sagradas dentro de la sociedad. El hecho de que los Anunnakis respaldaran su autoridad significaba que el poder real no era simplemente una cuestión política, sino también espiritual. Los reyes tenían la responsabilidad de proteger a sus pueblos no solo de amenazas terrenales, como invasiones o desastres naturales, sino también de incurrir en la ira divina al desobedecer las leyes de los dioses.

La idea de los Anunnakis como reyes divinos también estaba relacionada con el concepto de me, o decretos divinos, que regulaban el orden cósmico y social. Los me eran vistos como las leyes inmutables del universo, otorgadas por los dioses para asegurar que el mundo funcionara de acuerdo con un plan divino. Los Anunnakis, como guardianes de estos decretos, delegaban su poder a los reyes humanos, quienes a su vez eran responsables de mantener el equilibrio y la justicia en sus reinos. Este concepto reforzaba la idea de que el gobierno terrenal era una extensión del poder divino de los Anunnakis, y que la violación de estos decretos podía llevar a consecuencias catastróficas, como guerras, plagas o desastres naturales.

En los mitos sumerios, los Anunnakis también eran descritos como seres que gobernaban directamente en los tiempos antiguos, antes de que los humanos fueran creados. Este período mitológico, conocido como la época dorada de los dioses, era visto como una era de armonía y prosperidad en la que los Anunnakis gobernaban la Tierra en perfecta sincronía con el cosmos. La creación de los humanos y la instauración de la realeza terrenal marcaban el final de esta época, pero los Anunnakis continuaban supervisando el mundo a través de los reyes humanos, quienes actuaban como sus delegados en la Tierra.

El papel de los Anunnakis como reyes divinos también se reflejaba en la arquitectura y el urbanismo de las ciudades sumerias. Los templos dedicados a los Anunnakis a menudo estaban ubicados en el centro de las ciudades, junto a los palacios reales, lo que subrayaba la estrecha relación entre la autoridad divina y la autoridad terrenal. Los zigurats, grandes torres escalonadas que simbolizaban la conexión entre el cielo y la Tierra, servían como centros de culto para los Anunnakis y recordaban a los ciudadanos que el poder de sus reyes estaba respaldado por los dioses.

Los Anunnakis eran vistos como reyes divinos que no solo gobernaban los cielos, sino que también controlaban el destino de los reyes humanos. A través de su poder y autoridad, los Anunnakis legitimaban el gobierno terrenal y aseguraban que el orden cósmico y social se mantuviera según sus decretos divinos. Esta relación entre los dioses y los reyes era fundamental para la estabilidad política y espiritual de las ciudades-estado sumerias.

El vínculo entre la realeza sumeria y los Anunnakis es una de las características más importantes de la estructura política y religiosa de la antigua Sumer. Este vínculo no solo otorgaba legitimidad a los reyes, sino que también reflejaba una relación simbiótica en la que los reyes terrenales actuaban como representantes de los dioses en la Tierra, mientras que los Anunnakis aseguraban la estabilidad y el orden cósmico.

Desde las primeras dinastías sumerias, los reyes afirmaban que su poder provenía directamente de los Anunnakis. Esta relación se establecía a través de ritos y ceremonias religiosas en las que el rey era investido con su autoridad divina por los sacerdotes que actuaban en nombre de los dioses. Los textos antiguos, como la Lista Real Sumeria, relatan cómo la realeza "descendió del cielo", lo que sugiere que el poder real no era simplemente una institución terrenal, sino un mandato otorgado por los Anunnakis para garantizar el orden en la Tierra.

El vínculo entre la realeza y los Anunnakis también se reflejaba en la naturaleza del reinado. Los reyes sumerios no gobernaban como autócratas absolutos, sino como administradores de la justicia divina. Se esperaba que mantuvieran el orden y la justicia en la sociedad de acuerdo con las leyes establecidas por los dioses. El rey, en este sentido, era un mediador entre los humanos y los dioses, responsable de asegurar que la ciudad y sus habitantes permanecieran en armonía con la voluntad divina. Si un rey gobernaba de manera injusta o desobedecía las leyes divinas, se creía que los Anunnakis retirarían su apoyo, lo que podría conducir a desastres naturales o a la ruina de la ciudad.

Este vínculo se hacía aún más evidente durante los rituales de coronación, donde el nuevo rey era investido con el poder de gobernar en nombre de los Anunnakis. Las inscripciones reales a menudo mencionan cómo los dioses habían "escogido" al rey para gobernar, lo que no solo reforzaba su legitimidad política, sino que también establecía una conexión espiritual entre el rey y los dioses. Durante estos rituales, los sacerdotes desempeñaban un papel crucial, ya que ellos mismos eran considerados intermediarios entre los dioses y los humanos. Los templos de los Anunnakis servían como el escenario de estas ceremonias, y la coronación del rey se veía como un acto sagrado que reafirmaba el vínculo entre la realeza y los dioses.

El vínculo entre la realeza y los Anunnakis también se manifestaba en las prácticas diarias del gobierno. Los reyes sumerios a menudo consultaban a los dioses a través de los oráculos y los sacerdotes antes de tomar decisiones importantes, como emprender una guerra o establecer nuevas leyes. Estos actos reflejaban la creencia de que los reyes no gobernaban por su propia autoridad, sino por la autoridad de los Anunnakis, quienes guiaban sus acciones y decisiones. De hecho, muchas de las inscripciones reales mencionan cómo los reyes recibieron instrucciones directas de los dioses sobre cómo gobernar sus ciudades y pueblos.

Uno de los ejemplos más conocidos de esta relación entre la realeza y los Anunnakis es el rey Gilgamesh de Uruk, quien en los mitos es descrito como un semidiós, descendiente de los dioses. Aunque Gilgamesh era un rey humano, su linaje divino y su estrecha relación con los Anunnakis le otorgaban una autoridad y un poder superiores a los de otros reyes. En el Poema de Gilgamesh, el rey busca la inmortalidad y viaja a los dominios de los dioses en un intento por trascender su naturaleza mortal, lo que refleja el deseo de los reyes sumerios de mantener una conexión constante con lo divino.

La influencia de los Anunnakis en la realeza también se extendía a los códigos de leyes y a las prácticas judiciales. Los reyes sumerios promulgaban leyes en nombre de los dioses, y se creía que estas leyes reflejaban la justicia divina de los Anunnakis. La famosa estela de Hammurabi, aunque perteneciente a una época posterior, muestra al rey recibiendo las leyes de la mano del dios Shamash, un acto que refleja la tradición sumeria de que los reyes recibían su mandato y las leyes directamente de los dioses.

El vínculo entre la realeza y los Anunnakis también tenía implicaciones religiosas. Los reyes no solo eran gobernantes terrenales, sino que también desempeñaban un papel importante en los rituales religiosos. A menudo actuaban como sumos sacerdotes durante ceremonias importantes, lo que reforzaba la idea de que el rey era un intermediario entre los dioses y los humanos. Los templos dedicados a los Anunnakis, donde se llevaban a cabo estos rituales, eran los centros de la vida religiosa y política en las ciudades sumerias, y el rey, al dirigir estas ceremonias, demostraba su estrecha relación con los dioses.

El vínculo entre la realeza sumeria y los Anunnakis era uno de los aspectos más importantes del gobierno y la religión en la antigua Sumer. Los reyes no solo gobernaban con el apoyo de los dioses, sino que también actuaban como intermediarios entre los Anunnakis y los humanos. Este vínculo no solo legitimaba su poder, sino que también establecía una relación simbiótica en la que los reyes garantizaban el orden y la justicia en la Tierra, mientras que los Anunnakis aseguraban la prosperidad y la estabilidad de las ciudades sumerias.

Uno de los textos más importantes para entender el vínculo entre los Anunnakis y la realeza en Sumer es la Lista Real

Sumeria. Este documento, compuesto por varias versiones a lo largo del tiempo, narra la sucesión de reyes en las ciudades-estado sumerias y ofrece una visión única de cómo los sumerios concebían el poder real y su relación con los dioses. La Lista Real Sumeria es particularmente interesante porque menciona a los llamados "Reyes Dioses", figuras que, según el texto, gobernaron durante períodos increíblemente largos antes de que la realeza "descendiera del cielo" y comenzara la era de los reyes humanos.

La Lista Real Sumeria comienza con una afirmación importante: "Después de que la realeza descendió del cielo, la realeza estuvo en Eridu". Este pasaje subraya la creencia sumeria de que el poder real no era una creación humana, sino un don divino otorgado por los Anunnakis. Los "Reyes Dioses" que aparecen en la lista no eran simplemente humanos ordinarios; se les consideraba semidioses o incluso deidades completas que gobernaron la Tierra en tiempos míticos, antes del establecimiento de las primeras dinastías humanas.

Uno de los nombres más destacados en la Lista Real Sumeria es el de Alulim, quien, según el texto, fue el primer rey de la ciudad de Eridu y gobernó durante 28,800 años. Este reinado extraordinariamente largo, al igual que los de otros reyes que aparecen en la lista, es una clara indicación de que estos "Reyes Dioses" no eran humanos en el sentido común, sino seres con una conexión especial con los Anunnakis. De hecho, los reinados de los primeros reyes en la lista, que abarcan miles de años, sugieren que los sumerios veían esta era como un tiempo en el que los dioses caminaban entre los humanos y gobernaban directamente sobre ellos.

El concepto de los "Reyes Dioses" en la Lista Real Sumeria refuerza la idea de que la realeza en Sumer estaba profundamente entrelazada con lo divino. Estos reyes, que eran considerados descendientes de los Anunnakis, marcaban la transición entre el gobierno directo de los dioses y la instauración de la realeza humana. A medida que los reyes dioses eran reemplazados por reyes humanos, la conexión entre la realeza y los Anunnakis seguía siendo un componente clave de la legitimidad del poder real, aunque la relación se volvía más simbólica que literal.

El reinado de estos "Reyes Dioses" también estaba asociado con una era dorada de prosperidad y armonía, un período en el que los humanos vivían bajo el gobierno directo de los dioses y gozaban de una paz y estabilidad inigualables. A medida que la humanidad crecía y las ciudades se expandían, los Anunnakis comenzaron a delegar el gobierno de la Tierra a los humanos, pero los recuerdos de esta era divina seguían siendo una parte importante de la mitología sumeria.

La Lista Real Sumeria también menciona el diluvio, un evento catastrófico que marca el final del reinado de los "Reyes Dioses" y el comienzo de una nueva era en la que la realeza fue restaurada en la ciudad de Kish. Este cambio no solo simboliza el final de una época, sino también una nueva etapa en la relación entre los dioses y los humanos, en la que los reyes humanos, aunque divinamente designados, debían gobernar sin la presencia directa de los Anunnakis en la Tierra.

Es importante destacar que, aunque los "Reyes Dioses" fueron reemplazados por reyes humanos, la Lista Real Sumeria sigue enfatizando la conexión entre los reyes y los Anunnakis. Los reyes posteriores, aunque mortales, seguían reclamando su derecho a gobernar en virtud de haber sido escogidos por los dioses. Así, aunque el gobierno directo de los "Reyes Dioses" terminó, la realeza siguió siendo vista como una extensión del poder divino, y los reyes humanos actuaban en nombre de los Anunnakis para mantener el orden y la justicia en la Tierra.

Los "Reyes Dioses" en la Lista Real Sumeria representan una época mítica en la que los dioses gobernaban directamente sobre los humanos y establecían las bases del gobierno terrenal. Aunque esta era llegó a su fin con el diluvio, la realeza siguió siendo vista como un don divino, y los reyes humanos continuaron gobernando con el respaldo de los Anunnakis. Esta continuidad entre los "Reyes Dioses" y los reyes humanos subraya la importancia de los Anunnakis en la legitimación del poder real en la antigua Sumer.

A lo largo de la historia de Sumer, muchas dinastías afirmaron haber sido directamente dirigidas por los Anunnakis, reforzando la conexión entre el poder real y los dioses. Estas dinastías no solo gobernaban con el respaldo divino, sino que también creían que estaban cumpliendo con un mandato cósmico para mantener el orden en la Tierra. La relación entre los Anunnakis y estas dinastías iba más allá de la simple legitimación del poder; se trataba de una cooperación divina en la que los reyes y los dioses trabajaban juntos para garantizar la prosperidad y la justicia.

Una de las dinastías más importantes que afirmó tener una relación especial con los Anunnakis fue la dinastía de Uruk. En los textos sumerios, Uruk era vista como una de las ciudades más antiguas y sagradas de Sumer, y se creía que los Anunnakis habían desempeñado un papel crucial en su fundación y desarrollo. Los reyes de Uruk, como Gilgamesh, no solo afirmaban ser descendientes de los dioses, sino que también creían que sus decisiones y acciones eran guiadas por los Anunnakis, quienes les otorgaban la sabiduría y el poder necesarios para gobernar. Esta conexión divina no solo legitimaba su gobierno, sino que también elevaba a Uruk a un estatus especial entre las ciudades sumerias.

Otro ejemplo importante es la dinastía de Akkad, bajo el reinado de Sargón de Akkad. Aunque la dinastía acadia surgió después del período sumerio temprano, Sargón y sus descendientes continuaron la tradición de afirmar que su poder provenía de los Anunnakis. En las inscripciones, Sargón mencionaba cómo los dioses le habían otorgado el poder para unificar las ciudades-estado de Sumer y expandir su imperio. Esta afirmación de una conexión divina no solo consolidaba su poder, sino que también lo presentaba como el protector del orden cósmico y social, en sintonía con las voluntades de los Anunnakis.

Los reyes de Lagash, otra ciudad importante en la antigua Sumer, también afirmaban tener una relación especial con los

Anunnakis. Durante el reinado de Gudea, uno de los reyes más conocidos de Lagash, se realizaron grandes proyectos de construcción en nombre de los Anunnakis, incluyendo la renovación de templos y zigurats. Gudea afirmaba que los Anunnakis le habían revelado los planos de estas estructuras en sueños, lo que demostraba que su reinado estaba guiado directamente por la sabiduría divina. Este tipo de relato subraya cómo los reyes sumerios no solo gobernaban en nombre de los Anunnakis, sino que también creían que recibían orientación directa de los dioses en asuntos importantes, como la construcción de templos y la promulgación de leyes.

En la ciudad de Ur, durante la tercera dinastía de Ur (también conocida como Ur III), los reyes como Ur-Nammu y Shulgi reforzaron la idea de que gobernaban bajo la guía de los Anunnakis. Ur-Nammu, fundador de esta dinastía, es conocido por haber promulgado uno de los primeros códigos de leyes escritas, el Código de Ur-Nammu, que se presentaba como un conjunto de decretos divinos otorgados por los Anunnakis. Al igual que otros reyes sumerios, los gobernantes de Ur III creían que estaban cumpliendo con la voluntad de los dioses al mantener el orden y la justicia en la Tierra, y sus inscripciones a menudo mencionan cómo los Anunnakis les habían concedido la sabiduría para gobernar.

La relación entre los Anunnakis y estas dinastías también se reflejaba en la arquitectura y en los grandes proyectos de construcción emprendidos por los reyes. Los templos y zigurats dedicados a los Anunnakis no solo eran centros religiosos, sino también símbolos de la conexión divina entre los reyes y los dioses. Estas estructuras servían como recordatorios visibles de que el poder de los reyes estaba respaldado por los Anunnakis, y los rituales que se llevaban a cabo en estos templos reforzaban la idea de que los reyes estaban en constante comunicación con los dioses.

Muchas dinastías sumerias afirmaban estar dirigidas directamente por los Anunnakis, lo que no solo legitimaba su poder, sino que también establecía una relación simbiótica entre los reyes y los dioses. A través de sus acciones, decisiones y proyectos de construcción, los reyes demostraban que su gobierno estaba alineado con la voluntad divina, y que los Anunnakis no solo los habían elegido para gobernar, sino que también los guiaban en su misión de mantener el orden y la justicia en la Tierra.

A pesar de la estrecha relación entre los Anunnakis y la realeza sumeria, la historia de Sumer también incluye momentos de inestabilidad y declive en los que el papel de los Anunnakis como garantes del poder real fue puesto en duda. La caída de la realeza sumeria, aunque gradual, fue vista por muchos como un reflejo de la retirada del favor divino de los Anunnakis, lo que dejó a las ciudades sumerias vulnerables a invasiones y conflictos internos. Este proceso culminó en la caída de las últimas dinastías sumerias y en la eventual absorción de la civilización sumeria por imperios extranjeros como Babilonia.

Uno de los factores clave que contribuyeron a la caída de la realeza sumeria fue la pérdida de cohesión política entre las ciudades-estado. Aunque los Anunnakis supuestamente legitimaban el poder de los reyes, las constantes rivalidades entre las ciudades sumerias debilitaban la unidad política de la región. Los reyes sumerios a menudo competían entre sí por el control de tierras fértiles y recursos vitales, lo que provocaba guerras que desgastaban tanto los recursos humanos como los materiales. A medida que las guerras se intensificaban, se creía que los Anunnakis retiraban su apoyo a las ciudades que desobedecían sus mandatos, lo que resultaba en desastres naturales o derrotas militares.

El diluvio es un ejemplo simbólico de cómo los Anunnakis castigaban a la humanidad por sus transgresiones. Aunque no es el único evento de este tipo en la mitología sumeria, el diluvio representa un momento en el que los Anunnakis decidieron que la humanidad había fallado en su misión de mantener el orden y la justicia en la Tierra. Tras el diluvio, la realeza fue restaurada, pero la leyenda dejó claro que los reyes debían gobernar con sabiduría y justicia para evitar la ira de los dioses. Sin embargo, las luchas internas y las crisis políticas continuaron afectando a las ciudades sumerias en los siglos posteriores.

La invasión de Sumer por parte de los acadios, bajo el liderazgo de Sargón de Akkad, marcó un punto de inflexión en la historia de la realeza sumeria. Aunque Sargón reclamaba su derecho a gobernar en nombre de los dioses, la dinastía acadia introdujo nuevos elementos en la estructura política de la región, lo que debilitó aún más el poder de las dinastías sumerias tradicionales. A medida que los imperios extranjeros comenzaban a dominar la región, muchos sumerios comenzaron a cuestionar si los Anunnakis seguían favoreciendo a sus antiguos reyes, o si habían transferido su apoyo a nuevos gobernantes.

La tercera dinastía de Ur, bajo el reinado de Ur-Nammu y sus sucesores, representó un intento de restaurar el poder y la gloria de los reyes sumerios con el respaldo de los Anunnakis. Durante este período, se llevaron a cabo importantes reformas políticas y se construyeron grandes templos y zigurats en honor a los dioses, en un esfuerzo por reafirmar la conexión entre los Anunnakis y la realeza. Sin embargo, este renacimiento fue de corta duración, y la dinastía de Ur eventualmente cayó ante las invasiones de los amorreos y los elamitas, lo que marcó el final definitivo de la civilización sumeria como una potencia independiente.

El papel de los Anunnakis en la caída de la realeza sumeria es un tema de interpretación. En algunos mitos, se sugiere que los Anunnakis se distanciaron de los reyes sumerios debido a su desobediencia o incapacidad para mantener el orden y la justicia. En otros relatos, se cree que los Anunnakis permitieron la caída de las ciudades sumerias como parte de un ciclo cósmico más amplio, en el que las civilizaciones ascendían y caían según los decretos divinos. De cualquier manera, la caída de Sumer marcó un cambio importante en la relación entre los Anunnakis y la realeza, ya que el poder político pasó a manos de imperios extranjeros que adoptaron, pero también modificaron, las tradiciones sumerias.

Con la caída de la realeza sumeria, el papel de los Anunnakis en la política y la religión de la región comenzó a disminuir. Aunque los dioses sumerios, incluidos los Anunnakis, fueron absorbidos por las tradiciones religiosas de Babilonia y Asiria, su conexión directa con la realeza se fue desvaneciendo. Los reyes de estos nuevos imperios seguían reclamando legitimidad divina, pero la relación simbiótica entre los Anunnakis y los reyes sumerios ya no era tan central como lo había sido en los primeros siglos de la historia de Sumer.

La caída de la realeza sumeria y el declive del poder de los Anunnakis reflejan la compleja interacción entre política, religión y destino en la antigua Mesopotamia. Aunque los Anunnakis seguían siendo venerados como deidades poderosas, su papel en la legitimación del poder real fue disminuyendo a medida que las nuevas dinastías e imperios comenzaron a dominar la región. Esta transición marcó el fin de una era y el comienzo de una nueva etapa en la historia del poder divino y real en el antiguo Oriente Próximo.

Capítulo 10
El Conocimiento Prohibido

La mitología sumeria describe a los Anunnakis no solo como creadores y guardianes del orden cósmico, sino también como depositarios de una vasta sabiduría secreta que solo ellos podían transmitir. Esta sabiduría era considerada sagrada y, en muchos casos, demasiado poderosa o peligrosa para ser accesible a la humanidad en su totalidad. Sin embargo, en ciertos mitos, los Anunnakis eligieron compartir fragmentos de este conocimiento con los humanos, lo que les permitió avanzar y desarrollar civilizaciones, pero también trajo consigo una serie de desafíos éticos y espirituales.

El conocimiento transmitido por los Anunnakis abarcaba una amplia gama de campos, desde la agricultura hasta la astronomía, la metalurgia y la escritura. Este saber no solo era práctico, sino que también contenía elementos de magia y poder espiritual que podían alterar la relación entre los humanos y los dioses. En particular, el dios Enki, uno de los líderes de los Anunnakis, es representado a menudo como el principal transmisor de este conocimiento. Enki, conocido por su compasión hacia la humanidad, desafió a menudo las decisiones de otros dioses, como Enlil, para proporcionar a los humanos las herramientas necesarias para sobrevivir y prosperar.

Uno de los mitos más representativos de esta transmisión de conocimiento es el mito de Adapa, un sacerdote que, según la mitología, fue creado por Enki. Adapa fue dotado con una sabiduría extraordinaria, enseñado en los secretos de la naturaleza y las artes, pero a cambio, se le negó el don de la inmortalidad. Este mito refleja la ambigüedad en la relación entre los dioses y los humanos: los Anunnakis, aunque dispuestos a compartir su conocimiento, impusieron límites claros a lo que los humanos podían acceder, especialmente en lo que respecta a las esferas del poder divino, como la inmortalidad.

El mito de Adapa también subraya uno de los temas recurrentes en la mitología sumeria: el conocimiento que los Anunnakis compartían podía ser tanto un regalo como una maldición. Aunque permitía a los humanos desarrollarse y alcanzar niveles más altos de civilización, también los alejaba de su naturaleza inicial, más cercana a los dioses, e introducía nuevos dilemas, como la mortalidad, el sufrimiento y la ambición desmedida. Esta dualidad es fundamental para comprender cómo los sumerios veían la relación entre el conocimiento divino y el destino humano.

Otro ejemplo clave de la transmisión de sabiduría por los Anunnakis es la enseñanza de las técnicas agrícolas. Los textos sumerios describen cómo los dioses enseñaron a los humanos a cultivar la tierra, a construir sistemas de irrigación y a domesticar animales, todo lo cual permitió el crecimiento de las primeras ciudades. Este conocimiento era esencial para la supervivencia en una región tan árida como Mesopotamia, y su transmisión se consideraba un acto de benevolencia divina. Sin embargo, también se creía que los Anunnakis vigilaban de cerca el uso de este conocimiento, y que cualquier abuso o mal manejo podría atraer su ira.

La escritura es otro de los conocimientos sagrados transmitidos por los Anunnakis. Según los mitos, la invención de la escritura fue un don divino que permitió a los humanos registrar leyes, contratos y registros históricos. La escritura no solo facilitó la organización de las sociedades, sino que también tenía un carácter casi mágico, ya que permitía a los humanos acceder a un poder que antes solo estaba en manos de los dioses: la capacidad de fijar palabras, decretos y voluntades. Esto otorgaba a los escribas, sacerdotes y reyes una conexión especial con los dioses, ya que la escritura se consideraba un puente entre lo divino y lo mortal.

Sin embargo, no todo el conocimiento transmitido por los Anunnakis era benigno. Algunos textos sugieren que ciertos secretos, especialmente los relacionados con la magia y el control de las fuerzas naturales, fueron deliberadamente ocultados a la humanidad por temor a que su mal uso pudiera desestabilizar el orden cósmico. En estos relatos, los Anunnakis aparecen como guardianes de este conocimiento prohibido, permitiendo solo a ciertos individuos, como sacerdotes o reyes, acceder a partes selectas del saber divino. Esta restricción subraya la creencia sumeria de que el conocimiento, cuando se maneja sin la debida reverencia, puede ser una fuerza peligrosa y destructiva.

El conocimiento prohibido o restringido no solo era una cuestión de poder técnico o práctico, sino también de control espiritual. Los Anunnakis, al reservar ciertos secretos solo para sí mismos o para un grupo selecto de humanos, mantenían una jerarquía clara entre lo divino y lo mortal. Esta separación garantizaba que, aunque los humanos podían avanzar y desarrollarse, nunca podrían igualar a los dioses ni comprender completamente los misterios del cosmos.

La sabiduría secreta transmitida por los Anunnakis jugó un papel crucial en el desarrollo de la humanidad, pero también introdujo nuevas dinámicas de poder y responsabilidad. Aunque los humanos se beneficiaron enormemente de este conocimiento, también tuvieron que enfrentar las consecuencias de acceder a un saber que, en última instancia, no estaba destinado para ellos en su totalidad. Los Anunnakis, como guardianes de este conocimiento, mantenían un control constante sobre cómo y cuándo se debía compartir, asegurando que el equilibrio entre los dioses y los humanos se mantuviera intacto.

Entre los muchos conocimientos que los Anunnakis transmitieron a la humanidad, tres campos sobresalen por su importancia para el desarrollo de la civilización sumeria: la astronomía, la agricultura y la metalurgia. Estos tres pilares del saber no solo transformaron las capacidades técnicas de los humanos, sino que también reflejaban el profundo impacto de la intervención divina en el progreso humano.

La astronomía fue uno de los primeros campos en los que los Anunnakis impartieron su sabiduría a los humanos. En la antigua Mesopotamia, el cielo nocturno era considerado una manifestación visible de la voluntad divina, y los Anunnakis eran vistos como los guardianes de las estrellas y los planetas. Los sacerdotes sumerios, a menudo considerados los primeros astrónomos de la historia, estudiaban los movimientos de los cuerpos celestes para predecir eventos naturales y determinar los ciclos agrícolas. Esta observación del cielo no era solo un acto de devoción religiosa, sino también una práctica científica que permitía a los sumerios anticipar las estaciones, las inundaciones de los ríos y otros fenómenos naturales que afectaban sus vidas cotidianas.

El conocimiento astronómico transmitido por los Anunnakis no se limitaba a la observación pasiva. Según algunos textos, los dioses enseñaron a los humanos a construir calendarios y a desarrollar sistemas de medición del tiempo basados en los ciclos lunares y solares. Este conocimiento fue fundamental para la organización social y religiosa de las ciudades sumerias, ya que permitía a los sacerdotes establecer fechas para los rituales religiosos y las festividades estacionales, asegurando que las acciones humanas estuvieran alineadas con los ciclos cósmicos supervisados por los dioses.

La agricultura es otro campo clave en el que los Anunnakis jugaron un papel fundamental. La fertilidad de la tierra era vista como una bendición divina, y se creía que los Anunnakis controlaban el clima y las aguas para garantizar que las cosechas fueran abundantes. Según la mitología sumeria, los dioses enseñaron a los humanos a cultivar la tierra, a domesticar animales y a construir sistemas de irrigación que permitieran maximizar la producción agrícola en una región tan árida como Mesopotamia. Estos avances no solo permitieron el crecimiento de la población y el desarrollo de las primeras ciudades, sino que también establecieron una base económica sólida para la civilización sumeria.

Uno de los dioses más importantes en relación con la agricultura era Enki, quien era visto como el protector de las aguas dulces y el benefactor de los agricultores. Enki enseñó a los humanos cómo construir canales y presas para controlar las inundaciones de los ríos Tigris y Éufrates, lo que permitió la creación de una agricultura sostenida y próspera. Este conocimiento, que se consideraba un regalo divino, transformó la economía y la estructura social de las ciudades sumerias, permitiendo una mayor especialización del trabajo y el crecimiento de una élite sacerdotal y política que administraba los recursos agrícolas.

La metalurgia, el arte de trabajar los metales, también fue un regalo de los Anunnakis a la humanidad. Los sumerios fueron pioneros en la fundición y el uso de metales como el cobre y el bronce, lo que les permitió fabricar herramientas más eficientes y armas más poderosas. Este avance tecnológico transformó la capacidad de los sumerios para controlar su entorno y expandir su influencia, ya que las herramientas de metal facilitaban tanto la agricultura como la construcción de infraestructuras, mientras que las armas mejoradas les daban una ventaja en los conflictos militares.

En algunos textos, se menciona que los Anunnakis enseñaron a los humanos no solo cómo extraer y trabajar los metales, sino también los secretos de las aleaciones, lo que llevó al desarrollo del bronce, una combinación de cobre y estaño que revolucionó las tecnologías de la época. La metalurgia no solo tenía aplicaciones prácticas en la vida cotidiana, sino que también tenía un componente espiritual, ya que se creía que el proceso de fundir metales imitaba la creación divina y el control sobre las fuerzas de la naturaleza. Los herreros y los artesanos que trabajaban con metales eran vistos como individuos que poseían un conocimiento sagrado y, en algunos casos, mágico, otorgado directamente por los Anunnakis.

Estos tres campos —astronomía, agricultura y metalurgia— no solo transformaron la vida material de los sumerios, sino que también reforzaron la idea de que los

Anunnakis eran los benefactores de la humanidad. Sin el conocimiento divino proporcionado por estos dioses, los humanos habrían permanecido en un estado primitivo, incapaces de desarrollar civilizaciones complejas. Sin embargo, con este conocimiento también venía una gran responsabilidad, ya que los Anunnakis vigilaban de cerca cómo los humanos usaban estos dones y castigaban cualquier abuso o mal manejo de los recursos naturales.

La enseñanza de la astronomía, la agricultura y la metalurgia por parte de los Anunnakis fue fundamental para el desarrollo de la civilización sumeria. Estos conocimientos permitieron a los humanos controlar mejor su entorno, organizarse socialmente y prosperar como nunca antes, pero también reforzaron la idea de que este avance estaba directamente ligado a la intervención divina. Los Anunnakis, como transmisores de este saber, se aseguraban de que los humanos mantuvieran un equilibrio entre el uso del conocimiento y el respeto por las leyes cósmicas que ellos mismos supervisaban.

El tema del conocimiento prohibido no es exclusivo de la mitología sumeria. De hecho, muchas culturas antiguas desarrollaron mitos y leyendas sobre la transmisión de saberes secretos desde los dioses a los humanos, y los peligros asociados con acceder a este conocimiento sin la debida reverencia o preparación. Estos mitos reflejan preocupaciones universales sobre los límites del conocimiento humano y la relación entre el poder divino y la curiosidad humana.

Uno de los ejemplos más conocidos del conocimiento prohibido en la mitología es el relato bíblico de Adán y Eva en el Jardín del Edén. Según este mito, Dios creó a los primeros humanos y les otorgó un paraíso en el que vivir, con una sola prohibición: no debían comer del árbol del conocimiento del bien y del mal. Sin embargo, la serpiente los engaña para que desobedezcan esta orden, lo que resulta en la expulsión de Adán y Eva del Edén. Este mito comparte similitudes con los relatos sumerios, donde el acceso al conocimiento divino es controlado y restringido, y la desobediencia trae consigo castigos severos.

En la mitología griega, el mito de Prometeo también aborda el tema del conocimiento prohibido. Prometeo, un titán, roba el fuego de los dioses y lo entrega a la humanidad, dándoles no solo calor y luz, sino también el poder de la tecnología y la civilización. Aunque este acto beneficia a los humanos, Prometeo es castigado severamente por Zeus, quien lo encadena a una roca donde un águila devora su hígado cada día. Al igual que en los mitos sumerios, el robo del conocimiento divino es visto como un acto de transgresión que desafía el orden cósmico, y el castigo refleja la gravedad de esta violación.

Otro ejemplo se encuentra en las leyendas nórdicas, donde el dios Odín sacrifica uno de sus ojos para obtener el conocimiento de las runas, un alfabeto sagrado que contiene secretos mágicos y místicos. Aunque Odín es un dios, su búsqueda del conocimiento está limitada por las leyes cósmicas, y debe pagar un precio personal por acceder a este saber. Este mito, al igual que los relatos sumerios, subraya la idea de que el conocimiento no es algo que se obtiene sin consecuencias, y que el acceso a los secretos divinos implica un sacrificio o un riesgo.

En la cultura hindú, el concepto de conocimiento prohibido también aparece en la historia de los Vedas, los textos sagrados que contienen el conocimiento espiritual y ritual más profundo. Según las tradiciones védicas, este conocimiento no debe ser revelado a todos los humanos, ya que solo aquellos que han alcanzado un nivel elevado de pureza y sabiduría pueden manejarlo sin peligro. La transmisión de los Vedas estaba estrictamente controlada por los brahmanes, quienes aseguraban que solo los iniciados pudieran acceder a los misterios más profundos. Al igual que los Anunnakis en la mitología sumeria, los dioses védicos protegen este conocimiento para evitar que caiga en manos indebidas.

El tema del conocimiento prohibido también aparece en las tradiciones esotéricas y gnósticas. En muchos textos gnósticos, el mundo material es visto como una prisión creada por deidades menores, y el verdadero conocimiento, que puede liberar a las almas humanas, está oculto y solo puede ser descubierto a través de una revelación espiritual. Esta búsqueda del conocimiento secreto, o gnosis, es vista como una forma de trascender el mundo material y alcanzar una comunión directa con lo divino. Sin embargo, este conocimiento no está destinado a todos, y su revelación está reservada para aquellos que han pasado por un proceso de iniciación y purificación.

En todas estas culturas, el conocimiento prohibido representa un límite entre lo humano y lo divino. Los dioses, aunque pueden compartir parte de su sabiduría con los humanos, establecen fronteras claras para evitar que los humanos accedan a todo su poder. Cuando los humanos desafían estos límites, las consecuencias suelen ser graves, ya que se cree que el acceso descontrolado al conocimiento puede desestabilizar el orden cósmico y poner en peligro tanto a los humanos como a los dioses.

El conocimiento prohibido en estas tradiciones no solo se refiere a conocimientos técnicos o científicos, como la agricultura o la metalurgia, sino también a saberes espirituales y mágicos que otorgan poder sobre el mundo natural y sobrenatural. En este sentido, el conocimiento prohibido está intrínsecamente ligado al poder, y aquellos que lo poseen tienen la capacidad de alterar el destino de la humanidad y el cosmos. Sin embargo, este poder también es una carga, ya que el mal uso del conocimiento puede traer desastres y desequilibrios.

El mito del conocimiento prohibido es una constante en muchas culturas antiguas, y refleja las preocupaciones humanas sobre los límites del saber y las consecuencias de desafiar las leyes divinas. Aunque los Anunnakis, los dioses griegos o las deidades védicas pueden compartir parte de su sabiduría con los humanos, siempre imponen restricciones para proteger el orden cósmico. Estos mitos subrayan la idea de que el conocimiento es tanto un regalo como una responsabilidad, y que su mal uso puede llevar a la caída de los individuos o incluso de civilizaciones enteras.

En la mitología sumeria y en otros relatos de civilizaciones antiguas, uno de los temas recurrentes es que la transmisión de conocimientos sagrados y prohibidos a la humanidad conlleva consecuencias graves y a menudo desastrosas. Los Anunnakis, como dioses que vigilaban y controlaban el acceso al saber, actuaban como guardianes de este poder, y su decisión de compartir ciertos aspectos del conocimiento con los humanos no estaba exenta de riesgos. Estas narrativas destacan cómo el conocimiento, si no es manejado adecuadamente, puede alterar el equilibrio cósmico y desencadenar catástrofes.

Uno de los ejemplos más claros de las consecuencias de revelar el conocimiento a la humanidad es el mito del diluvio sumerio. En este relato, los humanos, dotados de conocimiento divino, comenzaron a reproducirse en exceso y a desobedecer las leyes impuestas por los dioses, lo que provocó la ira de Enlil, uno de los principales Anunnakis. Enlil decidió enviar un diluvio para destruir a la humanidad y restaurar el orden cósmico. Sin embargo, Enki, quien había sido el principal transmisor de conocimiento a los humanos, intervino para salvar a Ziusudra, el equivalente sumerio de Noé. Este mito subraya la tensión entre el deseo de los dioses de compartir su sabiduría y las consecuencias imprevistas de otorgar a los humanos demasiado poder.

El mito del diluvio también refleja una preocupación más profunda en las culturas antiguas: la idea de que el conocimiento puede llevar a la arrogancia y al desafío de las leyes naturales y divinas. Al dar a los humanos acceso a secretos divinos, como la agricultura, la metalurgia y la escritura, los Anunnakis permitieron el desarrollo de civilizaciones complejas, pero también corrieron el riesgo de que los humanos se volvieran demasiado poderosos y ambiciosos. En muchos mitos, el descontento de los dioses con la humanidad se debe a que los humanos, al adquirir más conocimientos, se alejan de la reverencia y el respeto hacia lo divino.

Otro ejemplo importante de las consecuencias de revelar conocimiento prohibido aparece en el mito de Adapa, donde Enki dota al humano Adapa de una gran sabiduría, pero le niega el acceso a la inmortalidad. En este caso, el conocimiento que

Adapa recibe lo coloca por encima de otros humanos, pero al mismo tiempo lo condena a vivir con la conciencia de su propia mortalidad. Este mito refleja el dilema de los dioses: compartir conocimientos con los humanos puede elevarlos, pero también introduce nuevos sufrimientos y dilemas existenciales que antes no existían.

Las consecuencias de revelar conocimiento prohibido también pueden ser vistas en el ámbito de la magia y los rituales esotéricos. En muchas culturas, los conocimientos relacionados con la magia y el control de las fuerzas naturales estaban reservados para un pequeño grupo de iniciados, como sacerdotes o chamanes, quienes eran entrenados en los métodos adecuados para manejar este poder sin desestabilizar el orden cósmico. El mal uso de este conocimiento, ya sea por ignorancia o por ambición desmedida, podía llevar a la destrucción de ciudades enteras o a la aparición de plagas y desastres naturales.

En la tradición griega, el mito de Prometeo es otro ejemplo clásico de las consecuencias de revelar conocimiento prohibido. Al robar el fuego de los dioses y dárselo a los humanos, Prometeo desata una serie de eventos que alteran la relación entre los dioses y los humanos para siempre. Aunque el fuego simboliza el avance tecnológico y cultural, su entrega a los humanos también trae consigo la capacidad de guerra, destrucción y sufrimiento. El castigo de Prometeo refleja la severidad con la que los dioses reaccionan cuando se rompen las barreras entre lo divino y lo mortal.

Además, la transmisión de conocimiento prohibido también puede verse en las prácticas de adivinación y profecía en la antigua Mesopotamia. Los sacerdotes sumerios, que actuaban como intermediarios entre los dioses y los humanos, a menudo accedían a conocimientos ocultos a través de rituales y sacrificios. Este conocimiento, aunque valioso para la toma de decisiones políticas y militares, también tenía sus riesgos, ya que una mala interpretación o un uso indebido podía resultar en la pérdida del favor de los dioses o en la caída de un reino.

En las tradiciones esotéricas, el acceso al conocimiento prohibido es a menudo visto como una prueba de madurez espiritual. Solo aquellos que han alcanzado un alto nivel de pureza y sabiduría pueden manejar los secretos divinos sin peligro. Sin embargo, la tentación de acceder a este conocimiento antes de estar preparado puede llevar a la destrucción personal o a la corrupción del alma. Esta idea aparece en muchas tradiciones místicas, donde el conocimiento secreto es un regalo que debe ganarse a través del sufrimiento y la superación de las pruebas, y no algo que se pueda obtener fácilmente.

Las consecuencias de revelar el conocimiento a la humanidad en los mitos antiguos reflejan una preocupación por el equilibrio entre el poder divino y el control humano. Aunque los Anunnakis y otros dioses transmitieron su sabiduría a los humanos para ayudarlos a prosperar, también establecieron límites claros sobre qué aspectos del conocimiento podían ser accesibles. Cuando estos límites se cruzan, ya sea por ambición, ignorancia o desobediencia, las consecuencias pueden ser desastrosas, afectando no solo a los humanos, sino también al equilibrio del cosmos.

El legado de los Anunnakis en el conocimiento humano ha sido inmenso y perdurable, extendiéndose mucho más allá de los confines de la antigua Sumeria y llegando a influir en diversas culturas posteriores. Aunque la civilización sumeria desapareció hace milenios, las ideas y enseñanzas asociadas con los Anunnakis han seguido fascinando a estudiosos, teólogos, esoteristas e incluso científicos, quienes ven en estos antiguos mitos pistas sobre el origen del conocimiento humano y la naturaleza de la relación entre lo divino y lo mortal.

Uno de los aspectos más perdurables del legado de los Anunnakis es su papel en la creación y el desarrollo de las primeras formas de organización social y política. Los Anunnakis, al transmitir conocimientos fundamentales como la escritura, la agricultura y la metalurgia, sentaron las bases para el surgimiento de las primeras ciudades y civilizaciones. Este legado es visible no solo en las inscripciones y textos sumerios, sino también en las estructuras sociales y políticas que caracterizaron a las civilizaciones posteriores, como Babilonia y Asiria, que heredaron gran parte del conocimiento y la tradición sumeria.

El concepto de los Anunnakis como transmisores de conocimiento sagrado también influyó en las concepciones religiosas de muchas culturas posteriores. En la tradición babilónica, los dioses principales, como Marduk, asumieron roles similares a los de los Anunnakis, y la idea de que los dioses otorgaban conocimiento a los humanos para ayudarlos a gobernar y organizarse se mantuvo viva en todo el Cercano Oriente. Esta noción también se refleja en otras culturas del mundo antiguo, donde los dioses son vistos como los guardianes del saber y los humanos son sus estudiantes y servidores.

El legado de los Anunnakis también se manifiesta en el campo de la astronomía y la astrología. Los sumerios fueron una de las primeras civilizaciones en desarrollar un sistema astronómico complejo, y gran parte de este conocimiento fue transmitido por los sacerdotes que actuaban como intermediarios entre los Anunnakis y los humanos. Las tablas astronómicas y los calendarios basados en los movimientos de los cuerpos celestes, que fueron creados en Sumer, sentaron las bases para la astronomía babilónica y, más tarde, para las contribuciones griegas e islámicas a este campo. Incluso hoy en día, algunas de las constelaciones y divisiones del cielo que usamos en la astrología moderna tienen sus orígenes en la antigua Mesopotamia.

En el campo de la escritura, el legado de los Anunnakis es igualmente significativo. La escritura cuneiforme, inventada por los sumerios bajo la guía de sus dioses, es uno de los primeros sistemas de escritura conocidos. Este avance permitió no solo la creación de registros administrativos y legales, sino también la preservación de la historia, los mitos y las tradiciones culturales de Sumer. A través de la escritura, los conocimientos y las ideas transmitidas por los Anunnakis pudieron ser pasados de generación en generación, asegurando que su influencia perdurara mucho después de que las ciudades sumerias hubieran desaparecido. El concepto de que la escritura es un don divino, otorgado por los dioses para elevar a la humanidad, ha sido una idea recurrente en muchas culturas posteriores.

En tiempos modernos, el legado de los Anunnakis ha sido objeto de especulación y reinterpretación en una variedad de contextos. Algunos investigadores, como Zecharia Sitchin, han propuesto teorías alternativas que sugieren que los Anunnakis no eran simplemente dioses mitológicos, sino seres extraterrestres que visitaron la Tierra en tiempos antiguos y transmitieron conocimientos avanzados a la humanidad. Aunque estas teorías no están respaldadas por la arqueología convencional, han capturado la imaginación de muchas personas interesadas en el misterio de los orígenes del conocimiento humano y la posible influencia de civilizaciones avanzadas en el desarrollo de las primeras culturas humanas.

El interés contemporáneo por los Anunnakis también ha influido en las esferas de la literatura, el cine y la cultura popular. Los Anunnakis aparecen en numerosas obras de ficción, a menudo representados como seres poderosos que tienen la capacidad de influir en el destino de la humanidad a través de su conocimiento superior. Esta representación refleja una fascinación continua con la idea de que hay secretos antiguos, transmitidos por seres divinos o extraterrestres, que podrían explicar algunos de los misterios más profundos de la humanidad.

El legado espiritual de los Anunnakis también sigue vivo en algunas corrientes esotéricas y místicas. En ciertas tradiciones ocultistas, los Anunnakis son venerados como entidades que aún poseen un gran poder sobre la Tierra y sus habitantes, y algunos practicantes de estas tradiciones intentan comunicarse con ellos o acceder a sus secretos a través de rituales y meditaciones. Esta percepción de los Anunnakis como guardianes de un conocimiento oculto subraya la persistente creencia en su papel como transmisores de sabiduría sagrada, un legado que, para algunos, aún tiene relevancia en la búsqueda contemporánea de la verdad y la comprensión espiritual.

El legado de los Anunnakis en el conocimiento humano es vasto y multifacético. Desde la creación de las primeras civilizaciones hasta las especulaciones modernas sobre su naturaleza y propósito, los Anunnakis han dejado una huella profunda en la historia cultural, religiosa y científica de la humanidad. Su papel como transmisores de conocimiento sagrado ha asegurado que sigan siendo figuras de interés y reverencia, no solo en los estudios históricos y mitológicos, sino también en la imaginación popular y espiritual contemporánea.

Capítulo 11
La Influencia de los Anunnakis

La influencia de los Anunnakis en la mitología babilónica es evidente, ya que Babilonia heredó gran parte de las tradiciones y mitos de Sumeria. Aunque los nombres y las funciones de algunos dioses cambiaron con el tiempo, los Anunnakis mantuvieron un papel prominente en la estructura religiosa de Babilonia, siendo venerados como deidades poderosas que supervisaban el destino de los humanos. En Babilonia, la tradición de los Anunnakis fue absorbida y adaptada a las nuevas deidades, con el dios Marduk emergiendo como la figura principal del panteón, pero muchos de los temas y relatos relacionados con los Anunnakis fueron preservados y recontextualizados.

En la mitología babilónica, los Anunnakis continúan siendo vistos como los jueces del inframundo y como guardianes del orden cósmico. Uno de los mitos más representativos es la Epopeya de la Creación babilónica, también conocida como el Enuma Elish, en la que se describe cómo Marduk, el dios principal de Babilonia, derrota a la diosa del caos, Tiamat, y reorganiza el cosmos. A pesar de que Marduk toma un papel central, la influencia de los Anunnakis es clara, ya que ellos actúan como figuras poderosas que aprueban la supremacía de Marduk sobre otros dioses y le confieren el poder de gobernar el universo.

El culto a los Anunnakis se mantuvo fuerte en Babilonia, especialmente en las ceremonias relacionadas con la justicia y la muerte. Al igual que en la tradición sumeria, los Anunnakis se asociaban con la administración de la justicia divina y con la supervisión de los asuntos de los muertos. En Babilonia, este rol judicial de los Anunnakis se consolidó aún más, particularmente en las creencias relacionadas con el inframundo. El inframundo babilónico era gobernado por la diosa Ereshkigal, quien estaba asistida por los Anunnakis en la gestión de las almas de los fallecidos.

Además, la tradición babilónica incluyó un enfoque más explícito en la relación entre los Anunnakis y el destino humano. Se creía que los Anunnakis tenían el poder de determinar el destino de los reyes y de las ciudades, y las decisiones que tomaban en las asambleas divinas influían en los eventos políticos y militares de la Tierra. Los oráculos y los augurios, que eran prácticas comunes en Babilonia, a menudo se realizaban bajo la creencia de que los Anunnakis eran quienes comunicaban las decisiones divinas a través de estos métodos.

El legado de los Anunnakis en la mitología babilónica demuestra cómo las deidades de Sumeria fueron adaptadas y recontextualizadas en un nuevo entorno cultural. Aunque Marduk llegó a ser la figura dominante, los Anunnakis mantuvieron su relevancia como guardianes del destino y jueces del inframundo, lo que subraya la continuidad y adaptación de las tradiciones religiosas entre las dos civilizaciones.

Aunque las culturas sumeria y egipcia desarrollaron religiones y mitologías muy diferentes, se han identificado ciertas influencias mutuas, particularmente en las figuras de sus deidades y la manera en que estas interaccionaban con la humanidad. Aunque no existe una equivalencia directa entre los Anunnakis y los dioses egipcios, algunas similitudes en las funciones y roles de estas deidades sugieren una posible influencia o, al menos, una convergencia de ideas en las regiones del antiguo Oriente Próximo.

Los Anunnakis, al igual que los dioses egipcios, desempeñaban roles importantes en la creación y en la administración del orden cósmico. En Egipto, los dioses como Ra, Osiris y Horus eran vistos como los responsables de mantener el equilibrio entre el caos y el orden, un concepto similar al rol de los Anunnakis como guardianes del cosmos. Ra, el dios del sol, era venerado como el creador del universo y el protector del orden cósmico, una función que refleja la importancia de los Anunnakis en la mitología sumeria y babilónica.

Además, ambos panteones de dioses compartían la idea de que las deidades supervisaban el destino de los humanos y tenían una relación directa con los gobernantes. En Egipto, el faraón era visto como el hijo de los dioses, particularmente de Ra, y se consideraba que gobernaba en su nombre. De manera similar, los reyes sumerios y babilónicos afirmaban que su poder era un don divino de los Anunnakis, quienes les otorgaban el derecho de gobernar y mantener el orden en la Tierra.

La relación entre los dioses y el inframundo es otro punto de conexión. En Egipto, Osiris era el dios del inframundo y juzgaba las almas de los muertos, mientras que en la tradición sumeria y babilónica, los Anunnakis cumplían un papel similar, juzgando a los muertos en el inframundo. La diosa Ereshkigal, quien gobernaba el inframundo en Sumeria, también tenía un paralelo con las funciones de Osiris, aunque el enfoque egipcio estaba más centrado en la resurrección y la vida después de la muerte, mientras que en Sumeria y Babilonia, el inframundo era visto como un lugar sombrío sin retorno.

A pesar de las diferencias entre los panteones sumerio y egipcio, las similitudes en las funciones de sus dioses sugieren que las ideas sobre la creación, el orden cósmico y el papel de los dioses en el destino humano eran conceptos compartidos en las culturas del antiguo Oriente Próximo. Aunque los Anunnakis y los dioses egipcios no estaban directamente conectados, sus roles en la mitología muestran cómo las civilizaciones antiguas entendían el poder divino de manera similar, aunque con interpretaciones y mitologías adaptadas a sus propias realidades culturales.

La mitología acadia heredó muchas de las creencias y deidades de Sumeria, incluyendo a los Anunnakis. Sin embargo, con el surgimiento del Imperio Acadio bajo el liderazgo de Sargón de Akkad, hubo una adaptación y reinterpretación de los mitos sumerios para ajustarse al contexto cultural y político acadios. A pesar de estos cambios, los Anunnakis continuaron siendo venerados como deidades poderosas, aunque su rol y estatus dentro del panteón adquirieron matices propios.

En la mitología acadia, los Anunnakis siguieron siendo considerados jueces del inframundo y administradores del destino. Sin embargo, los acadios enfatizaron más la figura del dios Enlil como uno de los líderes del panteón, reflejando un enfoque en las deidades relacionadas con el poder y el control militar. Enlil, quien ya era importante en la mitología sumeria, adquirió un papel aún más destacado en los mitos acadios, convirtiéndose en una figura de autoridad absoluta, responsable no solo de la creación, sino también del destino de los imperios.

El dios Enki, conocido en la tradición acadia como Ea, también mantuvo su relevancia como un dios de la sabiduría y del agua, desempeñando un papel crucial en la protección de la humanidad. Los relatos acadios, como la historia de Atrahasis, donde Ea advierte a la humanidad sobre el diluvio enviado por los dioses, muestran cómo los mitos sumerios relacionados con los Anunnakis fueron adaptados en el contexto acadiano. En estas historias, Ea/Enki sigue actuando como un benefactor de la humanidad, en contraste con Enlil, quien a menudo representa el castigo y la ira divina.

Aunque los Anunnakis no ocupaban el lugar central en la mitología acadia como lo hacían en Sumeria, su papel como deidades que controlaban el destino y supervisaban el inframundo permaneció intacto. Esta continuidad demuestra cómo los acadios mantuvieron y adaptaron las tradiciones sumerias mientras desarrollaban su propia identidad cultural y religiosa. Los Anunnakis siguieron siendo una parte integral del cosmos religioso, desempeñando funciones esenciales en la gestión del orden cósmico y social.

La influencia de los Anunnakis en la mitología acadia subraya la importancia de las deidades sumerias en la región mesopotámica. Aunque los acadios incorporaron elementos propios en su religión, la tradición sumeria siguió siendo una base fundamental, especialmente en lo que respecta a la visión del poder divino y la relación entre los dioses y los humanos.

Aunque las culturas mesoamericanas, como los aztecas y los mayas, desarrollaron sus mitologías de manera independiente de las civilizaciones de Oriente Próximo, se pueden identificar ciertos paralelismos entre los dioses sumerios, incluidos los Anunnakis, y las deidades mesoamericanas. Estos paralelismos, aunque no sugieren una conexión directa, reflejan temas universales en las mitologías de distintas civilizaciones.

Uno de los paralelismos más notables es la relación entre los dioses y la creación de la humanidad. En la mitología sumeria, los Anunnakis crean a los humanos con un propósito específico: servir a los dioses, trabajar la tierra y ofrecer sacrificios. De manera similar, en las culturas mesoamericanas, los dioses crean a los humanos a partir del maíz (en el caso de los mayas) o a partir de la sangre y los huesos de dioses antiguos (en la mitología azteca). En ambos casos, la creación de los humanos está ligada al servicio y a la adoración de los dioses, quienes exigen sacrificios y ofrendas en agradecimiento por la vida otorgada.

Otro paralelismo es el papel de los dioses como guardianes del destino y del orden cósmico. Al igual que los Anunnakis supervisaban el destino de los reyes y las ciudades en Sumeria y Babilonia, las deidades mesoamericanas como Quetzalcóatl o Huitzilopochtli controlaban el destino de sus pueblos y garantizaban el éxito en las guerras y las cosechas. En ambas culturas, los dioses tenían un papel activo en la vida de los humanos, y sus decisiones podían influir en eventos políticos, sociales y naturales.

Además, tanto los Anunnakis como los dioses mesoamericanos están relacionados con el concepto de sacrificio. En la mitología sumeria, los humanos fueron creados para trabajar y ofrecer sacrificios a los dioses, mientras que en las culturas mesoamericanas, el sacrificio humano era una parte central del culto religioso, necesario para mantener el equilibrio entre los dioses y la humanidad. Este enfoque en el sacrificio refuerza la idea de que los dioses, ya sean sumerios o mesoamericanos, requerían una relación de intercambio con los humanos: vida y prosperidad a cambio de devoción y sacrificio.

Los paralelismos entre las mitologías sumeria y mesoamericana también se manifiestan en la importancia de las estructuras arquitectónicas sagradas, como los zigurats sumerios y las pirámides mesoamericanas. Estas grandes construcciones servían como centros de culto y conexión entre los dioses y los humanos. En ambas culturas, estas estructuras eran vistas como lugares donde los dioses descendían para interactuar con los mortales y donde se realizaban rituales importantes para asegurar la continuidad del orden cósmico.

Aunque no hay evidencia de un contacto directo entre las civilizaciones mesoamericanas y las del antiguo Oriente Próximo, los paralelismos entre sus mitologías reflejan temas comunes sobre el papel de los dioses en la creación, el sacrificio y el control del destino humano. Estos temas universales destacan cómo las civilizaciones de todo el mundo abordaron preguntas similares sobre la vida, la muerte y el lugar de los humanos en el cosmos.

Los mitos de los Anunnakis no se limitaron a Sumeria y Babilonia, sino que se expandieron por todo el mundo antiguo a medida que las civilizaciones mesopotámicas influyeron en otras culturas vecinas. A través del comercio, la conquista y el intercambio cultural, los mitos y las tradiciones religiosas mesopotámicas fueron adoptadas y adaptadas por otras culturas, dejando una huella duradera en las creencias y religiones de regiones tan diversas como el Mediterráneo, el norte de África y Asia Menor.

Uno de los mecanismos principales de esta expansión fue el Imperio Babilónico, que, en su apogeo, extendió su influencia sobre gran parte del Oriente Próximo. Durante este tiempo, los mitos relacionados con los Anunnakis y otros dioses mesopotámicos se difundieron a través de los textos y las prácticas religiosas. La Epopeya de Gilgamesh, por ejemplo, se convirtió en una de las narraciones míticas más influyentes de la región, y sus temas, como la búsqueda de la inmortalidad y la relación entre los dioses y los humanos, resonaron en otras culturas.

En Anatolia, los hititas y los hurritas, que interactuaron frecuentemente con las civilizaciones mesopotámicas, adoptaron elementos de la mitología sumeria y babilónica. Los hititas, en particular, incorporaron deidades y mitos mesopotámicos en su propio panteón, y algunos relatos sobre los Anunnakis y otras figuras divinas fueron reinterpretados en el contexto de su propia cultura. Este proceso de adopción y adaptación de mitos mesopotámicos demuestra cómo los Anunnakis, aunque originarios de Sumeria, llegaron a tener una influencia más allá de las fronteras de su tierra natal.

La influencia de los mitos mesopotámicos también se extendió hacia el Levante, donde las civilizaciones de Canaán y Ugarit desarrollaron sus propias versiones de las historias mesopotámicas. En estas regiones, los dioses locales asumieron algunas de las características de los Anunnakis, y las narraciones sobre la creación, el diluvio y la interacción entre dioses y humanos reflejan claras influencias mesopotámicas. Incluso en la Biblia, algunos estudiosos han identificado paralelismos entre los relatos de los Anunnakis y las historias bíblicas, como la creación del hombre y el diluvio universal.

La expansión de los mitos de los Anunnakis por el mundo antiguo demuestra cómo las historias y creencias de una civilización pueden influir en otras a lo largo del tiempo y del espacio. A medida que las civilizaciones mesopotámicas interactuaban con otras culturas a través del comercio, la guerra y la diplomacia, sus mitos se difundieron, adaptándose a nuevas realidades culturales pero manteniendo su esencia. Los Anunnakis, como figuras divinas que simbolizan el poder cósmico y el control del destino, continuaron siendo relevantes en diferentes contextos culturales, dejando un legado que se extendió mucho más allá de las fronteras de Sumeria y Babilonia.

Capítulo 12
Los Templos

El templo de Eridu es uno de los sitios sagrados más importantes de la antigua Sumeria y está estrechamente vinculado con la adoración de Enki, uno de los dioses más importantes del panteón sumerio y líder de los Anunnakis. Eridu, considerada por los sumerios como la primera ciudad creada en el mundo, tenía una importancia simbólica tanto religiosa como política, ya que se creía que allí había comenzado la civilización bajo la guía de los dioses, y particularmente de Enki, dios de las aguas dulces y de la sabiduría.

La conexión entre Enki y el templo de Eridu es fundamental para comprender el papel de los templos en la adoración de los Anunnakis. Eridu no solo era un centro religioso, sino también un lugar donde se desarrollaban importantes actividades sociales, políticas y económicas. El templo, conocido como la Casa de Enki (E-Abzu), estaba dedicado a la veneración del dios, y se creía que era el lugar donde Enki habitaba y desde donde administraba las aguas subterráneas, vitales para la vida en Sumeria. Según la mitología sumeria, Enki vivía en el Abzu, un vasto océano de aguas subterráneas que se encontraba bajo la Tierra, y desde allí otorgaba vida y fertilidad a las tierras de Sumer.

El templo de Eridu era mucho más que un simple lugar de culto. En él, los sacerdotes realizaban rituales y ceremonias destinadas a honrar a Enki y los demás Anunnakis, asegurando así el favor divino para la ciudad y sus habitantes. Los sacrificios y ofrendas, que incluían animales, alimentos y bienes materiales, eran esenciales para mantener el equilibrio entre los humanos y los dioses. Se creía que si los templos y los sacerdotes cumplían correctamente con sus obligaciones, los Anunnakis continuarían bendiciendo a la ciudad con prosperidad, buenas cosechas y protección frente a desastres naturales.

El templo de Eridu también era un centro de conocimiento. Al estar asociado con Enki, dios de la sabiduría, en este lugar se preservaban y enseñaban los secretos de la agricultura, la irrigación y la gestión de los recursos hídricos. Los sacerdotes de Enki no solo eran líderes religiosos, sino también expertos en ingeniería y administración, responsables de supervisar los sistemas de canales y ríos que mantenían la fertilidad de las tierras cercanas. Esta relación entre lo sagrado y lo práctico refuerza la idea de que los Anunnakis no solo eran dioses que exigían adoración, sino también benefactores que otorgaban conocimientos vitales para la supervivencia de las ciudades.

Además de su función religiosa, el templo de Eridu era un símbolo de poder y autoridad política. Los reyes sumerios, al igual que los sacerdotes, frecuentemente vinculaban su legitimidad con la protección y el favor de Enki y los Anunnakis. Al construir y mantener grandes templos como el de Eridu, los reyes demostraban su devoción a los dioses y fortalecían su propio poder como gobernantes elegidos por lo divino. De hecho, muchas inscripciones reales mencionan a Enki como el dios que otorgaba sabiduría y poder a los reyes, reafirmando así la conexión entre los templos, la religión y la autoridad política.

Otro aspecto interesante del templo de Eridu es su evolución a lo largo de los siglos. A medida que Sumeria crecía y se desarrollaba, el templo fue renovado y ampliado en numerosas ocasiones, lo que refleja la importancia continua de este sitio en la vida religiosa y política de la región. Los registros arqueológicos han mostrado que el templo de Enki fue uno de los complejos más grandes y elaborados de su época, con múltiples capas de construcción que datan de diferentes periodos, lo que subraya su centralidad a lo largo de la historia de Sumer.

El templo de Eridu no solo era un lugar de culto dedicado a Enki, sino también un símbolo del poder de los Anunnakis en la vida de los sumerios. Representaba la conexión entre lo divino y lo terrenal, y era el punto de encuentro entre los dioses y los humanos, donde el conocimiento, la prosperidad y la autoridad política se unían bajo la protección de los Anunnakis.

Los zigurats, las imponentes estructuras escalonadas que dominaban el paisaje de las ciudades sumerias, eran mucho más que simples edificios religiosos; eran monumentos sagrados construidos para conectar a los humanos con los dioses, en particular con los Anunnakis. Estas enormes pirámides de varios niveles se erigían en el centro de las ciudades como templos dedicados a los dioses principales de cada urbe, y su diseño simbólico reflejaba la estructura del cosmos tal como la concebían los sumerios.

La palabra "zigurat" proviene de la raíz sumeria que significa "construir en altura", y este propósito estaba estrechamente ligado a la idea de acercarse a los dioses, que habitaban en los cielos. Los sumerios creían que los Anunnakis, como seres divinos, residían en los cielos, y los zigurats servían como puentes simbólicos entre el mundo terrenal y el celestial. Aunque los dioses no descendían físicamente a estos templos, se creía que los zigurats eran lugares donde su presencia se manifestaba y donde los sacerdotes podían comunicarse con ellos a través de rituales y sacrificios.

Cada zigurat estaba dedicado a una deidad particular, y muchos de estos templos estaban vinculados a los Anunnakis. Por ejemplo, el famoso zigurat de Ur, dedicado al dios lunar Nanna, era considerado un lugar sagrado donde los Anunnakis también ejercían su influencia, ya que Nanna era uno de sus miembros prominentes. A lo largo de Sumeria, Babilonia y otras regiones mesopotámicas, los zigurats no solo eran símbolos de poder religioso, sino también de la relación especial que existía entre las ciudades y sus dioses protectores.

El diseño escalonado de los zigurats tenía un profundo simbolismo cosmológico. Se creía que el mundo estaba dividido en capas, con el inframundo en la parte inferior, la Tierra en el centro y los cielos en la parte superior, donde residían los dioses.

Los zigurats, con sus múltiples niveles, representaban esta estructura cósmica y permitían a los sacerdotes ascender simbólicamente a los cielos para comunicarse con los Anunnakis y otras deidades. En el nivel más alto del zigurat, había un pequeño santuario donde se realizaban ofrendas y sacrificios, y donde se creía que la deidad residía de manera temporal durante los rituales.

Además de su importancia religiosa, los zigurats también servían como centros políticos y económicos. Los sacerdotes que administraban estos templos desempeñaban un papel crucial en la gestión de los recursos de la ciudad, supervisando las cosechas, el comercio y las actividades judiciales. Los templos, y en particular los zigurats, eran los corazones de las ciudades sumerias, no solo como centros de culto, sino también como centros de poder que organizaban la vida cotidiana de los ciudadanos.

La construcción de un zigurat era un proyecto monumental que requería una gran cantidad de recursos y mano de obra, lo que reforzaba la idea de que estos templos eran esfuerzos comunales dedicados a honrar a los dioses. Los reyes sumerios, al financiar y supervisar la construcción de los zigurats, no solo demostraban su devoción religiosa, sino que también legitimaban su poder político, mostrando que estaban en sintonía con los deseos de los Anunnakis y otras deidades. El mantenimiento y expansión de los zigurats también era visto como una obligación sagrada, ya que se creía que una ciudad que descuidaba su templo podría perder el favor de los dioses y enfrentar calamidades como guerras o desastres naturales.

A lo largo de la historia de Sumer y las civilizaciones posteriores, los zigurats siguieron siendo monumentos clave en la adoración de los Anunnakis y otras deidades. La grandeza de estas estructuras, su simbolismo cósmico y su papel central en la vida religiosa y política de las ciudades sumerias muestran la profunda conexión entre los templos y la creencia en que los dioses, especialmente los Anunnakis, influían directamente en la vida de los humanos. Los zigurats, como manifestaciones físicas de esta creencia, se mantuvieron como recordatorios permanentes de la presencia divina en la Tierra.

El culto a los Anunnakis era una parte esencial de la vida religiosa en las ciudades sumerias. Estas deidades eran veneradas tanto en grandes templos como en rituales comunitarios que involucraban a todos los estratos de la sociedad. Los Anunnakis, como figuras divinas que controlaban el destino, el orden cósmico y la prosperidad de las ciudades, ocupaban un lugar central en las creencias y prácticas religiosas cotidianas. La vida en las ciudades sumerias giraba en torno a los rituales y festividades dedicadas a estos dioses, quienes eran vistos como los protectores y benefactores de la humanidad.

Cada ciudad sumeria estaba consagrada a un dios particular, pero los Anunnakis, al ser un grupo de deidades que compartían responsabilidades sobre diversos aspectos del cosmos y de la vida humana, eran adorados en todas partes. Ur, Uruk, Lagash y Nippur, entre otras ciudades importantes, tenían templos dedicados a los Anunnakis, y los rituales que se realizaban en estos centros reflejaban el profundo respeto y temor que los ciudadanos sentían por sus dioses.

El culto a los Anunnakis no solo estaba reservado para los reyes y los sacerdotes, aunque estos ocupaban una posición privilegiada en los rituales. La mayoría de los ciudadanos participaban en ceremonias públicas y festividades anuales dedicadas a los dioses. Estos eventos incluían procesiones, sacrificios y banquetes comunitarios, en los que se ofrecían alimentos y bienes materiales como tributo a los dioses, con la esperanza de asegurar su favor y protección. Los festivales religiosos no solo cumplían una función espiritual, sino que también reforzaban la cohesión social y política de las ciudades, ya que unían a la población bajo una misma fe y propósito.

Los templos dedicados a los Anunnakis eran los centros neurálgicos del culto religioso. En estos edificios, los sacerdotes realizaban rituales diarios para apaciguar a los dioses y mantener el equilibrio cósmico. Las estatuas de los Anunnakis, colocadas en lugares prominentes dentro de los templos, eran vistas como representaciones físicas de las deidades, y se les ofrecían ofrendas de alimentos, incienso y perfumes. Estos rituales tenían como objetivo no solo adorar a los dioses, sino también asegurar su presencia continua en la ciudad. Se creía que, a través de estos rituales, los dioses habitaban temporalmente en las estatuas, lo que permitía una comunicación más directa entre los humanos y las deidades.

Los Anunnakis también jugaban un papel central en las decisiones políticas y militares. Antes de emprender una guerra o una expedición importante, los reyes consultaban a los Anunnakis mediante oráculos y augurios. Los sacerdotes interpretaban los mensajes divinos, y las decisiones políticas se tomaban en función de estas interpretaciones. Se creía que los Anunnakis protegían a las ciudades y guiaban a sus líderes, pero también podían castigar con desastres naturales, enfermedades o derrotas militares si sus mandamientos no eran respetados. Por lo tanto, mantener el favor de los Anunnakis era una prioridad tanto para los gobernantes como para los ciudadanos.

El culto a los Anunnakis también estaba profundamente relacionado con la economía de las ciudades sumerias. Los templos no solo eran lugares de culto, sino que también funcionaban como centros de producción y distribución de bienes. Los sacerdotes administraban grandes cantidades de tierras agrícolas, ganado y talleres, y los productos obtenidos eran ofrecidos a los dioses o redistribuidos entre la población. Esta relación entre religión y economía consolidaba aún más el poder de los templos y los sacerdotes, quienes no solo controlaban los aspectos espirituales, sino también los recursos materiales de la ciudad.

La importancia del culto a los Anunnakis se mantuvo a lo largo de la historia de Sumeria y más allá, con influencias notables en las culturas acadia, babilónica y asiria. Estos dioses, aunque variaban en nombre y atribuciones según el periodo y la región, continuaron siendo venerados como los guardianes del destino y del orden cósmico. La continuidad del culto a los Anunnakis demuestra la duradera influencia de estos dioses en las creencias y prácticas religiosas del antiguo Oriente Próximo, así como su papel esencial en la vida política, económica y social de las ciudades sumerias.

El arte y la arquitectura sagrada de la antigua Sumeria reflejaban la profunda reverencia que los sumerios sentían por los Anunnakis y su rol central en la vida cotidiana y espiritual. Los templos, zigurats, estatuas y relieves dedicados a estas deidades eran manifestaciones tangibles del poder y la influencia de los Anunnakis en la sociedad. La arquitectura monumental y las obras de arte asociadas con el culto a los Anunnakis no solo cumplían funciones religiosas, sino que también servían como símbolos de poder político y autoridad divina.

Uno de los aspectos más impresionantes de la arquitectura sumeria era la construcción de zigurats, grandes estructuras escalonadas que se elevaban en el centro de las ciudades y representaban la conexión entre la Tierra y los cielos. Estos edificios no solo eran santuarios, sino que también simbolizaban el papel de los Anunnakis como mediadores entre los humanos y el cosmos. Cada zigurat estaba decorado con inscripciones y relieves que describían los logros de los reyes que los habían construido, así como las ofrendas hechas a los dioses. La arquitectura monumental de los zigurats servía para impresionar a los ciudadanos y reforzar la idea de que los Anunnakis habitaban entre ellos, garantizando el orden y la prosperidad.

El arte sumerio dedicado a los Anunnakis también incluía esculturas y relieves que representaban a las deidades en su forma más majestuosa. Las estatuas de los dioses se colocaban en los templos, y se creía que estas esculturas albergaban temporalmente la presencia divina durante los rituales. Los Anunnakis eran representados con rasgos que reflejaban su poder y autoridad, como coronas, cetros y vestiduras elaboradas. Estas representaciones no solo exaltaban a los dioses, sino que también servían como recordatorios visuales del poder divino en la vida diaria.

Otro aspecto importante del arte sumerio era el uso de sellos cilíndricos, que a menudo mostraban escenas mitológicas protagonizadas por los Anunnakis. Estos sellos, utilizados en la vida administrativa y comercial, no solo eran herramientas prácticas, sino también objetos con un profundo significado religioso. Los relieves en los sellos a menudo mostraban a los dioses interactuando con los humanos o supervisando eventos importantes, lo que reforzaba la idea de que los Anunnakis estaban presentes en todas las esferas de la vida.

Los frescos y relieves en las paredes de los templos también jugaban un papel importante en la representación de los mitos sumerios. Estos murales narraban historias sobre los Anunnakis y su interacción con los humanos, desde la creación del mundo hasta eventos específicos como la guerra o el diluvio. Estas obras de arte no solo servían como recordatorios de la historia sagrada, sino que también ofrecían lecciones morales y éticas a los adoradores, recordándoles las consecuencias de desobedecer las leyes divinas y el poder supremo de los Anunnakis.

La arquitectura y el arte sagrado dedicados a los Anunnakis también tenían una función social y política. Los reyes sumerios, al patrocinar la construcción de templos y la creación de estatuas de los dioses, demostraban su devoción y reforzaban su legitimidad como gobernantes elegidos por los Anunnakis. La participación en la creación y embellecimiento de los templos era vista como un deber sagrado, y los artistas y arquitectos que trabajaban en estos proyectos eran considerados servidores de los dioses, con una misión especial de glorificar a los Anunnakis a través de su trabajo.

El arte y la arquitectura sagrada dedicada a los Anunnakis en la antigua Sumeria reflejan la centralidad de estos dioses en todos los aspectos de la vida. Los templos, zigurats, estatuas y relieves no solo eran símbolos de devoción religiosa, sino también de poder político y social. A través de estas manifestaciones artísticas, los sumerios aseguraban la presencia continua de los Anunnakis en sus ciudades, garantizando su favor y protección.

Los templos, además de ser centros de adoración, desempeñaban un papel crucial en la vida cotidiana de los sumerios. En la antigua Sumeria, los templos no solo eran los lugares donde se rendía culto a los Anunnakis, sino que también funcionaban como centros económicos, sociales y políticos que influían en prácticamente todos los aspectos de la vida urbana. A través de su red de templos, los Anunnakis no solo gobernaban los cielos, sino que también administraban la vida en la Tierra.

Una de las funciones más importantes de los templos era su rol económico. Los templos sumerios controlaban grandes extensiones de tierra, especialmente en las fértiles regiones cercanas a los ríos, y supervisaban la producción agrícola. Los sacerdotes, que eran responsables de la administración de los templos, gestionaban las tierras, el ganado y los recursos, asegurando que se utilizara de manera eficiente y que las ofrendas necesarias se realizaran de manera adecuada. Los productos obtenidos de estas tierras, como cereales, frutas y animales, eran utilizados tanto para las ofrendas a los Anunnakis como para sustentar a la población. En este sentido, los templos actuaban como grandes centros de redistribución de bienes.

El papel social de los templos también era fundamental. Los templos proporcionaban trabajo a una parte considerable de la población, desde los campesinos que cultivaban las tierras del templo hasta los artesanos que producían objetos de culto. Además, los templos ofrecían servicios a la comunidad, como la distribución de alimentos durante épocas de escasez y el cuidado de huérfanos y viudas. La función caritativa de los templos refuerza la idea de que los Anunnakis no solo eran dioses distantes, sino que también actuaban como protectores y benefactores de la sociedad.

Los templos también tenían un papel importante en la educación y el conocimiento. Eran centros donde se enseñaban las habilidades necesarias para la administración, la escritura cuneiforme y la contabilidad. Los escribas, formados en los templos, llevaban registros detallados de las transacciones económicas, los sacrificios religiosos y los eventos políticos. Esta conexión entre la religión, la educación y la economía muestra cómo los templos sumerios integraban todos los aspectos de la vida en la adoración de los Anunnakis.

En cuanto a la política, los templos desempeñaban un papel central en la legitimación del poder real. Los reyes a menudo consultaban a los Anunnakis a través de los sacerdotes para obtener orientación en asuntos de estado, como decisiones militares o la promulgación de leyes. Los templos, al actuar como intermediarios entre los dioses y los reyes, consolidaban la autoridad de los gobernantes y garantizaban que el gobierno de la ciudad se llevara a cabo de acuerdo con los deseos divinos.

Los templos eran centros de vida comunitaria. Las grandes festividades religiosas, que involucraban procesiones, banquetes y sacrificios, unían a la población bajo una fe común. Estas celebraciones no solo reforzaban la devoción hacia los Anunnakis, sino que también fomentaban la cohesión social y la identidad comunitaria. La participación en las actividades del templo era una parte fundamental de la vida sumeria, y los ciudadanos, independientemente de su clase social, contribuían a la adoración y el mantenimiento de los templos a través de donaciones y trabajo.

Los templos de los Anunnakis eran el corazón de las ciudades sumerias. Su influencia se extendía más allá de la religión, afectando la economía, la política y la vida social. A través de los templos, los Anunnakis se aseguraban de que sus seguidores no solo los adoraran, sino que también vivieran de acuerdo con los principios divinos que ellos supervisaban.

Capítulo 13
Sacerdotisas y los Sacerdotes

En la antigua Sumeria, los sacerdotes desempeñaban un papel esencial en el culto a los Anunnakis. Como intermediarios entre los dioses y los humanos, los sacerdotes eran responsables de realizar los rituales necesarios para mantener la conexión entre el mundo terrenal y lo divino. Los Anunnakis, como deidades poderosas que controlaban el destino y el orden cósmico, requerían una veneración constante y adecuada, y los sacerdotes eran los encargados de garantizar que esta adoración se realizara de manera correcta y meticulosa.

Una de las funciones principales de los sacerdotes era la realización de sacrificios y ofrendas. Estos sacrificios no solo incluían alimentos y animales, sino también bienes materiales como joyas, tejidos y otros objetos de valor. Se creía que los Anunnakis requerían estas ofrendas para mantener el equilibrio en el cosmos y para asegurar la prosperidad de las ciudades sumerias. Los sacerdotes, a través de elaborados rituales, se aseguraban de que cada sacrificio se llevara a cabo con precisión, ya que cualquier error en el procedimiento podría resultar en la ira de los dioses y traer desgracias a la ciudad.

Los sacerdotes también desempeñaban un papel importante en la administración de los templos. Cada templo dedicado a los Anunnakis funcionaba no solo como un centro religioso, sino también como una institución económica y política. Los sacerdotes eran los encargados de gestionar los vastos recursos del templo, que incluían tierras agrícolas, ganado y talleres de artesanía. Esta administración incluía la organización de la producción de bienes, la redistribución de recursos y la supervisión de las actividades comerciales del templo. Además, los sacerdotes se encargaban de registrar todas las transacciones y eventos importantes en tablillas de arcilla, utilizando la escritura cuneiforme, que había sido desarrollada en gran parte por las élites religiosas de Sumeria.

Otro aspecto crucial de la función sacerdotal era la interpretación de los augurios y los oráculos. Los sumerios creían que los Anunnakis comunicaban su voluntad a través de signos en la naturaleza, como el vuelo de las aves, el comportamiento de los animales o fenómenos celestiales. Los sacerdotes, capacitados en la interpretación de estos signos, ayudaban a los reyes y a los ciudadanos a entender los deseos de los dioses y a tomar decisiones en consecuencia. Esta función daba a los sacerdotes una gran influencia sobre la vida política y militar, ya que muchas decisiones importantes, como emprender una guerra o establecer alianzas, se tomaban en base a los augurios interpretados por los sacerdotes.

Además de estas responsabilidades, los sacerdotes también tenían la tarea de mantener la pureza ritual del templo y de la ciudad en su conjunto. Esto incluía la supervisión de los ritos de purificación, que se realizaban para limpiar a los individuos o espacios de cualquier impureza que pudiera haber ofendido a los Anunnakis. Estos rituales eran esenciales para garantizar que los dioses continuaran favoreciendo a la ciudad y que las calamidades, como las sequías, las plagas o las derrotas militares, pudieran ser evitadas. La pureza ritual no solo afectaba a los sacerdotes, sino que también se extendía a los reyes y a los ciudadanos comunes, quienes debían cumplir con ciertas normas de conducta y participar en los ritos públicos para mantener la armonía con los dioses.

Los sacerdotes también actuaban como educadores y guardianes del conocimiento. Muchos templos en Sumeria funcionaban como centros de enseñanza, donde los sacerdotes instruían a los jóvenes en las artes de la escritura, la astronomía, la medicina y las matemáticas. Este conocimiento era visto como un regalo de los dioses, y los sacerdotes, al ser los principales transmisores de este saber, ocupaban una posición privilegiada en la sociedad. Su rol como educadores garantizaba que las tradiciones religiosas y culturales de los sumerios se transmitieran de una generación a otra, perpetuando el culto a los Anunnakis y asegurando la continuidad de la civilización.

Los sacerdotes en el culto a los Anunnakis desempeñaban una multitud de funciones que iban más allá de la simple adoración. Eran administradores, intérpretes de la voluntad divina, guardianes de la pureza ritual y transmisores de conocimiento. A través de sus actividades, los sacerdotes aseguraban que los Anunnakis continuaran influyendo en todos los aspectos de la vida sumeria, desde la política hasta la economía y la educación, y garantizaban que el favor de los dioses permaneciera con sus ciudades.

Las sacerdotisas en la antigua Sumeria también ocupaban un lugar prominente en la vida religiosa, especialmente en el culto a los Anunnakis. Si bien los sacerdotes varones desempeñaban roles cruciales en la administración y la ejecución de rituales, las sacerdotisas, como intermediarias divinas, cumplían funciones específicas que estaban íntimamente relacionadas con las deidades femeninas y con el propio poder femenino en la sociedad sumeria. A menudo, las sacerdotisas tenían acceso a formas de conocimiento y poder espiritual que les otorgaban una conexión especial con los dioses.

Una de las figuras más importantes en la estructura religiosa sumeria era la entu, una alta sacerdotisa que solía estar vinculada al dios Enki o a la diosa Inanna, la diosa del amor, la fertilidad y la guerra. Las entu, que a menudo provenían de la nobleza o de la familia real, eran vistas como esposas terrenales de los dioses a los que servían. Este título no solo implicaba una posición de honor y respeto, sino también una gran responsabilidad, ya que las sacerdotisas entu eran las principales mediadoras entre los dioses y los humanos, realizando ceremonias sagradas para asegurar la fertilidad de la tierra y la prosperidad de la ciudad.

El papel de las sacerdotisas no se limitaba a la realización de rituales religiosos. En muchos casos, las sacerdotisas también actuaban como oráculos, transmitiendo los mensajes de los Anunnakis a los reyes y a los ciudadanos. Esta función era de vital importancia en momentos críticos, como durante guerras o crisis políticas, cuando se buscaba la guía de los dioses para tomar decisiones clave. Las sacerdotisas, al estar consagradas a los dioses, se creía que poseían una capacidad especial para interpretar los signos divinos y para comunicar las voluntades de los Anunnakis.

Otro aspecto importante del rol de las sacerdotisas era su participación en los rituales de fertilidad y renovación, particularmente en las ceremonias que buscaban asegurar el ciclo continuo de las estaciones y la fertilidad de la tierra. Uno de los rituales más conocidos era el sagrado matrimonio, en el que el rey sumerio se unía simbólicamente a una sacerdotisa de Inanna o de otra diosa de la fertilidad. Este acto representaba la unión entre lo divino y lo terrenal, asegurando la fertilidad de las tierras y la estabilidad política de la ciudad. Las sacerdotisas que participaban en estos rituales desempeñaban un papel crucial en el mantenimiento del orden cósmico y social.

En términos de autoridad, las sacerdotisas de alto rango, como las entu y otras figuras prominentes, también tenían poder administrativo. Al igual que los sacerdotes varones, las sacerdotisas gestionaban tierras y bienes dedicados a los templos, y supervisaban las actividades económicas asociadas con la adoración de los dioses. Esta capacidad para administrar recursos les otorgaba una influencia considerable en la vida diaria de las ciudades sumerias, y su papel como líderes espirituales a menudo las situaba en posiciones de poder que rivalizaban con las de los sacerdotes.

Además de sus roles religiosos y administrativos, las sacerdotisas también eran responsables de preservar y transmitir el conocimiento religioso y cultural. Las mujeres que ingresaban a la vida sacerdotal recibían una educación formal en literatura, música y las artes rituales. En algunos templos, las sacerdotisas escribían y conservaban himnos y poemas dedicados a los dioses, que eran recitados durante las ceremonias religiosas. Esta capacidad para crear y transmitir conocimiento aseguraba que las tradiciones religiosas continuaran vivas y que la adoración a los Anunnakis y otras deidades se mantuviera central en la vida de las ciudades.

Las sacerdotisas de Sumeria eran figuras clave en el culto a los Anunnakis, actuando como intermediarias divinas y desempeñando roles que abarcaban desde la realización de rituales hasta la administración y la preservación del conocimiento. Su estatus como esposas simbólicas de los dioses, su capacidad para interpretar signos divinos y su participación en ceremonias cruciales como el sagrado matrimonio las convertían en figuras de gran autoridad y respeto en la sociedad sumeria, reflejando la importancia del poder femenino en las estructuras religiosas y políticas de la época.

Los ritos y rituales dedicados a los Anunnakis eran parte integral de la vida religiosa en la antigua Sumeria. Estos rituales no solo garantizaban el favor de los dioses, sino que también servían como mecanismos para mantener el equilibrio cósmico y asegurar la prosperidad de las ciudades. Cada uno de estos rituales estaba cuidadosamente diseñado para honrar a los dioses y seguir las tradiciones transmitidas a través de generaciones, y los sacerdotes y sacerdotisas desempeñaban un papel crucial en su ejecución.

Uno de los rituales más importantes era el sacrificio, que podía incluir animales, alimentos y bienes materiales. Estos sacrificios se realizaban regularmente para apaciguar a los Anunnakis y asegurar que los dioses continuaran protegiendo a la ciudad y a sus habitantes. Los sacrificios de animales, como ovejas y cabras, eran comunes y se realizaban en los altares de los templos. La sangre de los animales se consideraba una ofrenda sagrada que purificaba el templo y a los fieles, asegurando que los Anunnakis recibieran la esencia vital de los sacrificios como muestra de devoción.

Además de los sacrificios, los rituales de purificación eran esenciales para mantener la relación adecuada entre los dioses y los humanos. Estos rituales se realizaban antes de las grandes ceremonias o eventos importantes, y su propósito era eliminar cualquier impureza que pudiera ofender a los dioses. La purificación incluía la limpieza del cuerpo con agua, aceites sagrados y el uso de humo de incienso. En muchos casos, la purificación también incluía la recitación de encantamientos y oraciones que invocaban la protección y bendición de los Anunnakis. La pureza ritual no solo era importante para los sacerdotes, sino también para los reyes y otros miembros de la élite, quienes debían estar espiritualmente limpios para participar en las ceremonias.

Otro rito significativo era el festival del Año Nuevo, que era una de las festividades más importantes en el calendario sumerio. Durante este festival, se realizaban elaborados rituales para renovar el pacto entre los dioses y los humanos, asegurando así la prosperidad para el año venidero. Este festival estaba marcado por procesiones, banquetes y sacrificios, y tenía un profundo significado simbólico, ya que se creía que los Anunnakis descendían a la Tierra durante estos días para inspeccionar a sus seguidores y renovar el orden cósmico. Los reyes, como representantes de los dioses en la Tierra, participaban activamente en estas ceremonias, reafirmando su mandato divino para gobernar.

Los ritos de adoración diarios también eran fundamentales en el culto a los Anunnakis. Cada día, los sacerdotes encendían lámparas, quemaban incienso y ofrecían alimentos en los altares de los templos para honrar a los dioses. Estos rituales diarios eran esenciales para mantener la presencia continua de los Anunnakis en las ciudades y para asegurar que las bendiciones divinas fluyeran ininterrumpidamente. El trabajo de los sacerdotes y sacerdotisas en estos rituales era visto como una forma de servicio no solo a los dioses, sino también a la comunidad, ya que se creía que los Anunnakis garantizaban la paz y la prosperidad a través de la correcta realización de estos ritos.

Además de los sacrificios y los festivales, los ritos funerarios ocupaban un lugar destacado en el culto a los Anunnakis. Los sumerios creían que los Anunnakis, como jueces del inframundo, desempeñaban un papel importante en el destino de las almas después de la muerte. Los rituales funerarios, por lo tanto, eran meticulosamente organizados para asegurar que el difunto recibiera el favor de los dioses y pudiera alcanzar una existencia pacífica en el más allá. Estos rituales incluían la preparación del cuerpo, el entierro y las ofrendas a los dioses del inframundo, como Ereshkigal, la reina del inframundo, quien también estaba asociada con los Anunnakis.

Los ritos y rituales dedicados a los Anunnakis eran esenciales para mantener la relación entre los dioses y los humanos. Desde los sacrificios diarios hasta los grandes festivales anuales, estos rituales no solo honraban a los dioses, sino que también aseguraban la estabilidad social, política y económica de las ciudades sumerias. A través de estos ritos, los Anunnakis garantizaban el orden cósmico y la continuidad de la vida, mientras que los humanos demostraban su devoción y su dependencia de las deidades que gobernaban el destino del mundo.

Las castas sacerdotales en Sumeria, que incluían tanto a sacerdotes como a sacerdotisas, ejercían un poder considerable no solo en el ámbito religioso, sino también en el político y social. En una sociedad profundamente teocrática como la sumeria, donde los dioses, especialmente los Anunnakis, eran vistos como los controladores del destino y el orden cósmico, los sacerdotes, como intermediarios entre los dioses y los humanos, ocupaban una posición privilegiada que les otorgaba un enorme poder e influencia en la vida cotidiana.

El poder político de las castas sacerdotales se derivaba principalmente de su capacidad para interpretar la voluntad de los Anunnakis y transmitirla a los reyes y a la élite gobernante. Los reyes sumerios a menudo dependían de los sacerdotes para recibir orientación divina en momentos clave, como antes de emprender campañas militares, hacer alianzas o tomar decisiones legislativas. Los sacerdotes, a través de rituales de adivinación y la interpretación de augurios, proporcionaban a los reyes la aprobación de los dioses para sus acciones, lo que era fundamental para legitimar su gobierno. Sin el respaldo de los sacerdotes, los reyes corrían el riesgo de perder el apoyo divino y, por ende, su autoridad política.

El control de los templos también daba a los sacerdotes un poder económico significativo. Los templos sumerios, dedicados a los Anunnakis y otras deidades, eran instituciones ricas y poderosas que poseían vastas tierras, ganado y recursos. Los sacerdotes administraban estos recursos, supervisando la producción agrícola, la manufactura de bienes y el comercio. El templo actuaba como una entidad económica central que no solo proporcionaba bienes para el culto, sino que también jugaba un papel en la redistribución de recursos a la población. Este control sobre la economía local fortalecía la posición de los sacerdotes como una clase poderosa dentro de la sociedad sumeria.

El poder espiritual de los sacerdotes era igualmente formidable. Como intermediarios de los Anunnakis, los sacerdotes eran vistos como los guardianes del conocimiento sagrado y las tradiciones religiosas que mantenían el equilibrio entre los dioses y los humanos. Esta posición les daba una autoridad moral y espiritual que iba más allá de la esfera religiosa. Los sacerdotes no solo organizaban y llevaban a cabo los rituales necesarios para honrar a los Anunnakis, sino que también eran responsables de mantener la pureza espiritual de la comunidad. Esto incluía la supervisión de las leyes religiosas, la regulación de las conductas morales y la administración de los ritos de purificación.

Las castas sacerdotales también influían en la educación y la cultura. Los templos funcionaban como centros de aprendizaje, donde los sacerdotes instruían a los jóvenes en disciplinas clave como la escritura cuneiforme, la astronomía, las matemáticas y la medicina. Al ser los custodios del conocimiento, los sacerdotes controlaban no solo la esfera espiritual, sino también el desarrollo intelectual de la sociedad. Esta conexión entre religión y conocimiento garantizaba que los sacerdotes mantuvieran su relevancia no solo en los asuntos divinos, sino también en el progreso cultural y científico de las ciudades sumerias.

El poder político y espiritual de las castas sacerdotales a menudo se manifestaba en la construcción de templos y zigurats. Estas estructuras no solo eran centros religiosos, sino también monumentos que simbolizaban el poder y la autoridad de los sacerdotes y los dioses que representaban. Los reyes, al patrocinar la construcción de templos, fortalecían su vínculo con los sacerdotes y aseguraban el respaldo divino y popular para su gobierno. A través de estas alianzas, los sacerdotes y los reyes trabajaban en conjunto para mantener la estabilidad y el orden en la ciudad, creando una relación simbiótica en la que la religión y la política se entrelazaban profundamente.

Las castas sacerdotales en Sumeria ejercían un poder considerable tanto en la esfera política como en la espiritual. A través de su control sobre los templos, los recursos económicos y el conocimiento religioso, los sacerdotes aseguraban su influencia en todos los aspectos de la vida sumeria. Como intermediarios entre los Anunnakis y los humanos, su autoridad estaba respaldada por el poder divino, lo que les permitía desempeñar un papel central en el mantenimiento del orden social, político y religioso.

La sucesión de sacerdotes en Sumeria y el mantenimiento del culto a los Anunnakis eran procesos cuidadosamente organizados que garantizaban la continuidad de las tradiciones religiosas a lo largo de las generaciones. El culto a los dioses no solo era una parte esencial de la vida diaria, sino que también requería una administración rigurosa para asegurar que los rituales, las ofrendas y los sacrificios se realizaran correctamente y en los momentos adecuados. Los sacerdotes, al ser los encargados de estos deberes, tenían que ser seleccionados y formados con sumo cuidado para asegurar que el culto a los Anunnakis permaneciera ininterrumpido.

La sucesión sacerdotal en Sumeria generalmente seguía un sistema hereditario, donde los hijos de sacerdotes varones y las hijas de sacerdotisas heredaban los cargos de sus padres. Sin embargo, la herencia no era automática, ya que los nuevos sacerdotes debían pasar por un riguroso proceso de formación y aprobación antes de asumir sus funciones. Este entrenamiento incluía la educación en los textos sagrados, el aprendizaje de los rituales y la familiarización con las prácticas administrativas del templo. La formación también incluía una profunda comprensión de los mitos y las creencias sobre los Anunnakis, ya que los sacerdotes no solo debían realizar los rituales, sino también actuar como intérpretes de la voluntad divina.

Uno de los aspectos más importantes del mantenimiento del culto era la precisión con la que se debían realizar los rituales. Los sumerios creían que cualquier error en un ritual podía enfurecer a los Anunnakis, lo que resultaría en desastres naturales, derrotas militares o epidemias. Por lo tanto, los sacerdotes debían seguir estrictamente las tradiciones y los procedimientos establecidos. Esta rigurosidad en el culto reflejaba la importancia de mantener el favor de los dioses y garantizar la estabilidad de la ciudad. Los rituales eran vistos como contratos sagrados entre los humanos y los dioses, y cualquier incumplimiento de este contrato podía tener consecuencias catastróficas.

Además de los rituales diarios y las festividades estacionales, el mantenimiento del culto incluía la preservación de los templos y los zigurats. Estos edificios no solo eran lugares de culto, sino también símbolos del poder divino en la Tierra. Los templos requerían un mantenimiento constante, y los sacerdotes eran responsables de garantizar que las estructuras permanecieran en buen estado. Esto incluía la reparación de las estructuras, la limpieza ritual de los altares y la conservación de las estatuas de los dioses. Se creía que los templos eran las casas terrenales de los Anunnakis, y como tales, debían ser cuidados con esmero para asegurar que los dioses continuaran habitando entre los humanos.

La sucesión de sacerdotes también implicaba la transmisión de conocimientos secretos y esotéricos que solo los sacerdotes más altos podían conocer. Estos conocimientos, que a menudo incluían fórmulas mágicas, encantamientos y ritos especiales, se transmitían oralmente de maestro a discípulo, asegurando que solo aquellos debidamente preparados pudieran acceder a estos secretos. Esta transmisión de conocimientos sagrados garantizaba que el culto a los Anunnakis permaneciera puro y que los nuevos sacerdotes estuvieran equipados para mantener la conexión entre lo humano y lo divino.

El mantenimiento del culto a los Anunnakis también estaba relacionado con la política y la economía. Como administradores de los templos, los sacerdotes supervisaban las tierras y los bienes dedicados a los dioses, lo que les daba un poder considerable en la gestión de los recursos de la ciudad. A medida que los sacerdotes administraban los impuestos del templo y las ofrendas de los ciudadanos, también actuaban como redistribuidores de riqueza, asegurando que los recursos fueran utilizados de manera eficiente para el bien de la comunidad. Esta función económica consolidaba aún más el papel central de los sacerdotes en la sociedad sumeria.

La sucesión de sacerdotes y el mantenimiento del culto a los Anunnakis eran procesos fundamentales para la continuidad de las tradiciones religiosas en Sumeria. A través de un sistema riguroso de formación, transmisión de conocimientos y cuidado de los templos, los sacerdotes garantizaban que el culto a los dioses permaneciera intacto y que la relación entre los humanos y los Anunnakis continuara siendo armoniosa. El éxito de estas prácticas aseguraba no solo la estabilidad espiritual de la ciudad, sino también su prosperidad material y política.

Capítulo 14
La Cosmología Sumeria

La cosmología sumeria es una de las primeras concepciones del universo registradas en la historia de la humanidad. Para los sumerios, el universo era un espacio estructurado y jerárquico, compuesto por varios niveles que estaban gobernados por diferentes deidades, entre ellas los Anunnakis. Según los textos sumerios, el cosmos estaba dividido en tres grandes planos: el cielo, la tierra y el inframundo, cada uno controlado por diferentes fuerzas divinas. Esta concepción no era meramente física; estaba profundamente conectada con las creencias religiosas y el comportamiento ritual de los sumerios.

El cielo, conocido como An, era el dominio de los dioses más poderosos, incluido el dios Anu, el dios del cielo y el líder supremo del panteón sumerio. Anu residía en la parte más alta del cosmos, y desde allí supervisaba el orden cósmico. Junto a él, otras deidades importantes, incluidos los Anunnakis, participaban en la administración de los cielos y la tierra. En la visión sumeria, el cielo no solo era el hogar de los dioses, sino también la fuente de las leyes cósmicas que regían el destino de los humanos y los dioses menores.

Debajo del cielo estaba la tierra, el plano en el que habitaban los humanos. La tierra no era solo el mundo material, sino también un espacio sagrado creado y ordenado por los dioses. Se creía que los humanos habían sido creados por los Anunnakis para trabajar la tierra y servir a los dioses a través de rituales y ofrendas. La tierra estaba en constante contacto con las fuerzas divinas que la sostenían, ya que se consideraba que los dioses otorgaban fertilidad a las tierras y determinaban el éxito de las cosechas y las lluvias. En este sentido, la cosmología sumeria explicaba el equilibrio entre los elementos naturales y la influencia de los dioses, destacando el papel de los Anunnakis en mantener el orden en la naturaleza.

En la base del cosmos se encontraba el inframundo, conocido como Kur o Irkalla, gobernado por la diosa Ereshkigal y algunos de los Anunnakis. El inframundo sumerio era un lugar sombrío y sin retorno, donde las almas de los muertos residían después de su paso por la tierra. A diferencia de otras tradiciones religiosas, los sumerios no concebían el inframundo como un lugar de castigo o recompensa. Todos los muertos, independientemente de su conducta en vida, descendían al inframundo, donde llevaban una existencia oscura y sin alegría. Este inframundo era un lugar crucial en la cosmología sumeria, ya que representaba el ciclo inevitable de la vida y la muerte, controlado en última instancia por los dioses.

El agua también jugaba un papel central en la cosmología sumeria, particularmente el concepto de Abzu, las aguas subterráneas que se creía alimentaban la tierra desde abajo. Enki, uno de los principales Anunnakis, era el dios del agua dulce y el protector del Abzu. Este océano subterráneo era considerado la fuente de toda la vida, y Enki, como su guardián, era visto como un benefactor de la humanidad, responsable de las aguas que permitían el crecimiento de las cosechas y la supervivencia de las ciudades. El Abzu era una contraparte sagrada del Kur, el inframundo, y era visto como una fuente de vida en lugar de muerte.

En conjunto, el universo sumerio estaba dividido en niveles interconectados que reflejaban una jerarquía divina. Los sumerios creían que todas las acciones humanas, desde el trabajo agrícola hasta los rituales religiosos, tenían un impacto en el equilibrio cósmico, y era a través de su relación con los Anunnakis que podían asegurar que este equilibrio se mantuviera. Los dioses no solo creaban y controlaban el cosmos, sino que también interactuaban con él a través de sus acciones y sus intervenciones en la vida humana.

La cosmología sumeria no era estática; estaba en constante cambio y movimiento, impulsada por las decisiones de los dioses y los ciclos naturales. Los humanos, como parte de este cosmos divino, debían alinearse con las fuerzas cósmicas a través de la adoración y el servicio a los Anunnakis, quienes mantenían el orden y la estabilidad del universo. Esta concepción del cosmos reflejaba la creencia sumeria de que la vida, la muerte y los elementos naturales estaban interconectados y sujetos a la influencia divina.

En la cosmología sumeria, los Anunnakis ocupaban un lugar central en la estructura del cosmos, actuando como las principales deidades responsables de mantener el orden y el equilibrio en el universo. Aunque los Anunnakis no eran las únicas deidades en el panteón sumerio, su papel como guardianes del destino y administradores de las leyes cósmicas les otorgaba una importancia primordial en la organización y el funcionamiento del mundo.

La estructura del cosmos sumerio estaba organizada de manera jerárquica, y los Anunnakis ocupaban un lugar intermedio entre los dioses mayores y los dioses menores. En la cima de esta jerarquía se encontraba el dios Anu, quien gobernaba el cielo. Aunque Anu era el dios supremo, se creía que los Anunnakis eran los encargados de ejecutar su voluntad en los diferentes niveles del cosmos, desde el cielo hasta la tierra y el inframundo. Esta jerarquía reflejaba la idea de que el universo funcionaba de manera organizada y que cada dios, incluidos los Anunnakis, tenía un papel específico que cumplir.

Los Anunnakis estaban asociados tanto con el cielo como con la tierra, lo que les permitía actuar como intermediarios entre los diferentes niveles del cosmos. En su papel de deidades terrestres, los Anunnakis supervisaban el bienestar de las ciudades sumerias y garantizaban que las leyes divinas fueran obedecidas. Eran responsables de la fertilidad de la tierra, las lluvias, los ríos y la abundancia de las cosechas, y se creía que podían intervenir directamente en los asuntos humanos para castigar o recompensar a las personas y las ciudades según su comportamiento. A través de estos actos de intervención divina, los Anunnakis mantenían el orden natural y social.

En el inframundo, los Anunnakis desempeñaban un papel crucial como jueces de los muertos. En este aspecto, eran vistos como guardianes del destino final de las almas que descendían al Kur. Su función no era tanto castigar como administrar la justicia divina de acuerdo con las leyes cósmicas. Este papel de los Anunnakis como jueces y administradores en el inframundo reflejaba su posición como deidades responsables del orden no solo en la vida, sino también en la muerte. El inframundo, al igual que la tierra, estaba sujeto a la autoridad de los Anunnakis, quienes aseguraban que las almas pasaran al otro lado de acuerdo con el ciclo cósmico.

Además de su papel en la tierra y el inframundo, los Anunnakis también estaban relacionados con los cielos, donde tenían la responsabilidad de supervisar los cuerpos celestes y los ciclos cósmicos. Se creía que los movimientos de las estrellas y los planetas eran manifestaciones de la voluntad de los dioses, y los Anunnakis, al estar vinculados tanto al cielo como a la tierra, actuaban como guardianes del equilibrio celestial. Los sacerdotes sumerios observaban los cielos y realizaban cálculos astronómicos, convencidos de que los Anunnakis influían directamente en los ciclos astrales y, por lo tanto, en el destino de las ciudades y los reinos.

La estructura del cosmos, según la cosmología sumeria, reflejaba un equilibrio delicado entre las diferentes fuerzas que lo componían. Los Anunnakis, como dioses intermedios, garantizaban que este equilibrio se mantuviera, no solo a través de sus intervenciones directas, sino también a través de las leyes divinas que habían establecido. Estas leyes regían el comportamiento tanto de los dioses menores como de los humanos, y su violación podía resultar en desastres naturales o crisis sociales. Por lo tanto, los Anunnakis eran vistos como los guardianes del orden cósmico, y su veneración era crucial para mantener la armonía en el universo.

Los Anunnakis desempeñaban un papel esencial en la estructura del cosmos sumerio. Como deidades intermedias entre los cielos, la tierra y el inframundo, su función era mantener el equilibrio cósmico y asegurar que las leyes divinas fueran respetadas. A través de su intervención en los asuntos humanos y su supervisión de los ciclos naturales, los Anunnakis garantizaban que el universo siguiera funcionando de acuerdo con el orden establecido por los dioses mayores. Su lugar en la cosmología sumeria no solo reflejaba su poder, sino también su responsabilidad en la preservación del orden y la estabilidad en todos los niveles de la creación.

La cosmología sumeria presentaba una visión del universo en la que la Tierra, el cielo y el inframundo estaban intrínsecamente conectados a través de una red de fuerzas divinas, con los Anunnakis jugando un papel clave como intermediarios entre estos tres planos. Cada uno de estos niveles cósmicos representaba una parte del universo sagrado, gobernada por diferentes deidades, pero era la interacción entre ellos lo que permitía que el cosmos funcionara en armonía.

El cielo, conocido como An, era el reino de las deidades superiores, encabezadas por Anu, el dios del cielo. Este plano divino era considerado el origen de todas las leyes cósmicas, desde las cuales emanaba el poder que gobernaba los otros niveles del cosmos. El cielo no solo era el hogar de los dioses, sino también la fuente de los cuerpos celestes y los ciclos astronómicos que influían en la vida en la Tierra. Los Anunnakis, aunque no residían permanentemente en el cielo, actuaban como los intermediarios encargados de ejecutar las órdenes divinas en los otros planos del cosmos.

La Tierra, conocida como Ki, era el dominio donde los humanos vivían y donde los Anunnakis ejercían gran parte de su influencia. Los sumerios creían que la Tierra había sido creada por los dioses como un lugar para que la humanidad habitara y sirviera a los dioses mediante el trabajo y los rituales. En este contexto, los Anunnakis actuaban como protectores y administradores de la Tierra, asegurando que los humanos cumplieran con su parte del pacto divino. Se encargaban de controlar los elementos naturales, como las aguas y las lluvias, esenciales para la supervivencia de las ciudades sumerias, y aseguraban que la Tierra permaneciera fértil y equilibrada.

El inframundo, conocido como Kur o Irkalla, era el tercer nivel del cosmos, un lugar oscuro y sombrío gobernado por la diosa Ereshkigal y algunos de los Anunnakis. Aunque el inframundo era un reino separado de la Tierra, estaba conectado con ella a través de las creencias sobre la muerte y el destino de las almas. En la cosmología sumeria, la muerte no era vista como un fin absoluto, sino como una transición hacia el inframundo, donde los Anunnakis supervisaban el destino de los muertos. Este vínculo entre la Tierra y el inframundo destacaba la importancia del ciclo de vida y muerte en la estructura del cosmos. Los sumerios creían que tanto la vida como la muerte estaban bajo el control de los dioses, y que los Anunnakis actuaban como jueces en el inframundo, asegurando que las almas fueran tratadas de acuerdo con las leyes cósmicas.

Una de las conexiones más importantes entre estos tres planos era el agua, en particular el concepto de Abzu, el océano subterráneo que conectaba el inframundo con la Tierra. Se creía que el Abzu, custodiado por Enki, el dios del agua dulce y de la sabiduría, era la fuente de toda la vida en la Tierra. A través de los ríos y canales, las aguas del Abzu ascendían a la superficie de la Tierra, proporcionando la fertilidad necesaria para las cosechas y la supervivencia de las ciudades. Esta conexión entre el agua subterránea y la Tierra no solo garantizaba la vida, sino que también vinculaba simbólicamente los tres niveles cósmicos, reflejando el ciclo continuo entre la vida y la muerte, y entre lo visible y lo invisible.

El vínculo entre el cielo, la Tierra y el inframundo también se reflejaba en los rituales sumerios. Los templos y los zigurats, diseñados como representaciones del cosmos, simbolizaban esta conexión. Los zigurats, con sus múltiples niveles escalonados, eran vistas como montañas sagradas que conectaban la Tierra con el cielo, permitiendo a los sacerdotes acceder simbólicamente al reino de los dioses. Los rituales, ofrendas y sacrificios que se realizaban en estos templos eran maneras de mantener el equilibrio entre los tres planos del cosmos, asegurando que los dioses continuaran protegiendo a la humanidad y manteniendo el orden cósmico.

El vínculo entre la Tierra, el cielo y el inframundo era fundamental en la cosmología sumeria, y los Anunnakis desempeñaban un papel central en la mediación entre estos tres niveles. A través de su control sobre los elementos naturales, su administración del inframundo y su intervención en los asuntos humanos, los Anunnakis aseguraban que el universo continuara funcionando de acuerdo con las leyes divinas. Esta interconexión entre los tres planos cósmicos reflejaba la creencia sumeria en un universo ordenado, donde cada parte del cosmos estaba vinculada y mantenida por la voluntad de los dioses.

En la cosmología sumeria, los Anunnakis no solo eran vistos como deidades que controlaban los aspectos físicos del universo, sino también como fuentes y canalizadores de una energía cósmica esencial que mantenía el equilibrio del cosmos. Esta energía divina, que fluía desde los dioses mayores hasta los humanos, estaba presente en todos los niveles del universo, desde el cielo hasta el inframundo, y los Anunnakis eran los responsables de dirigirla y utilizarla para preservar el orden cósmico.

El concepto de energía cósmica en la mitología sumeria no estaba claramente definido en términos científicos modernos, pero se entendía como una fuerza vital que impregnaba el universo. Los Anunnakis, como administradores del cosmos, canalizaban esta energía divina a través de sus actos de creación, controlando los ciclos naturales y asegurando que los elementos permanecieran en equilibrio. Esta energía era lo que permitía la vida en la Tierra, ya que los Anunnakis la usaban para fertilizar la tierra, hacer fluir los ríos y otorgar prosperidad a las ciudades.

En particular, los sumerios creían que esta energía cósmica estaba concentrada en los cuerpos celestes, como el sol, la luna y las estrellas, y que los Anunnakis, a través de su conexión con los cielos, tenían la capacidad de influir en estos cuerpos. La observación de los ciclos astronómicos, como los movimientos del sol y la luna, era una parte integral de la religión sumeria, ya que se creía que estos movimientos reflejaban el flujo de la energía divina a través del cosmos. Los sacerdotes, encargados de interpretar estos ciclos, consultaban a los Anunnakis a través de rituales y augurios para asegurarse de que las decisiones humanas estuvieran alineadas con las fuerzas cósmicas.

La energía cósmica también se manifestaba en el agua, un elemento esencial en la vida y en la cosmología sumeria. El Abzu, el océano subterráneo de aguas dulces, representaba una fuente inagotable de esta energía divina. Los Anunnakis, y en particular Enki, el dios del agua y de la sabiduría, canalizaban esta energía a través de los ríos y los canales para garantizar la fertilidad de la tierra. Se creía que, sin el flujo constante de esta energía, la Tierra se secaría y la vida desaparecería. Por lo tanto, los rituales dedicados a los Anunnakis incluían ofrendas y oraciones para asegurar que esta energía cósmica continuara fluyendo ininterrumpidamente.

Otro aspecto importante de la energía cósmica en la cosmología sumeria era su relación con el destino. Los Anunnakis eran vistos como los guardianes del destino humano y divino, y se creía que tenían el poder de influir en el futuro a través del control de esta energía. Los sumerios creían que el destino estaba predeterminado por las leyes cósmicas, pero que los Anunnakis podían intervenir para modificar el curso de los eventos. Los reyes y los sacerdotes consultaban regularmente a los Anunnakis a través de rituales adivinatorios, buscando su guía y su energía para garantizar el éxito en los asuntos políticos y militares. Este control sobre el destino humano reflejaba el poder de los Anunnakis para dirigir la energía cósmica de acuerdo con sus voluntades.

La idea de que los Anunnakis controlaban la energía cósmica también tenía un componente espiritual. Se creía que la energía divina fluía no solo en el mundo natural, sino también en los humanos, quienes estaban conectados a los dioses a través de su espíritu. Los rituales sumerios, que incluían sacrificios, ofrendas y oraciones, eran maneras de canalizar esta energía cósmica hacia los humanos, asegurando que los dioses continuaran bendiciendo a sus seguidores con salud, prosperidad y éxito. Los templos, como centros de poder espiritual, eran lugares donde la energía de los Anunnakis se manifestaba más intensamente, y los sacerdotes, como intermediarios, tenían la capacidad de dirigir esta energía a la comunidad.

Los Anunnakis eran vistos como los canales y guardianes de la energía cósmica en la cosmología sumeria. A través de su control sobre los cuerpos celestes, el agua y el destino, los Anunnakis mantenían el flujo de esta energía divina, asegurando que el cosmos permaneciera en equilibrio. Los rituales y las ofrendas dedicados a los Anunnakis eran formas de garantizar que esta energía siguiera fluyendo hacia la Tierra, permitiendo que la vida prosperara y que las ciudades sumerias continuaran bajo la protección de los

En las últimas décadas, los estudiosos de la historia y la religión han mostrado un creciente interés por la cosmología sumeria, especialmente por el papel de los Anunnakis en el mantenimiento del orden cósmico. Las interpretaciones modernas de la cosmología sumeria se han centrado no solo en el análisis de los textos antiguos, sino también en las implicaciones culturales y filosóficas que esta visión del universo tiene para las sociedades contemporáneas.

Uno de los puntos clave de la interpretación moderna es cómo los sumerios concebían la relación entre los humanos y el cosmos. En la cosmología sumeria, la humanidad estaba en una relación subordinada con las fuerzas divinas, representadas principalmente por los Anunnakis. Este vínculo implicaba que los humanos no eran los principales actores del cosmos, sino que su propósito era servir a los dioses y mantener el orden a través de sus acciones rituales y su trabajo diario. Esta concepción refleja una visión del mundo en la que el destino humano está inevitablemente atado a la voluntad divina, un concepto que resuena con algunas creencias religiosas actuales que siguen viendo el destino como algo controlado por una fuerza superior.

Las interpretaciones modernas también han enfatizado la importancia de los ciclos naturales en la cosmología sumeria. Los sumerios vivían en una tierra fértil, pero dependían enormemente de los ríos y las lluvias para la agricultura, por lo que el control de los elementos naturales era fundamental para su supervivencia. La creencia de que los Anunnakis controlaban el agua y el clima muestra cómo las sociedades antiguas proyectaban sus preocupaciones prácticas sobre las deidades, creando una relación simbiótica entre lo humano y lo divino. Los estudios actuales ven esta relación entre la naturaleza y la religión como un reflejo del deseo humano de comprender y controlar su entorno a través de la mitología y la espiritualidad.

Otro aspecto de las interpretaciones modernas es la influencia que la cosmología sumeria ha tenido en las religiones y culturas posteriores. Los conceptos sumerios sobre la creación del mundo, el papel de los dioses en la administración del destino y el juicio de los muertos influyeron en las mitologías babilónicas y acadias, que a su vez influyeron en la tradición judeocristiana. En particular, la idea de que los humanos fueron creados por los dioses para trabajar la tierra y servir a las deidades es un tema que aparece en el Génesis bíblico. Los estudiosos modernos han explorado estos paralelismos, destacando cómo los mitos sumerios formaron una base para las narraciones religiosas que aún tienen eco en la actualidad.

La figura de los Anunnakis ha sido objeto de diversas reinterpretaciones, algunas de las cuales se apartan del enfoque académico tradicional. En particular, el escritor Zecharia Sitchin, en su serie de libros "Crónicas de la Tierra", popularizó la idea de que los Anunnakis no eran simplemente deidades mitológicas, sino seres extraterrestres que visitaron la Tierra en tiempos antiguos y desempeñaron un papel en la creación y desarrollo de la humanidad. Aunque estas teorías han sido ampliamente rechazadas por la comunidad académica, han capturado la imaginación de muchas personas y han contribuido a la popularización de los Anunnakis en la cultura popular.

Las interpretaciones esotéricas y místicas modernas también han revisitado la cosmología sumeria, viendo a los Anunnakis como símbolos de fuerzas espirituales que gobiernan no solo el destino cósmico, sino también el desarrollo espiritual de la humanidad. En algunas corrientes de la Nueva Era, los Anunnakis son vistos como guías espirituales o guardianes de conocimientos ocultos que pueden ser accesibles a través de prácticas espirituales avanzadas. Este enfoque refleja una tendencia moderna a reinterpretar los mitos antiguos en términos de crecimiento espiritual y autoempoderamiento.

Además, los estudios arqueológicos y antropológicos han continuado revelando nuevos aspectos de la cosmología sumeria, proporcionando una comprensión más matizada de cómo los sumerios veían su lugar en el cosmos. Los descubrimientos de textos adicionales, así como las excavaciones de antiguos templos y zigurats, han ayudado a los estudiosos a reconstruir la manera en que los sumerios practicaban su religión y cómo conceptualizaban su relación con los dioses. Estas investigaciones han ampliado el conocimiento sobre el rol de los Anunnakis, no solo como deidades del destino, sino también como figuras clave en la vida cotidiana de los sumerios.

Por último, las interpretaciones modernas de la cosmología sumeria han llevado a una apreciación más profunda de cómo las culturas antiguas buscaban explicaciones para los fenómenos naturales y el destino humano a través de sus sistemas de creencias. Los sumerios no solo crearon una cosmología para explicar el mundo que les rodeaba, sino que también construyeron una estructura religiosa y social que reflejaba sus valores fundamentales: la obediencia a los dioses, el respeto por el orden natural y el reconocimiento de que el destino humano estaba intrínsecamente ligado al equilibrio cósmico. Estas ideas siguen siendo relevantes en la actualidad, ya que las sociedades modernas continúan buscando sentido en el cosmos y en su lugar dentro de él.

Las interpretaciones modernas de la cosmología sumeria ofrecen una visión fascinante de cómo una de las civilizaciones más antiguas del mundo comprendía el universo y su relación con las fuerzas divinas. Desde enfoques académicos que exploran el impacto cultural de los mitos sumerios hasta teorías contemporáneas que reimaginan a los Anunnakis como seres extraterrestres, la cosmología sumeria sigue siendo un tema de interés y debate en el mundo actual. La visión del cosmos sumerio, con sus capas interconectadas y su énfasis en el equilibrio divino, continúa ofreciendo valiosas lecciones sobre cómo las culturas antiguas interpretaban el misterio del universo y el lugar de la humanidad dentro de él.

Capítulo 15
Las Leyendas del Inframundo

Ereshkigal, la diosa del inframundo en la mitología sumeria, es una figura central en las creencias relacionadas con la vida después de la muerte y el destino de las almas. Gobernante del reino de Kur, también conocido como Irkalla, Ereshkigal desempeñaba un papel crucial en la cosmología sumeria, especialmente en el marco de las leyendas que describen el viaje de las almas al inframundo y su juicio después de la muerte. Como hermana de Inanna, la diosa del amor y la guerra, y esposa del dios Nergal, Ereshkigal encarna el aspecto sombrío y enigmático del ciclo de la vida y la muerte.

El inframundo sumerio, Kur, era un lugar oscuro y desolado donde las almas de los muertos residían eternamente. A diferencia de otras culturas que concebían el inframundo como un lugar de castigo o recompensa según las acciones en vida, el inframundo sumerio era simplemente el destino final de todos los seres humanos, independientemente de su estatus o conducta. Una vez que las almas llegaban a Kur, atravesaban las puertas del inframundo y quedaban bajo el dominio de Ereshkigal, quien administraba el reino de los muertos con firmeza y autoridad.

El mito más famoso que involucra a Ereshkigal es el relato del descenso de Inanna al inframundo. En este mito, Inanna, en su búsqueda de poder y conocimiento, decide descender a Kur para enfrentarse a su hermana. A medida que Inanna atraviesa las puertas del inframundo, pierde gradualmente todos sus símbolos de poder, despojándose de sus ropas y adornos hasta llegar desnuda ante Ereshkigal. Este acto de desnudez representa la vulnerabilidad de los vivos cuando se enfrentan a la muerte, y simboliza la inevitabilidad del destino que todos los humanos comparten.

En el enfrentamiento entre Ereshkigal e Inanna, se destaca la autoridad incuestionable de la diosa del inframundo. Aunque Inanna es una de las deidades más poderosas del panteón sumerio, en Kur está completamente a merced de su hermana. El mito concluye con la muerte temporal de Inanna, que es resucitada solo gracias a la intervención de Enki, el dios de la sabiduría. Este mito refleja la creencia de que el inframundo es un lugar del que no se puede escapar fácilmente, y que incluso los dioses están sujetos a las leyes de la muerte, controladas por Ereshkigal.

Ereshkigal también es una figura central en las creencias sumerias sobre la justicia en el más allá. Aunque no hay un juicio en el inframundo sumerio en el sentido de que las almas son recompensadas o castigadas, Ereshkigal y los Anunnakis que la asisten se encargan de administrar el destino de los muertos. Este concepto de un destino ineludible refleja la visión sumeria de la vida como un ciclo predeterminado en el que los dioses tienen el control absoluto, y los humanos deben aceptar su lugar en el cosmos.

El papel de Ereshkigal en la mitología sumeria también tiene connotaciones políticas y sociales. Al ser la gobernante del inframundo, Ereshkigal representa un poder paralelo al de los dioses del cielo y la tierra, un poder que refleja el control absoluto que la muerte tiene sobre la vida. Los sumerios, a través de sus mitos, expresaban la inevitabilidad de la muerte y la necesidad de respetar las fuerzas que operaban más allá de la vida terrenal. El culto a Ereshkigal y las ofrendas a los muertos eran una forma de apaciguar a la diosa y asegurar una transición pacífica al inframundo.

Ereshkigal es una de las figuras más poderosas y misteriosas del panteón sumerio. Como diosa del inframundo, su rol no era castigar o recompensar, sino gobernar sobre las almas de los muertos con autoridad suprema. A través de sus mitos y su dominio sobre Kur, los sumerios expresaban su respeto por el poder de la muerte y su aceptación de que todos, incluso los dioses, están sujetos al ciclo de la vida y la muerte. La figura de Ereshkigal refleja la complejidad de la cosmología sumeria, donde la vida y la muerte están interconectadas y gobernadas por fuerzas divinas que los humanos solo pueden comprender parcialmente.

Dentro del panteón de los Anunnakis, varias deidades tenían una relación directa con el inframundo sumerio. Aunque Ereshkigal es la figura principal que gobierna el reino de los muertos, otros dioses desempeñan funciones importantes en la administración de este sombrío dominio, lo que subraya la complejidad de la mitología sumeria en cuanto a la vida después de la muerte y el control divino sobre el destino de las almas.

Uno de los dioses más destacados relacionados con el inframundo es Nergal, esposo de Ereshkigal. Nergal, inicialmente una deidad relacionada con la guerra y la destrucción, se convierte en una figura clave en el inframundo tras su matrimonio con Ereshkigal. En algunos mitos, Nergal desciende al inframundo con la intención de enfrentarse a Ereshkigal, pero en lugar de destruirla, acaba convirtiéndose en su esposo y co-gobernante del reino de los muertos. Esta unión simboliza la combinación de dos aspectos del poder: la muerte y la destrucción, ambos necesarios para mantener el equilibrio del cosmos. Nergal, en su rol de dios del inframundo, refuerza la idea de que la muerte es una fuerza destructiva, pero también una parte necesaria del ciclo cósmico.

Nergal no solo gobernaba junto a Ereshkigal, sino que también supervisaba a los espíritus y los demonios que habitaban el inframundo. Como dios de la guerra, su papel en Kur también incluía la administración de las almas de aquellos que habían muerto en batalla, otorgándoles un lugar en el inframundo bajo su protección. Su relación con la muerte era ambigua: aunque causaba destrucción en la tierra, también aseguraba que el inframundo estuviera bien administrado y que las almas encontraran su lugar en el ciclo de la vida y la muerte.

Otra figura asociada con el inframundo es Namtar, el dios de la muerte y la enfermedad, que servía como mensajero de

Ereshkigal. Namtar era una deidad temida, ya que traía consigo las plagas y las enfermedades que diezmaban a la humanidad. Como emisario de la diosa del inframundo, Namtar era responsable de llevar las órdenes de Ereshkigal a los otros dioses y a los humanos. En la mitología sumeria, Namtar simboliza el poder implacable de la muerte, que no puede ser desafiada ni evitada. Su presencia en el inframundo refuerza la idea de que la muerte es inevitable y que ninguna acción humana puede evitar su llegada.

Además de Nergal y Namtar, otros Anunnakis, como Geshtinanna, también tienen roles en el inframundo. Geshtinanna, la hermana del dios pastor Dumuzi, es una diosa asociada con los ciclos de la naturaleza y la renovación, y tiene una conexión especial con el inframundo a través del mito del descenso de su hermano. En este mito, Dumuzi es condenado a pasar una parte del año en el inframundo, mientras que Geshtinanna intercede para aliviar su sufrimiento y lo acompaña en su ciclo de muerte y renacimiento. Esta narrativa refuerza la conexión entre los Anunnakis, el inframundo y los ciclos naturales de vida y muerte, que eran centrales en la cosmología sumeria.

La presencia de múltiples Anunnakis en el inframundo subraya la importancia de este reino en la mitología sumeria. El inframundo no era simplemente un lugar de sombras y sufrimiento; era un espacio cuidadosamente administrado por las deidades, donde las almas eran tratadas de acuerdo con las leyes divinas. Estos dioses, con Ereshkigal a la cabeza, aseguraban que el inframundo fuera un lugar de orden y equilibrio, reflejando la estructura jerárquica del cosmos en general.

Los Anunnakis que gobernaban el inframundo desempeñaban roles vitales en la cosmología sumeria. A través de figuras como Nergal, Namtar y Geshtinanna, los sumerios expresaban su comprensión de la muerte como una fuerza inevitable pero ordenada, controlada por los dioses para asegurar el equilibrio cósmico. Estos dioses no solo representaban la muerte y el sufrimiento, sino también la continuidad de los ciclos naturales y el mantenimiento del orden en todos los niveles del cosmos, desde la vida terrenal hasta la existencia en el inframundo.

La relación entre los Anunnakis y el más allá en la mitología sumeria es fundamental para entender cómo los sumerios concebían la vida después de la muerte y el papel de las deidades en la gestión de las almas. Para los sumerios, los Anunnakis no solo eran responsables de la creación y el mantenimiento del mundo visible, sino también de lo que ocurría después de la muerte, cuando las almas pasaban al inframundo y entraban en el reino de Ereshkigal y otros dioses del inframundo.

A diferencia de otras religiones antiguas, los sumerios no tenían una noción clara de un paraíso o infierno en el sentido moralista que conocemos en las religiones abrahámicas. El inframundo sumerio, Kur, era un lugar sombrío y desolado donde todos los muertos, independientemente de su comportamiento en vida, acababan. Este concepto refleja una visión pesimista y fatalista de la muerte, en la que la recompensa o el castigo no eran determinantes del destino final de las almas. En este sentido, los Anunnakis relacionados con el inframundo no eran jueces que distribuían recompensas o castigos, sino más bien administradores del ciclo natural de la vida y la muerte.

Los mitos que describen la relación entre los Anunnakis y el más allá muestran cómo los dioses supervisaban de cerca el destino de los muertos. Uno de los mitos más representativos es el ya mencionado descenso de Inanna al inframundo. Inanna, la diosa del amor y la guerra, desciende al inframundo para enfrentarse a su hermana Ereshkigal y, en última instancia, muere en el proceso. Este mito, además de resaltar la inviolabilidad del inframundo, también simboliza la relación entre la vida y la muerte y el poder absoluto que los Anunnakis ejercen sobre ambos. A través de su interacción con el más allá, los Anunnakis aseguran que el equilibrio cósmico se mantenga, controlando no solo el mundo de los vivos, sino también el destino de las almas en el inframundo.

El ciclo agrícola y el cambio de estaciones también estaban profundamente ligados a las creencias sobre el más allá y la influencia de los Anunnakis. El mito de Dumuzi, dios de la vegetación, refleja esta conexión. Según la leyenda, Dumuzi es enviado al inframundo durante una parte del año, simbolizando la muerte de la vegetación durante el invierno. Su eventual regreso al mundo de los vivos marca la renovación de la vida en la primavera, un ciclo que los sumerios creían que estaba controlado por los Anunnakis. Este mito muestra que los dioses no solo gobernaban el inframundo, sino que también supervisaban los ciclos naturales que conectaban la vida, la muerte y el renacimiento.

El papel de los Anunnakis en el más allá también tenía una dimensión ritual importante. Los sumerios creían que las ofrendas a los muertos eran esenciales para asegurar una transición pacífica al inframundo y mantener el favor de los dioses. Los templos dedicados a los Anunnakis a menudo incluían rituales para los muertos, en los que se hacían ofrendas a las almas de los antepasados para apaciguar a los dioses del inframundo. Estos rituales no solo eran un acto de devoción a los dioses, sino también una forma de asegurar que las almas no perturbaran a los vivos y que los Anunnakis continuaran manteniendo el equilibrio entre el mundo de los vivos y los muertos.

La relación entre los Anunnakis y el más allá es un aspecto crucial de la cosmología sumeria. A través de su control sobre el inframundo, los Anunnakis no solo administraban el destino de las almas, sino que también aseguraban que los ciclos naturales de la vida y la muerte se mantuvieran en equilibrio. Los mitos y rituales asociados con los Anunnakis y el más allá muestran cómo los sumerios concebían la muerte como una parte inevitable del ciclo cósmico, supervisada por deidades poderosas que aseguraban que el destino de las almas siguiera las leyes divinas.

Los mitos sumerios sobre la vida y la muerte están estrechamente vinculados con las deidades Anunnakis y reflejan las creencias fundamentales de la civilización sumeria acerca de la existencia humana y su relación con lo divino. En estos relatos, la muerte no era vista como el fin, sino como una parte inevitable del ciclo natural, un concepto profundamente entrelazado con la agricultura, los ciclos de la naturaleza y el destino ineludible de la humanidad.

Uno de los mitos clave que explora esta dualidad es el relato de Dumuzi e Inanna. Como dios de la vegetación y la fertilidad, Dumuzi está destinado a pasar una parte del año en el inframundo, lo que corresponde a la muerte de las cosechas durante el invierno. Su regreso del inframundo marca el renacimiento de la vida en primavera, simbolizando el ciclo interminable de la vida, la muerte y la renovación. En este mito, los Anunnakis no solo controlan el inframundo, sino también los ciclos naturales que definen la existencia humana. La muerte de Dumuzi y su eventual resurrección muestran que la vida y la muerte son fases complementarias del mismo ciclo cósmico.

El mito del descenso de Inanna también es clave para entender las creencias sumerias sobre la muerte. Inanna, la diosa del amor, la fertilidad y la guerra, decide descender al inframundo para enfrentarse a su hermana Ereshkigal, la diosa de la muerte. Sin embargo, su intento de conquistar el inframundo fracasa, y ella misma muere en el proceso. Solo después de la intervención del dios Enki, Inanna es resucitada y permitida regresar a la tierra de los vivos. Este mito no solo destaca el poder de Ereshkigal y el inframundo, sino también la inevitabilidad de la muerte incluso para los dioses. La muerte de Inanna y su resurrección son un recordatorio de que, aunque la muerte es una parte esencial de la existencia, también hay esperanza de renacimiento.

El mito de Gilgamesh, aunque no está centrado directamente en los Anunnakis, también ofrece una profunda reflexión sobre la vida y la muerte en la cultura sumeria. En su búsqueda de la inmortalidad, Gilgamesh, el gran rey de Uruk, se enfrenta a la realidad de la muerte tras la muerte de su amigo Enkidu. Gilgamesh busca desesperadamente una manera de evitar su propio fin, pero finalmente aprende que la muerte es un destino inevitable, incluso para los héroes más grandes. Este mito refleja la visión sumeria de la mortalidad: aunque los humanos pueden buscar trascender la muerte, al final, todos están sujetos a las mismas leyes cósmicas controladas por los dioses.

Los mitos sumerios sobre la vida y la muerte también influyen en las prácticas funerarias y en las creencias sobre el más allá. Los sumerios creían que, para asegurar una transición pacífica al inframundo, los muertos debían recibir un entierro adecuado y ofrendas regulares para mantenerlos en buenas relaciones con los dioses del inframundo. Se realizaban rituales funerarios elaborados que incluían ofrendas de alimentos, bebidas y otros bienes para garantizar que las almas de los difuntos fueran aceptadas en Kur, el reino de los muertos. Estas prácticas reflejan la profunda creencia sumeria en la continuidad de la vida después de la muerte y el control que los dioses, especialmente los Anunnakis, ejercían sobre el destino de las almas.

Los mitos sumerios sobre la vida y la muerte, centrados en figuras como Dumuzi, Inanna y Gilgamesh, ilustran la visión cíclica de la existencia humana que estaba en el corazón de la religión sumeria. Los Anunnakis, como dioses que gobernaban tanto el mundo de los vivos como el de los muertos, desempeñaban un papel central en estos relatos, asegurando que el ciclo cósmico continuara y que la humanidad aceptara su lugar en el gran esquema del universo. Estos mitos, que exploran tanto el temor como la aceptación de la muerte, ofrecen una perspectiva profunda sobre cómo los sumerios comprendían su relación con los dioses y con el destino inevitable de la vida.

A lo largo de los siglos, la mitología del inframundo sumerio ha fascinado a estudiosos y esoteristas, que han buscado en sus relatos no solo la explicación de la muerte, sino también un significado más profundo relacionado con el alma, la espiritualidad y la trascendencia. En las interpretaciones esotéricas modernas, el inframundo sumerio, Kur, no es solo un lugar físico donde las almas descansan, sino un símbolo de la transformación espiritual y el viaje interior.

Una de las claves de estas interpretaciones esotéricas es el mito del descenso de Inanna, que se ha reinterpretado como un arquetipo del viaje del alma hacia el autoconocimiento y la iluminación. El descenso de Inanna al inframundo y su enfrentamiento con Ereshkigal es visto como un proceso de despojo espiritual, en el que la diosa abandona gradualmente todos los símbolos externos de poder y se enfrenta a la muerte, solo para resurgir transformada. Este mito es interpretado como una metáfora del renacimiento espiritual, en el que el individuo debe "morir" a su yo egoico para renacer a una conciencia más elevada. El mito de Inanna, desde esta perspectiva esotérica, representa un viaje iniciático que todos los seres humanos pueden emprender en su búsqueda de iluminación.

Además, el inframundo sumerio ha sido visto en el contexto esotérico como un lugar de iniciación y prueba. El viaje de las almas al inframundo no es solo una transición pasiva hacia la muerte, sino un proceso activo de purificación y crecimiento espiritual. En estas interpretaciones, el inframundo, gobernado por los Anunnakis, es un reino en el que las almas deben enfrentar las sombras de su existencia terrenal y, a través de este enfrentamiento, alcanzar una mayor comprensión de su verdadera naturaleza. Los Anunnakis, en este sentido, actúan no solo como jueces, sino también como guías espirituales que ayudan a las almas en su evolución.

La figura de Ereshkigal, la diosa del inframundo, ha sido revalorizada en el esoterismo moderno como un símbolo del poder transformador de lo femenino oscuro. En las tradiciones esotéricas, lo "oscuro" no es visto necesariamente como negativo, sino como una parte esencial del proceso de crecimiento espiritual. Ereshkigal, como gobernante del inframundo, representa el aspecto oculto y desconocido del alma, que debe ser enfrentado y aceptado para lograr la plena integración del ser. Su relación con Inanna simboliza el equilibrio entre la vida y la muerte, lo consciente y lo inconsciente, y la necesidad de abrazar ambas facetas para alcanzar la totalidad.

Desde una perspectiva esotérica, los rituales sumerios asociados con el inframundo también han sido reinterpretados como prácticas de conexión con las energías ocultas y las fuerzas cósmicas. Los templos dedicados a los Anunnakis y los rituales funerarios no solo eran actos de devoción religiosa, sino también medios para sintonizar con las corrientes energéticas del universo. Los esoteristas ven en estos rituales una forma de interactuar con los ciclos de vida, muerte y renacimiento, reflejando un profundo conocimiento de las fuerzas cósmicas que los Anunnakis representaban.

Las interpretaciones esotéricas del inframundo sumerio ofrecen una visión rica y simbólica de la muerte y la transformación espiritual. A través de figuras como Inanna, Ereshkigal y los Anunnakis, los mitos del inframundo se han reinterpretado como guías para el viaje interior, donde el enfrentamiento con la muerte y la oscuridad es visto como un paso necesario hacia la iluminación y la trascendencia. Estas interpretaciones continúan inspirando a aquellos que buscan comprender no solo el inframundo sumerio, sino también los misterios más profundos del alma humana y su conexión con el cosmos.

Capítulo 16
El Poder Político y Militar

En la civilización sumeria, los Anunnakis no solo eran deidades responsables del equilibrio cósmico y la naturaleza, sino que también ejercían una influencia crucial en la organización política de los reinos sumerios. Los sumerios creían que los Anunnakis eran los guardianes del orden social y los protectores de las dinastías reales, quienes gobernaban bajo la autoridad divina conferida por estas poderosas deidades. Este vínculo entre los dioses y los reyes era un aspecto central de la legitimidad política en Sumeria, y aseguraba que los gobernantes mantuvieran su poder como representantes de los Anunnakis en la Tierra.

Uno de los aspectos más importantes del poder político de los Anunnakis era su conexión con la figura del rey. El monarca sumerio era considerado un intermediario entre los dioses y los humanos, y su autoridad provenía directamente de los Anunnakis. Este mandato divino se conocía como el "kingship", un concepto sagrado que justificaba el gobierno del rey. Se creía que los Anunnakis elegían a los reyes para mantener el orden en la Tierra, y la estabilidad del reino dependía de la obediencia del monarca a los deseos divinos. El hecho de que los Anunnakis dieran su favor al rey era esencial para la paz y la prosperidad del reino, y los rituales regulares aseguraban que este vínculo sagrado se mantuviera.

Los Anunnakis también eran vistos como los guardianes de la ley y el orden, protegiendo a las ciudades-estado sumerias de la anarquía y el caos. Los templos dedicados a los Anunnakis no solo servían como centros religiosos, sino también como centros de administración política. Los sacerdotes, que actuaban como intermediarios entre los dioses y los reyes, interpretaban los deseos de los Anunnakis y proporcionaban orientación a los gobernantes en asuntos cruciales. El poder del templo, por lo tanto, estaba estrechamente vinculado al poder político, y las decisiones importantes, como guerras o tratados, se tomaban con la consulta a los Anunnakis a través de los sacerdotes.

Un ejemplo notable de esta conexión entre los Anunnakis y la realeza se encuentra en la Lista Real Sumeria, un documento que describe la sucesión de los reyes en la antigua Sumeria. Según este texto, la realeza era un don de los dioses, y los Anunnakis decidían quién debía gobernar. Los reyes mencionados en la lista no solo eran gobernantes humanos, sino también figuras míticas como Gilgamesh, quienes habían sido bendecidos con un mandato divino para gobernar y proteger a sus ciudades. Este texto ilustra cómo los Anunnakis no solo otorgaban poder a los reyes, sino que también eran responsables de la continuidad de la dinastía.

La influencia política de los Anunnakis también se manifestaba en la construcción de templos y monumentos que afirmaban el poder del rey y su relación con los dioses. Los templos dedicados a los Anunnakis servían como símbolos del poder real y de la protección divina que garantizaba la estabilidad del reino. El rey a menudo patrocinaba la construcción de estos templos como una forma de demostrar su devoción a los dioses y asegurar su favor continuo. Estas construcciones no solo fortalecían la autoridad del rey, sino que también recordaban a los ciudadanos la presencia constante de los Anunnakis en la vida política de la ciudad.

Además, los reyes sumerios llevaban a cabo rituales anuales, como el Festival de Año Nuevo, en el que renovaban su pacto con los Anunnakis y recibían su bendición para el año venidero. Durante estos rituales, el rey realizaba sacrificios y ofrendas a los dioses, reafirmando su papel como líder elegido por los Anunnakis y garante del bienestar de su pueblo. Este tipo de ceremonias subrayaban la importancia del vínculo entre lo político y lo religioso, y aseguraban que los reinos sumerios siguieran funcionando bajo la protección divina de los Anunnakis.

Los Anunnakis no solo eran deidades cósmicas y naturales, sino también figuras centrales en la legitimación del poder político en Sumeria. A través de su bendición y guía, los reyes mantenían su autoridad, y las instituciones religiosas y políticas se entrelazaban en un sistema que aseguraba la estabilidad y el orden en las ciudades-estado sumerias. La influencia de los Anunnakis en el ámbito político era fundamental para la estructura de poder en Sumeria, donde la realeza y la religión coexistían bajo la supervisión de estas poderosas deidades.

En la antigua Sumeria, los Anunnakis también ocupaban un lugar destacado en el ámbito militar, siendo vistos como líderes divinos que protegían y guiaban a los ejércitos sumerios en las batallas. La guerra, como uno de los aspectos más importantes de la vida política y social de Sumeria, estaba directamente vinculada a la voluntad de los dioses, y se creía que los Anunnakis intervenían activamente en los conflictos para asegurar la victoria de aquellos que gozaban de su favor. Los reyes sumerios, al igual que en sus funciones políticas, actuaban como representantes de los Anunnakis en el campo de batalla, liderando a sus tropas con la creencia de que los dioses estaban de su lado.

Uno de los principales Anunnakis asociados con el poder militar era Enlil, el dios del aire y de la autoridad, quien también era responsable de otorgar la victoria en las guerras. Enlil, como dios supremo en algunos textos, era visto como el protector de las ciudades y el encargado de garantizar que el orden divino prevaleciera sobre el caos. Los reyes sumerios, antes de embarcarse en una campaña militar, a menudo consultaban a los sacerdotes de Enlil para asegurar que contaban con su aprobación. La victoria en el campo de batalla no solo era un logro militar, sino también una señal de que el rey había sido bendecido por los Anunnakis y que su mandato era justo.

Además de Enlil, otras deidades Anunnakis, como Ninurta, jugaban un papel central en los conflictos militares. Ninurta, hijo de Enlil, era conocido como el dios de la guerra y de la caza, y su papel como protector militar era vital para las ciudades sumerias. Según los mitos, Ninurta había derrotado a los demonios y las fuerzas del caos en una serie de batallas cósmicas, asegurando la estabilidad del cosmos y protegiendo a los humanos. Estas victorias divinas eran celebradas en la cultura sumeria como un reflejo de la capacidad de los Anunnakis para vencer a cualquier amenaza, y su ejemplo inspiraba a los reyes y generales sumerios en sus propias batallas.

La guerra en Sumeria no se consideraba simplemente un conflicto humano; era vista como una extensión de las luchas cósmicas entre el orden y el caos. Los Anunnakis, al ser los guardianes del orden cósmico, actuaban como protectores de los ejércitos que luchaban por mantener ese orden en la Tierra. Los soldados sumerios creían que al seguir las instrucciones de sus líderes y honrar a los dioses con sacrificios antes de la batalla, podían contar con la ayuda divina para derrotar a sus enemigos. Esta creencia se reforzaba a través de rituales militares, en los que se invocaba la protección de los Anunnakis antes de cada campaña.

Otro aspecto importante del papel de los Anunnakis en la guerra era su intervención directa en los conflictos. Los relatos mitológicos sumerios incluyen episodios en los que los Anunnakis descienden a la Tierra para luchar junto a los humanos o para castigar a aquellos que se atreven a desafiar su autoridad. En muchos de estos mitos, los Anunnakis utilizan fuerzas naturales, como tormentas o terremotos, para derrotar a los enemigos de sus adoradores. Este tipo de intervención divina subraya la idea de que los Anunnakis no solo observaban los conflictos desde el cielo, sino que también participaban activamente en ellos, asegurando la victoria de sus seguidores.

La construcción de templos y monumentos dedicados a los Anunnakis después de una victoria militar también refleja la importancia de estos dioses en la guerra. Los reyes sumerios, al regresar triunfantes de una campaña, a menudo dedicaban sus victorias a los Anunnakis, ofreciendo grandes sacrificios y construyendo monumentos en su honor. Estos actos no solo demostraban la gratitud del rey, sino que también reforzaban su legitimidad como líder bendecido por los dioses. El apoyo de los Anunnakis en la guerra no solo garantizaba la victoria, sino que también consolidaba la posición del rey en el poder.

Los Anunnakis eran vistos como líderes militares divinos que guiaban y protegían a los ejércitos sumerios en sus batallas. A través de su intervención en los conflictos y su apoyo a los reyes, los Anunnakis aseguraban que el orden cósmico prevaleciera tanto en la guerra como en la política. La victoria militar, para los sumerios, no era simplemente un logro humano, sino una señal del favor divino, y los reyes sumerios dependían de los Anunnakis para asegurar su éxito en el campo de batalla. Esta relación entre los dioses y la guerra era fundamental para la estructura militar y política de Sumeria, donde los Anunnakis ocupaban un lugar central en el mantenimiento del orden y la estabilidad.

Las batallas mitológicas que involucraban a los Anunnakis son algunos de los relatos más poderosos y emblemáticos de la mitología sumeria. Estas historias no solo describen enfrentamientos cósmicos entre fuerzas del orden y el caos, sino que también reflejan la importancia de los Anunnakis como protectores del equilibrio universal y del bienestar humano. A través de estos relatos, los sumerios explicaban no solo los orígenes del conflicto en el cosmos, sino también cómo los dioses garantizaban la estabilidad a través de la guerra y la destrucción de las fuerzas del mal.

Uno de los mitos más conocidos que involucra a los Anunnakis es el Mito de Ninurta y el Pájaro Anzud. En este relato, Ninurta, el dios de la guerra y la caza, se enfrenta a Anzud, un pájaro demoníaco que roba las tablillas del destino, que contenían el poder sobre el cosmos. Al hacerse con estas tablillas, Anzud pone en peligro el orden cósmico, causando el caos en el mundo de los dioses y los humanos. Ninurta, como campeón de los Anunnakis y protector del orden, emprende una campaña para recuperar las tablillas y derrotar a Anzud. Después de una feroz batalla, Ninurta derrota al demonio y devuelve las tablillas a su lugar legítimo, restaurando la paz y la estabilidad en el universo.

Este mito destaca la importancia de los Anunnakis en la lucha contra las fuerzas del caos. La figura de Ninurta como un héroe guerrero simboliza el papel de los dioses en la protección del cosmos, y su victoria contra Anzud representa la capacidad de los Anunnakis para restaurar el equilibrio a través de la fuerza y la destrucción de las amenazas. Además, la recuperación de las tablillas del destino subraya la idea de que el poder de los Anunnakis no solo reside en la fuerza física, sino también en su control sobre las leyes cósmicas y el destino de todas las criaturas.

Otro mito importante es el relato de Enlil y las fuerzas del caos, en el que Enlil, como dios del aire y la autoridad, se enfrenta a una serie de amenazas cósmicas que buscan destruir el orden divino. En estos relatos, Enlil no solo lidera a los otros dioses en la batalla contra demonios y monstruos, sino que también utiliza su poder para controlar las fuerzas de la naturaleza, como las tormentas y los terremotos, para someter a los enemigos del orden. La figura de Enlil como líder militar y protector de la creación es central en la mitología sumeria, y su papel en estas batallas mitológicas refuerza la idea de que los Anunnakis no solo son deidades pasivas, sino actores activos en la defensa del universo.

Otro ejemplo notable es el mito de Marduk, un dios que en versiones posteriores del panteón sumerio-babilónico, también es considerado parte de los Anunnakis. En el Mito de la Creación babilónica, Marduk lucha contra Tiamat, una diosa primordial que representa el caos. Marduk, elegido por los dioses para enfrentarse a Tiamat, vence en una batalla épica y usa su cuerpo para crear el cielo y la tierra. Esta historia, aunque de origen babilónico, comparte muchos temas con los mitos sumerios, incluidos el conflicto entre el caos y el orden, y el papel de los dioses como guerreros que protegen el cosmos.

Estas batallas míticas no solo eran relatos entretenidos, sino que tenían un profundo significado simbólico para los sumerios. Representaban la lucha constante entre el orden y el caos, un tema recurrente en la mitología de muchas culturas antiguas. Los Anunnakis, como defensores del orden cósmico, eran los encargados de enfrentar y derrotar a las fuerzas que amenazaban con sumir al mundo en el caos. Para los sumerios, estos relatos también justificaban la violencia y la guerra en el mundo humano, ya que reflejaban las batallas divinas que se libraban en el cielo.

Las batallas mitológicas lideradas por los Anunnakis son una parte esencial de la mitología sumeria, destacando el papel de estos dioses como protectores del orden cósmico y defensores contra las fuerzas del caos. A través de relatos como los de Ninurta, Enlil y Marduk, los sumerios encontraban una justificación divina para los conflictos terrestres y una representación simbólica de las luchas que enfrentaban en sus propias vidas. Estas historias no solo explicaban el origen del conflicto en el cosmos, sino que también proporcionaban un modelo de cómo los dioses intervenían en los asuntos humanos para garantizar la estabilidad y el equilibrio.

Los Anunnakis desempeñaban un papel central en la protección de las ciudades sumerias, y cada ciudad importante de Sumeria contaba con uno o varios dioses patronos, que pertenecían al grupo de los Anunnakis, encargados de velar por su bienestar y defenderlas de cualquier amenaza. Estas deidades no solo ofrecían protección física contra enemigos externos, sino que también garantizaban la prosperidad de las ciudades mediante la supervisión de sus recursos, la fertilidad de sus tierras y la estabilidad política.

Una de las ciudades más importantes, Nippur, estaba bajo la protección de Enlil, el dios del aire y la autoridad. Como centro religioso de Sumeria, Nippur no era solo un lugar de culto, sino también el hogar simbólico de Enlil, quien se consideraba protector no solo de la ciudad, sino de toda la civilización sumeria. Los templos dedicados a Enlil eran puntos focales donde los sacerdotes realizaban rituales para asegurar su favor continuo, y la seguridad de Nippur dependía directamente de su relación con este poderoso dios. La importancia de Enlil en la protección de Nippur refleja cómo los Anunnakis no solo controlaban los elementos naturales, sino que también defendían activamente las ciudades que estaban bajo su amparo.

Otra ciudad clave, Eridu, estaba bajo la protección de Enki, el dios de la sabiduría y del agua. Enki, como patrón de la ciudad más antigua de Sumeria, tenía la responsabilidad de garantizar que las aguas de los ríos Eufrates y Tigris fluyeran adecuadamente para irrigar las tierras agrícolas y mantener la vida en la región. Además de su papel como protector de los recursos naturales, Enki también era visto como un mediador entre los humanos y los dioses, asegurando que las ciudades prosperaran bajo la protección divina de los Anunnakis.

El culto a los dioses protectores también era visible en la ciudad de Ur, cuyo dios patrono era Nanna (también conocido como Sin), el dios de la luna. Como deidad que controlaba los ciclos lunares, Nanna era responsable no solo de regular el paso del tiempo, sino también de asegurar el orden en el reino. Su presencia en Ur era un símbolo de estabilidad y protección, y los ciudadanos dependían de su favor para garantizar el bienestar de la ciudad. Los templos dedicados a Nanna, como el gran zigurat de Ur, eran lugares donde los sacerdotes y los reyes realizaban rituales para asegurar la protección divina y el éxito en sus empresas.

En tiempos de crisis, los reyes sumerios acudían a los templos de los Anunnakis en busca de orientación y protección. Los sacerdotes, como intermediarios entre los dioses y los humanos, llevaban a cabo rituales y sacrificios para apaciguar a los Anunnakis y obtener su ayuda. Se creía que los Anunnakis podían intervenir directamente en los asuntos humanos para proteger a las ciudades de invasiones o desastres naturales. Los reyes, al depender de los Anunnakis para mantener la seguridad de sus ciudades, reforzaban su legitimidad política y consolidaban su papel como representantes de los dioses en la Tierra.

Además de ofrecer protección contra las amenazas externas, los Anunnakis también protegían el bienestar interno de las ciudades. Esto incluía asegurar la fertilidad de las tierras agrícolas, la abundancia de las cosechas y la prosperidad de los ciudadanos. Los sumerios creían que si los Anunnakis no eran adecuadamente venerados, podrían retirar su protección, lo que resultaría en calamidades como sequías, hambrunas o epidemias. Por lo tanto, el culto a los Anunnakis era esencial para mantener la prosperidad de las ciudades y garantizar la estabilidad social y política.

Los Anunnakis desempeñaban un papel vital en la protección de las ciudades sumerias, actuando como guardianes divinos que no solo defendían a las ciudades de amenazas externas, sino que también aseguraban su prosperidad y estabilidad. A través de su presencia en los templos y su intervención en los asuntos humanos, los Anunnakis garantizaban que las ciudades sumerias florecieran bajo su protección. La devoción a los Anunnakis no solo era una cuestión de fe religiosa, sino también una forma de asegurar la seguridad y el bienestar de las ciudades en un mundo donde la supervivencia dependía de la voluntad de los dioses.

La guerra, tanto en el ámbito divino como en el humano, era un tema recurrente en la mitología sumeria, y los Anunnakis, como dioses encargados de mantener el orden en el cosmos, desempeñaban un papel central en estos conflictos. Las batallas divinas entre los Anunnakis y las fuerzas del caos no solo representaban el eterno enfrentamiento entre el orden y el desorden, sino que también tenían un impacto directo en la humanidad, que dependía del favor de los dioses para sobrevivir y prosperar.

En la mitología sumeria, las guerras divinas no eran meros enfrentamientos abstractos; tenían implicaciones concretas para los humanos, ya que los dioses que triunfaban en estas batallas determinaban el destino de las ciudades y sus habitantes. La victoria de los Anunnakis sobre las fuerzas del caos simbolizaba la capacidad de los dioses para mantener el equilibrio en el cosmos y, por extensión, en la vida humana. Cuando los Anunnakis triunfaban, el orden prevalecía y la prosperidad reinaba en la Tierra; cuando las fuerzas del caos amenazaban con tomar el control, la humanidad sufría las consecuencias, como guerras, desastres naturales y hambrunas.

El impacto de la guerra divina en la humanidad también se reflejaba en la forma en que los sumerios concebían sus propios conflictos. Las guerras humanas eran vistas como un reflejo de las batallas cósmicas que se libraban en el cielo, y los reyes sumerios creían que sus victorias en el campo de batalla eran una manifestación del favor divino. Los ejércitos sumerios, al igual que los dioses, luchaban para mantener el orden y proteger a sus ciudades de las fuerzas del caos, que en el mundo terrenal tomaban la forma de invasores extranjeros, rebeldes o desastres naturales. Los rituales previos a la guerra, en los que se ofrecían sacrificios y oraciones a los Anunnakis, eran una forma de asegurar que los dioses respaldaran los esfuerzos militares y garantizaran la victoria.

Los mitos sumerios también muestran cómo los Anunnakis intervenían directamente en las guerras humanas para favorecer a un bando o castigar a otro. En muchos relatos, los dioses tomaban partido en los conflictos humanos, otorgando su protección a los ejércitos que seguían sus mandatos y castigando a aquellos que los desobedecían. Estos mitos no solo justificaban la guerra desde una perspectiva divina, sino que también reforzaban la idea de que el poder militar y político dependía del favor de los dioses. Los reyes sumerios, al considerarse elegidos por los Anunnakis, creían que sus campañas militares eran una extensión de las batallas cósmicas que los dioses libraban en los cielos.

Además, la guerra divina y su impacto en la humanidad no se limitaba al campo de batalla. Los sumerios también creían que los conflictos entre los dioses podían afectar directamente el clima, las cosechas y la salud de las personas. Si los dioses no estaban en armonía, la Tierra podía sufrir las consecuencias, como sequías, plagas o inundaciones. Por lo tanto, los sumerios realizaban rituales no solo para apaciguar a los dioses antes de la guerra, sino también para restaurar el equilibrio después de los conflictos. Estos rituales incluían sacrificios y ofrendas a los

Anunnakis, con la esperanza de que los dioses restauraran la paz y aseguraran la estabilidad en la Tierra.

La guerra divina en la mitología sumeria tenía un impacto directo y profundo en la humanidad. Los Anunnakis, como guardianes del orden cósmico, no solo luchaban en el cielo para mantener el equilibrio, sino que también intervenían en los conflictos humanos para asegurar que el orden prevaleciera en la Tierra. Las batallas divinas y humanas estaban intrínsecamente conectadas, y la supervivencia de las ciudades sumerias dependía del favor de los dioses en estas luchas cósmicas. A través de sus victorias en la guerra divina, los Anunnakis garantizaban que la humanidad continuara prosperando bajo su protección.

Capítulo 17
La Manipulación del Tiempo

El concepto del tiempo en la mitología sumeria está profundamente vinculado a las creencias religiosas y al papel de los Anunnakis en la creación y el control del cosmos. Para los sumerios, el tiempo no era solo una medida abstracta del paso de los días, sino una fuerza viva, regulada y administrada por los dioses. Esta concepción del tiempo estaba estrechamente ligada a los ciclos naturales, como el día y la noche, las estaciones y los ciclos lunares, todos los cuales estaban bajo la influencia de los dioses, en particular de los Anunnakis.

En la cosmología sumeria, los dioses no solo crearon el mundo, sino también el tiempo. Los Anunnakis, en su rol como deidades encargadas de mantener el orden cósmico, también eran responsables de regular el flujo del tiempo. El tiempo, tal como lo entendían los sumerios, no era lineal; estaba organizado en ciclos que se repetían una y otra vez, reflejando el orden divino que los dioses habían impuesto al universo. Estos ciclos incluían tanto el paso de las estaciones como los ciclos de vida y muerte que afectaban a todos los seres vivos, desde los humanos hasta las plantas y animales.

Uno de los ejemplos más claros de la relación entre los Anunnakis y el tiempo es la veneración a Nanna, el dios de la luna. Nanna, uno de los principales Anunnakis, gobernaba los ciclos lunares, que a su vez regulaban el calendario sumerio. Los ciclos lunares eran cruciales para determinar los tiempos de cosecha, los festivales religiosos y los rituales dedicados a los dioses. Se creía que Nanna supervisaba cada fase de la luna, y que su influencia afectaba directamente la vida cotidiana de los sumerios. El poder de Nanna sobre el tiempo lunar subraya cómo los sumerios vinculaban el paso del tiempo con las fuerzas divinas.

Además de los ciclos lunares, los sumerios también observaban atentamente los movimientos de los planetas y las estrellas, que consideraban manifestaciones del orden divino en el cosmos. Estos cuerpos celestes eran vistos como señales de los dioses, y sus posiciones en el cielo se interpretaban como mensajes sobre el futuro. Los sacerdotes sumerios, que actuaban como intérpretes de los dioses, registraban los ciclos astronómicos y utilizaban sus observaciones para predecir eventos futuros y establecer los momentos adecuados para los rituales. El conocimiento del tiempo astronómico era visto como un regalo de los Anunnakis, quienes, desde su posición en el cielo, controlaban el destino de los humanos.

El tiempo en la mitología sumeria también estaba relacionado con el concepto de destino. Los sumerios creían que los Anunnakis eran los guardianes del destino, y que ellos tenían el poder de determinar el curso de la historia humana. Este destino estaba inscrito en las tablillas del destino, unos objetos sagrados que contenían los decretos divinos sobre el futuro. En muchos mitos, estas tablillas eran robadas o perdidas, causando el caos en el mundo hasta que los dioses las recuperaban. El control de los Anunnakis sobre las tablillas del destino refleja la idea de que, aunque los humanos vivían en un mundo de ciclos repetitivos, el destino individual de cada persona estaba en manos de los dioses.

Otro aspecto importante del tiempo en la mitología sumeria es el concepto de renovación. Cada año, los sumerios celebraban el Festival de Año Nuevo, que marcaba el inicio de un nuevo ciclo anual. Durante este festival, los dioses, en particular los Anunnakis, renovaban su pacto con los humanos, asegurando la continuidad de la vida y la fertilidad de la tierra para el año venidero. Este festival no solo celebraba el paso del tiempo, sino también la renovación de los lazos entre los dioses y la humanidad. Los Anunnakis, como guardianes del tiempo, garantizaban que los ciclos de la naturaleza se mantuvieran en equilibrio y que la vida continuara de acuerdo con el plan divino.

El tiempo en la mitología sumeria no era un concepto abstracto, sino una fuerza viva controlada por los Anunnakis. A través de su poder sobre los ciclos lunares, astronómicos y naturales, los Anunnakis regulaban el flujo del tiempo y el destino de la humanidad. Los sumerios veían el tiempo como un ciclo continuo que reflejaba el orden cósmico, y los Anunnakis, como guardianes de este orden, eran responsables de garantizar que el tiempo siguiera su curso según las leyes divinas. El control del tiempo, para los sumerios, era uno de los muchos aspectos del poder absoluto de los Anunnakis sobre el universo.

En la mitología sumeria, el control del destino era uno de los aspectos más importantes del poder de los Anunnakis. Los sumerios creían que el destino de los seres humanos y de las ciudades-estado estaba decidido por los dioses y, en particular, por los Anunnakis, quienes actuaban como los guardianes del destino cósmico. Esta concepción del destino no solo determinaba el curso de la vida humana, sino también el orden del cosmos y el funcionamiento del universo.

El destino, en la mitología sumeria, no era visto como algo que los humanos pudieran cambiar o evitar. Los sumerios creían que los Anunnakis habían decretado el destino de todas las cosas en las tablillas del destino, unos objetos sagrados que contenían las decisiones de los dioses sobre el futuro. Estas tablillas eran símbolos de la autoridad divina y estaban en posesión de los dioses supremos, quienes controlaban el destino de todas las criaturas. Los mitos sumerios relatan cómo, en varias ocasiones, las tablillas del destino eran robadas por fuerzas del caos, causando la confusión y el desorden en el universo hasta que los dioses recuperaban el control.

Uno de los mitos más importantes que ilustra el control de los Anunnakis sobre el destino es el mito de Ninurta y las tablillas del destino. En este relato, el dios Ninurta, un guerrero Anunnaki, debe recuperar las tablillas del destino que han sido robadas por el pájaro demoníaco Anzud. El robo de estas tablillas provoca el caos en el mundo, ya que sin ellas, el destino no puede ser controlado ni por los dioses ni por los humanos. A través de la intervención heroica de Ninurta, las tablillas son recuperadas, y el orden y el destino del universo son restaurados. Este mito subraya la importancia de las tablillas como símbolos del poder divino sobre el tiempo y el destino, y destaca el papel de los Anunnakis como guardianes de este poder.

El control de los Anunnakis sobre el destino no se limitaba a los individuos; también se extendía a las ciudades y reinos. Los sumerios creían que los dioses decidían el destino de las ciudades-estado y de sus reyes, determinando cuándo una ciudad debía prosperar y cuándo debía caer. Este control divino sobre el destino de las ciudades se reflejaba en los rituales religiosos, en los que los reyes sumerios ofrecían sacrificios a los Anunnakis para asegurar el favor divino y, por lo tanto, un destino favorable para su reino. Los reyes no solo gobernaban sus ciudades, sino que también actuaban como intermediarios entre los dioses y sus súbditos, garantizando que el destino decidido por los Anunnakis se cumpliera.

El destino también tenía un aspecto personal para los sumerios. Se creía que cada individuo tenía un destino que había sido decretado por los dioses al nacer. Los sumerios no veían el destino como algo que pudiera cambiarse a través de las acciones humanas; más bien, creían que el destino estaba predeterminado y que los humanos debían aceptarlo como parte del plan divino. Sin embargo, a pesar de esta visión fatalista, los sumerios también creían que era posible apaciguar a los dioses a través de la devoción y los sacrificios, con la esperanza de que los Anunnakis otorgaran bendiciones o alivio en tiempos de dificultad.

Otro aspecto clave del control de los Anunnakis sobre el destino era la noción de ciclos cósmicos. Los sumerios creían que el destino no solo afectaba a los individuos y las ciudades, sino también al curso general de la historia. Según esta concepción, los Anunnakis no solo controlaban el destino en un momento dado, sino que también regulaban los ciclos del tiempo y los eventos que se repetían en la historia. Estos ciclos, como los ciclos naturales y astronómicos, estaban bajo el control de los Anunnakis, quienes aseguraban que el orden cósmico se mantuviera a lo largo del tiempo.

Los Anunnakis eran vistos como los guardianes y controladores del destino en la mitología sumeria. A través de su posesión de las tablillas del destino, los Anunnakis determinaban el curso de la vida humana y el funcionamiento del universo. Los reyes y los ciudadanos sumerios dependían de los Anunnakis para asegurar un destino favorable, y los rituales religiosos eran una forma de mantener la relación adecuada con estos poderosos dioses. El destino, en la mitología sumeria, no era algo que pudiera ser alterado por la voluntad humana, sino que estaba bajo el control absoluto de los Anunnakis, quienes regulaban tanto el tiempo como el curso de la historia.

En la mitología sumeria, los Anunnakis no solo controlaban el flujo natural del tiempo, sino que también eran capaces de manipularlo para intervenir en los asuntos humanos. Esta capacidad de manipular el tiempo estaba vinculada a su control sobre el destino y su papel como guardianes del orden cósmico. La manipulación del tiempo no solo les permitía cambiar el curso de los eventos, sino también alterar el destino de las personas y las ciudades cuando lo consideraban necesario.

Uno de los aspectos más interesantes de la manipulación del tiempo por parte de los Anunnakis es su relación con las profecías. Los sumerios creían que los dioses podían revelar el futuro a través de augurios, sueños y señales celestiales. Estas profecías eran vistas como una forma en que los Anunnakis se comunicaban con los humanos, revelando aspectos del destino que, de otro modo, estarían ocultos. Los sacerdotes y adivinos sumerios interpretaban estas señales divinas, buscando entender la voluntad de los dioses y prever el futuro. Los Anunnakis, como controladores del tiempo, eran los que decidían qué aspectos del futuro debían ser revelados y cuándo.

Las profecías en Sumeria estaban estrechamente relacionadas con el ciclo de vida y muerte, así como con eventos cósmicos como eclipses y cometas, que los sumerios interpretaban como señales directas de los dioses. Se creía que los Anunnakis utilizaban estos eventos para advertir a los humanos sobre desastres inminentes o para anunciar grandes cambios en el destino de las ciudades y los reinos. Los reyes sumerios consultaban a los adivinos y sacerdotes regularmente, buscando orientación sobre el curso del tiempo y las decisiones políticas o militares que debían tomar. A través de esta interpretación de las profecías, los Anunnakis mantenían su influencia sobre los eventos en la Tierra.

Además de las profecías, los mitos sumerios también incluyen relatos en los que los Anunnakis alteran el curso del tiempo para intervenir directamente en la vida humana. Un ejemplo de esta manipulación temporal se puede encontrar en el mito del Diluvio Universal, en el que los Anunnakis deciden destruir a la humanidad mediante una gran inundación. Antes del diluvio, los dioses habían decidido que la humanidad había alcanzado el final de su ciclo, y que era necesario un nuevo comienzo. En este mito, el tiempo es manipulado para permitir que la humanidad sea destruida y luego restaurada, con el héroe Ziusudra siendo advertido por el dios Enki para construir un arca y salvarse. Este mito refleja la capacidad de los Anunnakis para alterar el flujo del tiempo y el destino, cuando lo consideraban necesario para restaurar el orden cósmico.

El poder de los Anunnakis para manipular el tiempo también está relacionado con la noción de eternidad divina. Mientras que los humanos estaban sujetos al paso del tiempo y al ciclo de vida y muerte, los dioses, en particular los Anunnakis, existían fuera de estas limitaciones. Los sumerios creían que los Anunnakis, al ser inmortales, podían intervenir en cualquier momento del tiempo, lo que les daba un control absoluto sobre el destino de la humanidad. Esta eternidad divina también significaba que los Anunnakis podían ver el futuro y el pasado de manera simultánea, lo que les permitía tomar decisiones basadas en su conocimiento del destino.

La manipulación del tiempo por parte de los Anunnakis también se refleja en los mitos sobre el más allá y el ciclo de las estaciones. En el mito de Dumuzi e Inanna, Dumuzi es enviado al inframundo durante una parte del año, lo que provoca la muerte de la vegetación, pero luego es liberado, lo que trae de vuelta la primavera y el renacimiento de la vida. Este ciclo de muerte y renacimiento, controlado por los Anunnakis, refleja cómo los dioses pueden manipular el tiempo natural para regular el ciclo de la vida en la Tierra.

Los Anunnakis no solo controlaban el flujo del tiempo, sino que también podían manipularlo para intervenir en los eventos humanos. A través de las profecías y la alteración de los ciclos cósmicos, los Anunnakis influían en el destino de las ciudades y los reinos, asegurando que el orden cósmico se mantuviera. La manipulación del tiempo también permitía a los Anunnakis alterar el curso de la historia cuando lo consideraban necesario, subrayando su poder absoluto sobre el destino y el funcionamiento del universo. Para los sumerios, el tiempo era una fuerza controlada por los dioses, y su manipulación por los Anunnakis reflejaba su autoridad divina sobre el orden cósmico.

La mitología sumeria está profundamente arraigada en la idea de los ciclos cósmicos, donde los Anunnakis juegan un papel fundamental en el mantenimiento de estos ciclos. Los sumerios concebían el tiempo y el destino no como líneas rectas, sino como ciclos repetitivos que marcaban el ritmo del universo. Estos ciclos incluían tanto los ciclos naturales de las estaciones y los astros, como los ciclos de vida y muerte que afectaban tanto a los humanos como a los dioses.

Uno de los ciclos más importantes en la mitología sumeria es el ciclo agrícola, que estaba bajo el control directo de los Anunnakis. Los dioses, especialmente Enlil y Enki, eran responsables de regular los ciclos de la naturaleza, asegurando que las estaciones siguieran su curso y que las tierras permanecieran fértiles. Este control de los ciclos agrícolas también estaba relacionado con los ciclos de muerte y renacimiento, tal como se ve en el mito de Dumuzi, el dios de la vegetación. Cada año, Dumuzi moría y descendía al inframundo, provocando la muerte de las cosechas, pero su eventual regreso al mundo de los vivos marcaba el renacimiento de la vida en primavera. Este ciclo de muerte y renacimiento era una representación simbólica del poder de los Anunnakis sobre los ciclos cósmicos y la continuidad de la vida.

Los ciclos astronómicos también eran vistos como una manifestación del orden divino impuesto por los Anunnakis. Los sumerios creían que los movimientos de los planetas y las estrellas reflejaban el orden cósmico establecido por los dioses, y que estos cuerpos celestes actuaban como señales de los ciclos divinos. Los sacerdotes sumerios, que estudiaban cuidadosamente los movimientos celestes, veían estos ciclos astronómicos como indicadores del destino y de los eventos futuros. Los Anunnakis, desde su posición en el cielo, controlaban estos ciclos y los utilizaban para regular el tiempo en la Tierra, asegurando que los eventos se desarrollaran de acuerdo con el plan divino.

Otro ciclo cósmico importante en la mitología sumeria es el ciclo del reinado de los reyes. Los sumerios creían que la realeza era un don de los dioses y que los Anunnakis decidían cuándo un rey debía ascender al trono y cuándo su dinastía debía caer. Este ciclo de ascenso y caída de los reyes estaba registrado en la Lista Real Sumeria, un documento que describe cómo los Anunnakis otorgaban y retiraban el poder a las dinastías a lo largo del tiempo. Este ciclo de poder real reflejaba la idea de que el destino de las ciudades y sus gobernantes estaba controlado por los dioses, quienes intervenían cuando era necesario para restaurar el orden cósmico.

Los Anunnakis también eran responsables de mantener el ciclo de la vida y la muerte, un tema recurrente en la mitología sumeria. Los humanos, al igual que los dioses, estaban sujetos a los ciclos de nacimiento, crecimiento, muerte y renacimiento. Los Anunnakis, como guardianes del inframundo, aseguraban que las almas de los muertos siguieran su ciclo hacia el más allá y que el equilibrio entre la vida y la muerte se mantuviera. La muerte no era vista como un final, sino como parte de un ciclo natural que debía ser respetado y mantenido. A través de su control del inframundo, los Anunnakis garantizaban que las almas cumplieran con su destino y que los ciclos cósmicos continuaran sin interrupción.

El control de los ciclos cósmicos también se reflejaba en los festivales y rituales sumerios, que marcaban momentos clave en el calendario anual. Estos festivales, como el Año Nuevo Sumerio, eran momentos en los que se celebraba la renovación del ciclo de la vida y se pedía a los Anunnakis que bendijeran a las ciudades para el año venidero. Durante estos rituales, los sacerdotes realizaban sacrificios y ofrendas para asegurar que los Anunnakis continuaran protegiendo a la humanidad y que los ciclos naturales siguieran su curso.

Los Anunnakis eran los guardianes de los ciclos cósmicos en la mitología sumeria. A través de su control sobre los ciclos naturales, astronómicos y de vida y muerte, los Anunnakis garantizaban que el universo continuara funcionando de acuerdo con el plan divino. Los ciclos cósmicos, para los sumerios, no eran simplemente repeticiones mecánicas de eventos, sino manifestaciones del orden divino impuesto por los Anunnakis. Los humanos, al igual que los dioses, debían respetar y mantener estos ciclos para asegurar la continuidad de la vida y el equilibrio cósmico.

Las creencias sumerias sobre los Anunnakis y su relación con el tiempo no solo se limitaron a su control sobre los ciclos cósmicos y el destino, sino que también incluían ideas sobre la eternidad y el tiempo eterno. Para los sumerios, los Anunnakis eran seres inmortales que existían fuera del tiempo humano, lo que les daba una perspectiva única sobre el pasado, el presente y el futuro. Esta noción de eternidad divina está profundamente conectada con la forma en que los sumerios comprendían el tiempo y el destino.

Los Anunnakis, al ser inmortales, no estaban sujetos a los mismos ciclos de vida y muerte que los humanos. Mientras que los humanos vivían dentro de los límites del tiempo lineal, los Anunnakis existían en un estado de tiempo eterno, donde podían ver el pasado y el futuro de manera simultánea. Esta capacidad de los dioses para percibir el tiempo como un todo les permitía intervenir en el destino de los humanos y manipular el tiempo cuando lo consideraban necesario. Los mitos sumerios a menudo representan a los Anunnakis como figuras que trascienden el tiempo, capaces de moverse entre diferentes momentos temporales y de alterar el curso de la historia cuando lo desean.

El concepto de eternidad divina también está relacionado con la idea de que los Anunnakis fueron los creadores del tiempo mismo. Según la mitología sumeria, los Anunnakis, como dioses primordiales, crearon el universo y, con él, el tiempo. Esta creación del tiempo fue vista como una manifestación del orden cósmico impuesto por los dioses, que establecieron los ciclos naturales y astronómicos para regular el paso del tiempo en el mundo terrenal. Los sumerios creían que el tiempo era una creación divina, y que los Anunnakis, como sus creadores, tenían el poder de alterarlo o manipularlo según su voluntad.

Las teorías sobre el tiempo eterno y los Anunnakis también incluyen la noción de que los dioses utilizaban el tiempo como una herramienta para guiar a la humanidad. En este sentido, los Anunnakis no solo observaban el flujo del tiempo, sino que también lo utilizaban para marcar momentos clave en la historia humana. Las profecías, las señales celestiales y los ciclos naturales eran formas en que los Anunnakis comunicaban su voluntad y guiaban a los humanos hacia su destino. A través de la manipulación del tiempo, los Anunnakis podían intervenir en los eventos humanos para asegurar que el orden cósmico se mantuviera.

Además, algunas interpretaciones esotéricas modernas de la mitología sumeria sugieren que los Anunnakis tenían el poder de controlar el tiempo de manera más directa, incluso permitiendo la inmortalidad o la longevidad extrema para ciertos individuos. En algunos mitos, se menciona que los Anunnakis otorgaban largos reinados a los reyes que gozaban de su favor, lo que podría interpretarse como una forma de extender la vida humana más allá de los límites normales. Estas ideas han inspirado teorías contemporáneas sobre los Anunnakis como seres capaces de controlar el tiempo a un nivel que va más allá de la comprensión humana, lo que les permitiría influir en el destino de la humanidad a lo largo de los milenios.

El tiempo eterno también está vinculado con el concepto de ciclos cósmicos sin fin. Los sumerios creían que el tiempo no tenía un final definitivo, sino que continuaba en ciclos perpetuos de creación, destrucción y renovación. Este concepto de tiempo cíclico refleja la visión de los Anunnakis como guardianes del orden cósmico, quienes aseguraban que el universo continuara funcionando de acuerdo con su plan. Los ciclos de muerte y renacimiento, como el mito de Dumuzi, eran vistos como parte de este tiempo eterno, en el que la vida y la muerte se sucedían en una danza cósmica interminable, regulada por los Anunnakis.

Los Anunnakis eran vistos como seres eternos que existían fuera del tiempo humano y que tenían el poder de controlar y manipular el tiempo según su voluntad. A través de su relación con el tiempo eterno, los Anunnakis no solo regulaban los ciclos cósmicos y el destino, sino que también guiaban a la humanidad hacia su destino final. Las teorías modernas sobre los Anunnakis y el tiempo eterno han reinterpretado estas creencias antiguas, sugiriendo que los dioses sumerios tenían un control absoluto sobre el tiempo y que su influencia se extendía mucho más allá de lo que los humanos podían comprender.

Capítulo 18
La Magia

En la mitología sumeria, los Anunnakis no solo eran deidades poderosas que gobernaban el cosmos, sino que también eran percibidos como seres profundamente conectados con la magia. La magia, en este contexto, no era vista como un acto independiente de las deidades, sino como una manifestación directa de su poder divino. Los Anunnakis controlaban las fuerzas naturales, los elementos cósmicos y el destino, y esta capacidad para alterar y manipular el mundo de manera sobrenatural es lo que los situaba en el ámbito de lo mágico.

Para los sumerios, la magia era una extensión del poder divino de los Anunnakis. No era simplemente un conjunto de fórmulas o rituales que los humanos podían aprender y utilizar por sí mismos, sino un don que los dioses podían otorgar o retirar según su voluntad. Los dioses, como Enki, Enlil y otros Anunnakis, eran vistos como los guardianes del conocimiento secreto, incluyendo el uso de la magia para proteger, castigar o bendecir a los humanos. En muchos mitos, los Anunnakis utilizan la magia para realizar hazañas imposibles, como la creación de la humanidad, la manipulación de los elementos, o la alteración del destino de las personas y las ciudades.

Un ejemplo claro del uso de la magia por parte de los Anunnakis es el mito de Enki y su papel en la creación del hombre. Enki, el dios de la sabiduría y del agua, utiliza su conocimiento mágico para crear a los primeros humanos a partir de arcilla y su propia esencia divina. Este acto de creación es un ejemplo de cómo los Anunnakis emplean la magia para alterar las leyes naturales y dar vida a nuevas formas de existencia. La magia de Enki no solo está ligada a la creación, sino también a la manipulación de las aguas subterráneas, que en la mitología sumeria son vistas como una fuente de vida y poder místico. Enki tiene el poder de controlar estas aguas, que representan el ciclo de la vida, la muerte y la renovación.

Otro ejemplo de los Anunnakis como seres mágicos es el uso de hechizos y encantamientos en sus interacciones con los humanos. Los textos sumerios describen numerosos rituales en los que los sacerdotes invocan a los Anunnakis para obtener su ayuda a través de la magia. Estos rituales incluían el uso de palabras sagradas, símbolos y sacrificios que se creía que desbloqueaban el poder de los dioses. Los encantamientos sumerios, en muchos casos, estaban diseñados para atraer la protección de los Anunnakis y asegurar el bienestar de la comunidad o del individuo que los realizaba.

La magia también jugaba un papel crucial en la guerra, donde los Anunnakis eran invocados para otorgar poder y éxito a los ejércitos. En batallas mitológicas, como las lideradas por Ninurta y Enlil, los Anunnakis utilizaban su poder mágico para derrotar a los enemigos del orden cósmico. Este tipo de magia no solo era destructiva, sino también protectora, ya que los Anunnakis podían conjurar tormentas, terremotos o enfermedades para diezmar a los ejércitos enemigos, al mismo tiempo que protegían a sus seguidores con barreras invisibles de protección divina.

La magia de los Anunnakis no se limitaba a los actos divinos o al control del destino, sino que también se manifestaba en la naturaleza misma de su existencia. Se creía que los Anunnakis, al ser inmortales, no estaban sujetos a las mismas leyes físicas que los humanos. Esto incluía la capacidad de cambiar de forma, viajar entre los reinos del cielo, la tierra y el inframundo, y ver el futuro. Esta capacidad para trascender las limitaciones humanas es otro aspecto que reforzaba la idea de los Anunnakis como seres mágicos, cuyo poder estaba más allá de la comprensión de los mortales.

Los Anunnakis eran percibidos como seres mágicos en la mitología sumeria, capaces de manipular el mundo a través de fuerzas sobrenaturales. Su control sobre los elementos, su capacidad para alterar el destino y su dominio sobre la vida y la muerte los situaba en el corazón de las creencias sumerias sobre la magia. Los sumerios no solo veneraban a los Anunnakis como dioses poderosos, sino también como guardianes del conocimiento mágico, que utilizaban su poder para proteger y guiar a la humanidad en el caos del cosmos.

En la antigua Sumeria, los ritos mágicos y ceremonias dedicadas a los Anunnakis eran fundamentales para la relación entre los humanos y los dioses. Estos rituales no solo tenían como objetivo venerar a las deidades, sino también activar el poder mágico de los Anunnakis para garantizar la protección, la prosperidad y la intervención divina en los asuntos humanos. La magia y la religión estaban profundamente entrelazadas, y los sumerios creían que los rituales cuidadosamente diseñados podían influir en las fuerzas divinas y alterar el curso de los eventos.

Uno de los rituales más importantes dedicados a los Anunnakis era el Festival de Año Nuevo, también conocido como el Akitu, celebrado para honrar a los dioses y renovar el pacto entre las deidades y la humanidad. Durante este festival, los sacerdotes realizaban una serie de ceremonias mágicas diseñadas para asegurar la fertilidad de la tierra y el bienestar de la comunidad en el año venidero. Estas ceremonias incluían sacrificios de animales, procesiones, recitación de himnos sagrados y ofrendas de alimentos y bebidas a los Anunnakis. Se creía que, a través de estos actos, los dioses impartían su bendición sobre la tierra y aseguraban la continuidad de los ciclos naturales.

El uso de amuletos y talismanes también era común en los rituales mágicos dedicados a los Anunnakis. Estos objetos sagrados, que eran consagrados en los templos por los sacerdotes, se utilizaban para invocar la protección de los dioses y alejar a los espíritus malignos o las fuerzas del caos. Los amuletos, a menudo grabados con símbolos mágicos y los nombres de los Anunnakis, eran portados por los individuos para garantizar su seguridad personal y la de sus hogares. Además, los talismanes eran utilizados en ceremonias comunitarias para proteger a las ciudades de las enfermedades, las invasiones y los desastres naturales.

En los templos dedicados a los Anunnakis, los sacerdotes y sacerdotisas eran los principales encargados de llevar a cabo los ritos mágicos. Estos rituales incluían la recitación de encantamientos sagrados, la quema de incienso y el uso de símbolos mágicos grabados en tablillas de arcilla. Se creía que los sacerdotes, como intermediarios entre los humanos y los dioses, tenían acceso al conocimiento secreto otorgado por los Anunnakis y podían utilizar este conocimiento para invocar su poder mágico. Los encantamientos sumerios, muchos de los cuales han sobrevivido en tablillas cuneiformes, incluyen fórmulas que invocan a los Anunnakis para curar enfermedades, proteger a las personas de los demonios o asegurar el éxito en los negocios y las batallas.

Otro aspecto importante de los ritos mágicos sumerios era el uso del agua sagrada. El agua, que estaba asociada con Enki, el dios de la sabiduría y del agua, era considerada una fuente de poder mágico y purificación. En los rituales dedicados a los Anunnakis, el agua sagrada se utilizaba para bendecir a los participantes, purificar los templos y consagrar los objetos rituales. Enki, como dios de las aguas dulces subterráneas, era invocado para proporcionar fertilidad y bienestar a la comunidad a través de este elemento. Los sumerios creían que el agua tenía el poder de limpiar las impurezas y restaurar el equilibrio cósmico, y los rituales que involucraban agua eran vistos como una forma de conectar directamente con el poder mágico de los Anunnakis.

Uno de los rituales más fascinantes relacionados con la magia sumeria era el rito de exorcismo, en el que los Anunnakis eran invocados para expulsar a los demonios o espíritus malignos que se creía que causaban enfermedades o desgracias. Los exorcismos sumerios eran elaborados y a menudo incluían el uso de figuras mágicas, amuletos, cánticos y sacrificios. Los sacerdotes sumerios, especializados en estos rituales, actuaban como mediadores entre el mundo humano y el divino, llamando a los Anunnakis para que intervinieran y liberaran a las personas afectadas por la influencia de los espíritus malignos. Estos exorcismos no solo eran actos de sanación, sino también de protección, que reforzaban la creencia en el poder mágico de los Anunnakis para controlar las fuerzas invisibles que afectaban la vida cotidiana.

Los ritos mágicos y ceremonias dedicadas a los Anunnakis eran una parte esencial de la vida religiosa en Sumeria. A través de estos rituales, los sumerios buscaban activar el poder mágico de los dioses para garantizar la protección, la fertilidad y el bienestar de la comunidad. Los sacerdotes, como intermediarios entre los humanos y los Anunnakis, desempeñaban un papel crucial en estos rituales, utilizando encantamientos, amuletos y sacrificios para invocar el poder divino. La magia sumeria, como manifestación del poder de los Anunnakis, era vista como una herramienta para mantener el orden cósmico y asegurar la prosperidad en la Tierra.

En la mitología sumeria, el conocimiento de la magia no era un secreto exclusivo de los dioses. Los Anunnakis, en particular Enki, jugaron un papel clave en la transmisión de este conocimiento a los humanos, otorgándoles las herramientas para interactuar con las fuerzas sobrenaturales y el cosmos. Este acto de enseñar magia a los humanos era visto como un regalo divino, pero también implicaba una gran responsabilidad. La magia, al igual que cualquier otro don de los dioses, podía ser utilizada para el bien o el mal, y los humanos debían aprender a usarla con sabiduría y moderación.

Enki, el dios de la sabiduría, es uno de los Anunnakis más asociados con la enseñanza de la magia. Enki no solo era conocido por su dominio sobre las aguas subterráneas y su papel en la creación de la humanidad, sino también por su profundo conocimiento de los misterios del universo. Según los mitos sumerios, Enki fue quien enseñó a los humanos los secretos de la agricultura, la arquitectura, la astronomía y la magia. Este conocimiento, transmitido a través de los sacerdotes y los escribas, permitió a los humanos interactuar con el mundo de los dioses y manipular las fuerzas de la naturaleza a través de rituales mágicos.

Una de las áreas clave en las que los Anunnakis enseñaron a los humanos fue el uso de encantamientos y hechizos. Estos encantamientos, grabados en tablillas de arcilla y transmitidos de generación en generación, contenían fórmulas sagradas que permitían a los humanos invocar el poder de los dioses. Los encantamientos sumerios eran utilizados en una variedad de contextos, desde la protección personal hasta la curación de enfermedades o la garantía de éxito en la agricultura. Los sumerios creían que, al recitar estos encantamientos, podían activar el poder mágico de los Anunnakis y alterar el curso de los eventos en el mundo material.

Los Anunnakis también enseñaron a los humanos el uso de símbolos mágicos y amuletos. Estos símbolos, que a menudo representaban a los propios Anunnakis o elementos del cosmos, eran utilizados para canalizar el poder divino en situaciones específicas. Por ejemplo, los amuletos que representaban a Enlil o a Ninurta se utilizaban para proteger a los individuos en la batalla, mientras que los amuletos asociados con Enki o Nanna se empleaban para garantizar la fertilidad de las tierras o la prosperidad en los negocios. Los sumerios creían que estos símbolos mágicos contenían la esencia misma de los dioses y que, al usarlos correctamente, podían influir en el destino y las fuerzas invisibles que regían el mundo.

Otro aspecto importante de la enseñanza de la magia por parte de los Anunnakis fue el conocimiento de los elementos naturales. Los sumerios, bajo la guía de los dioses, aprendieron a utilizar los elementos, como el agua, el fuego y el viento, en sus rituales mágicos. Por ejemplo, el agua sagrada, asociada con Enki, se utilizaba en ceremonias de purificación, mientras que el fuego, relacionado con la luz y la transformación, era visto como un medio para conectar con los dioses del cielo. Estos elementos eran considerados vehículos del poder divino, y su uso adecuado en los rituales mágicos permitía a los humanos acceder a las fuerzas cósmicas controladas por los Anunnakis.

La enseñanza de la magia a los humanos también tenía una dimensión moral y ética. Los Anunnakis, al otorgar este conocimiento, imponían la responsabilidad de utilizarlo correctamente. En los textos sumerios, se advierte a los humanos que la magia puede ser peligrosa si se usa con fines egoístas o destructivos. Los dioses castigaban a aquellos que abusaban del poder mágico o que intentaban manipular las fuerzas divinas sin el debido respeto. Esta advertencia subraya la creencia de que la magia no era un mero truco, sino una forma de interactuar con el orden divino del cosmos, y que su uso indebido podía causar desequilibrios que afectarían tanto al individuo como a la comunidad.

Los Anunnakis, en especial Enki, desempeñaron un papel crucial en la enseñanza de la magia a los humanos. A través de la transmisión de encantamientos, símbolos mágicos y el uso de los elementos naturales, los sumerios aprendieron a interactuar con las fuerzas divinas y a manipular el mundo que les rodeaba. Sin embargo, este don venía con la advertencia de que la magia debía ser utilizada de manera responsable y respetuosa, ya que los dioses, como guardianes del orden cósmico, castigaban a aquellos que intentaban alterar el equilibrio divino. Para los sumerios, la magia era un regalo sagrado que conectaba a los humanos con los Anunnakis y les permitía participar en los misterios del universo.

En la antigua Sumeria, el conocimiento de la magia no se limitaba a los rituales orales o los encantamientos transmitidos de generación en generación. También existía una vasta tradición escrita que contenía las fórmulas, rituales y símbolos necesarios para realizar actos mágicos. Estos textos, conocidos hoy como grimorios sumerios, eran manuscritos sagrados en los que los sacerdotes y escribas registraban el conocimiento mágico otorgado por los Anunnakis. Estos grimorios se utilizaban tanto para fines religiosos como prácticos, permitiendo a los sumerios acceder al poder divino y utilizarlo para resolver problemas cotidianos.

Uno de los grimorios más importantes era el Libro de los Encantamientos, una colección de fórmulas mágicas utilizadas en una variedad de rituales, desde la protección contra los espíritus malignos hasta la cura de enfermedades. Estos encantamientos, escritos en tablillas de arcilla, contenían instrucciones detalladas sobre cómo invocar a los Anunnakis y utilizar su poder para influir en los eventos del mundo físico. Cada encantamiento estaba acompañado de los símbolos mágicos correspondientes y las palabras sagradas que debían ser pronunciadas para activar el poder de los dioses.

Además de los encantamientos, los grimorios sumerios incluían rituales de purificación y consagración. Estos rituales, que a menudo implicaban el uso de agua sagrada, incienso y sacrificios, se realizaban para preparar el espacio sagrado antes de llevar a cabo actos mágicos importantes. Se creía que los rituales de purificación no solo limpiaban el espacio físico de influencias negativas, sino que también abrían un canal de comunicación entre los humanos y los Anunnakis, permitiendo que el poder divino fluyera libremente durante el ritual. Estos rituales eran esenciales para asegurar el éxito de cualquier práctica mágica, ya que la impureza o el desorden podían bloquear el acceso al poder de los dioses.

Otro aspecto importante de los grimorios sumerios era el uso de figuras mágicas y talismanes. Estos objetos, consagrados por los sacerdotes, eran utilizados como vehículos para canalizar el poder de los Anunnakis. Los grimorios contenían instrucciones sobre cómo fabricar estas figuras, qué materiales debían usarse y cómo consagrarlas adecuadamente. Por ejemplo, las figuras de Enlil, Ninurta o Enki se utilizaban en rituales para invocar protección divina, asegurar el éxito en la guerra o garantizar la fertilidad de la tierra. Estos talismanes no solo eran utilizados en ceremonias religiosas, sino que también se llevaban como amuletos personales para proteger a los individuos de las fuerzas malignas.

Los grimorios también incluían fórmulas astrológicas que permitían a los sacerdotes interpretar los movimientos de los cuerpos celestes y predecir eventos futuros. Los sumerios creían que los planetas y las estrellas estaban directamente vinculados a los Anunnakis y que sus movimientos en el cielo reflejaban el destino y las decisiones divinas. Los sacerdotes utilizaban estos conocimientos astrológicos para determinar los momentos más propicios para realizar rituales mágicos o tomar decisiones importantes, como iniciar una campaña militar o emprender un proyecto agrícola. La astrología, en este sentido, no solo era una herramienta de predicción, sino también una forma de conectarse con el orden cósmico impuesto por los Anunnakis.

Uno de los textos más fascinantes encontrados en los grimorios sumerios es el ritual del exorcismo, en el que se detallan los pasos para expulsar a los demonios y espíritus malignos que se creía que causaban enfermedades o mala fortuna. Este ritual incluía una serie de encantamientos y símbolos mágicos, así como la invocación directa de los Anunnakis para que intervinieran en la purificación de la persona o el lugar afectado. Los grimorios proporcionaban instrucciones precisas sobre cómo realizar estos exorcismos, qué herramientas mágicas debían usarse y cómo proteger a los sacerdotes y participantes durante el proceso. El éxito del exorcismo dependía no solo de la habilidad del sacerdote, sino también de la correcta interpretación de los textos mágicos contenidos en el grimorio.

Los grimorios sumerios eran una parte esencial de la tradición mágica en la antigua Sumeria. Estos textos sagrados contenían el conocimiento mágico transmitido por los Anunnakis y proporcionaban instrucciones detalladas sobre cómo invocar el poder de los dioses para realizar rituales, encantamientos y exorcismos. Los grimorios no solo eran herramientas prácticas para los sacerdotes, sino también una manifestación del profundo vínculo entre los humanos y los Anunnakis, quienes otorgaban el conocimiento necesario para interactuar con las fuerzas sobrenaturales y mantener el orden cósmico en la Tierra.

En la mitología sumeria, la magia y el poder divino estaban estrechamente interrelacionados. Los Anunnakis no solo eran seres poderosos capaces de controlar las fuerzas de la naturaleza y el destino, sino que su poder era visto como la fuente de toda magia en el universo. Los sumerios creían que la magia era una manifestación directa del poder divino de los Anunnakis, y que, al invocar su nombre y seguir los rituales correctos, los humanos podían acceder a una pequeña parte de ese poder para influir en el mundo a su alrededor.

El concepto de que la magia emanaba del poder divino es fundamental para entender la relación entre los humanos y los Anunnakis. La magia no era un poder que los humanos poseyeran por sí mismos, sino un don otorgado por los dioses a aquellos que demostraban lealtad y devoción. En los textos sumerios, se enfatiza que solo los sacerdotes, los intermediarios entre los humanos y los dioses, tenían el conocimiento y la autoridad para realizar actos mágicos. Este conocimiento, transmitido a través de los Anunnakis, incluía no solo los encantamientos y rituales necesarios, sino también las leyes morales que debían seguirse para que la magia funcionara correctamente.

Uno de los Anunnakis más importantes en relación con la magia es Enki, el dios de la sabiduría y de las aguas. Enki era conocido por su vasto conocimiento de los misterios del cosmos y por su capacidad para utilizar la magia para proteger a la humanidad. En los mitos sumerios, Enki enseña a los humanos a usar la magia para resolver problemas cotidianos, como curar enfermedades, proteger sus hogares y asegurar la fertilidad de la tierra. Sin embargo, también les advierte sobre los peligros de abusar de la magia, subrayando que su uso indebido puede atraer la ira de los dioses y desestabilizar el orden cósmico.

La relación entre la magia y el poder divino también se reflejaba en la forma en que los sumerios realizaban sus rituales. Los sacerdotes, como representantes de los Anunnakis en la Tierra, realizaban rituales mágicos para invocar el poder divino y canalizarlo hacia objetivos específicos. Estos rituales a menudo involucraban el uso de símbolos sagrados, palabras mágicas y ofrendas a los dioses, todo con el objetivo de atraer la atención de los Anunnakis y asegurar su favor. Los símbolos mágicos, grabados en amuletos, estatuillas o tablillas de arcilla, eran vistos como manifestaciones físicas del poder divino, y se creía que contenían una pequeña parte de la esencia de los dioses.

El uso de los elementos naturales en la magia también está vinculado al poder divino de los Anunnakis. El agua, por ejemplo, era un símbolo del poder de Enki y se utilizaba en rituales de purificación y consagración. El fuego, que representaba la luz divina, era utilizado en rituales para transformar y renovar, simbolizando el poder creativo de los Anunnakis. El uso de estos elementos en los rituales mágicos no era solo un acto simbólico, sino una forma de conectar con las fuerzas cósmicas que los Anunnakis controlaban.

Además, la justicia divina jugaba un papel crucial en la relación entre la magia y el poder divino. Los sumerios creían que los Anunnakis utilizaban la magia no solo para proteger a los humanos, sino también para castigar a aquellos que actuaban en contra de las leyes divinas. La magia, en este sentido, era una manifestación del poder de los dioses para mantener el orden y castigar el mal. Los exorcismos, por ejemplo, eran vistos como una forma de justicia divina, donde los sacerdotes invocaban a los Anunnakis para expulsar a los espíritus malignos y restaurar el equilibrio en la comunidad.

La relación entre la magia y el poder divino en la mitología sumeria estaba profundamente entrelazada. Los Anunnakis, como seres poderosos, eran la fuente de toda magia, y los humanos solo podían acceder a este poder a través de rituales y encantamientos que demostraban su devoción y obediencia a los dioses. La magia, para los sumerios, no era solo una herramienta práctica, sino una manifestación del orden divino, un medio para mantener la conexión entre los humanos y los Anunnakis, y una forma de garantizar que el cosmos permaneciera en equilibrio bajo el control de los dioses.

Capítulo 19
Interpretaciones Arqueológicas

La civilización sumeria dejó un vasto legado arqueológico, y gran parte de los hallazgos más importantes están relacionados con los templos y artefactos dedicados a los Anunnakis. Estos descubrimientos proporcionan una visión detallada sobre cómo los sumerios veneraban a los dioses y sobre el papel crucial que los Anunnakis desempeñaban en la vida diaria, tanto en el ámbito religioso como en el político. Los templos, como el zigurat de Ur o el templo de Enlil en Nippur, revelan una rica historia de rituales, sacrificios y devoción hacia estos poderosos dioses.

Uno de los hallazgos más notables es el zigurat de Ur, dedicado al dios de la luna, Nanna, uno de los principales Anunnakis. Este monumento, excavado por el arqueólogo Leonard Woolley en la década de 1920, es uno de los ejemplos mejor conservados de la arquitectura religiosa sumeria. El zigurat no solo era un centro de culto, sino también un símbolo de poder y conexión con lo divino. Las excavaciones revelaron que el zigurat estaba construido en varios niveles, con una plataforma superior que se consideraba el lugar de residencia del dios. Se cree que los sacerdotes realizaban rituales diarios en este lugar sagrado, asegurando la protección y el favor de Nanna para la ciudad de Ur y sus habitantes.

En Nippur, el templo de Enlil, uno de los dioses más importantes del panteón sumerio, fue otro sitio clave para la veneración de los Anunnakis. Enlil, como dios del aire y de la autoridad, era visto como una de las deidades que gobernaban sobre todos los demás dioses, y su templo en Nippur era considerado el centro religioso más importante de Sumeria. Las excavaciones arqueológicas en Nippur han descubierto restos de estatuas, inscripciones y ofrendas que datan de varios períodos de la historia sumeria. Estas ofrendas, que incluían alimentos, herramientas y joyas, eran entregadas a los sacerdotes como tributo a Enlil para mantener su favor divino sobre la ciudad.

Además de los templos, los arqueólogos han descubierto artefactos que ofrecen pistas sobre cómo los sumerios representaban a los Anunnakis y los invocaban en sus rituales. Entre estos artefactos destacan las tablillas de arcilla inscritas con textos cuneiformes que describen los mitos y rituales relacionados con los Anunnakis. Estas tablillas no solo narran los mitos de la creación y las historias de los dioses, sino que también contienen instrucciones detalladas sobre cómo realizar sacrificios y encantamientos dedicados a los Anunnakis. Estos textos, conocidos como "hechos de los dioses", proporcionan una valiosa información sobre las creencias religiosas de los sumerios y la importancia que daban a los rituales para mantener la relación adecuada con los dioses.

Un descubrimiento fascinante en las excavaciones de Lagash es una serie de estatuillas de los dioses, incluidas representaciones de Ninurta, el dios de la guerra, y Inanna, la diosa del amor y la guerra. Estas figuras eran utilizadas en los templos y hogares como protectores mágicos, simbolizando la conexión directa entre los humanos y los Anunnakis. Las estatuillas se colocaban en los altares y se les ofrecían ofrendas diarias de alimentos y líquidos. Se creía que, a través de estos actos de devoción, los dioses encarnados en las estatuillas podían otorgar bendiciones y protección a quienes las veneraban.

Las excavaciones arqueológicas también han revelado la importancia de los amuletos y sellos cilíndricos en la vida cotidiana de los sumerios. Estos objetos, grabados con imágenes de los Anunnakis y símbolos sagrados, se usaban como herramientas mágicas para invocar la protección divina. Los sellos cilíndricos, en particular, eran utilizados por los funcionarios y comerciantes para marcar documentos oficiales y asegurar que los tratos comerciales fueran bendecidos por los dioses. Los sellos a menudo representaban escenas mitológicas, como el ascenso de los dioses al cielo o sus batallas contra las fuerzas del caos, reflejando la profunda influencia de los Anunnakis en todos los aspectos de la vida sumeria.

Los descubrimientos arqueológicos en Sumeria han arrojado luz sobre la profunda relación que los sumerios tenían con los Anunnakis y cómo estas deidades fueron honradas a través de templos, artefactos y rituales. Los templos de Ur y Nippur, junto con las estatuillas, amuletos y sellos, muestran que la devoción a los Anunnakis no solo formaba parte de la vida religiosa de los sumerios, sino que también influía en su vida diaria y en la organización de sus ciudades. Estos hallazgos arqueológicos nos permiten comprender mejor cómo los sumerios veían a los Anunnakis no solo como seres divinos, sino como fuerzas activas que influían en todos los aspectos de la existencia humana.

El arte y la escultura sumeria desempeñaron un papel crucial en la representación de los Anunnakis, ofreciendo una visión visual de cómo los sumerios imaginaban a estos poderosos dioses. A través de estatuas, relieves y grabados en sellos cilíndricos, los sumerios crearon una iconografía rica que ayudaba a comunicar la majestuosidad y el poder de los Anunnakis. Estas representaciones no solo tenían una función estética, sino también religiosa y simbólica, ya que se utilizaban en templos, hogares y ceremonias rituales para invocar la presencia de los dioses.

Las representaciones más comunes de los Anunnakis en la escultura sumeria los muestran como seres antropomórficos con rasgos humanos, pero imbuidos de un aura divina. A menudo se les representa con atuendos elaborados, coronas y símbolos de poder, como el cetro o el anillo, que simbolizan su autoridad sobre el mundo. Estas figuras solían estar adornadas con detalles que reflejaban su poder cósmico, como alas o rayos de luz que emanaban de sus cuerpos, indicando su naturaleza divina y su capacidad para trascender las leyes físicas del mundo.

En los relieves y sellos cilíndricos, los Anunnakis son a menudo representados interactuando con los humanos, ya sea impartiendo sabiduría, otorgando bendiciones o guiando a los reyes en sus tareas. Estos relieves muestran a los Anunnakis como deidades protectoras que supervisan a los gobernantes y aseguran que el orden cósmico se mantenga. En muchos de estos grabados, se puede ver a los dioses entregando los tablillas del destino o participando en escenas de coronación, subrayando su papel como guardianes del destino y la legitimidad del poder real.

Una representación icónica de los Anunnakis se encuentra en el relieve del templo de Inanna en Uruk, donde la diosa Inanna es mostrada descendiendo del cielo, rodeada de símbolos de poder y fertilidad. Este relieve no solo celebra la conexión de Inanna con los Anunnakis, sino también su papel como intermediaria entre el cielo y la tierra. La escultura sumeria a menudo enfatizaba la relación entre los Anunnakis y los elementos naturales, como el cielo, la luna y las estrellas, reflejando la creencia de que estos dioses controlaban tanto los aspectos cósmicos como los terrenales de la existencia.

Otro aspecto fascinante de las representaciones de los Anunnakis es su aparición en sellos cilíndricos, pequeñas herramientas que se utilizaban para marcar documentos y que también servían como amuletos mágicos. Los sellos cilíndricos grabados con escenas de los Anunnakis a menudo mostraban a los dioses en actos de creación, protección o juicio. En algunos sellos, se puede observar a los dioses creando a los primeros humanos o protegiendo a los reyes en la batalla. Estos sellos no solo servían para autenticar documentos importantes, sino que también se llevaban como amuletos personales para invocar la protección divina.

El arte sumerio también utiliza símbolos específicos para representar el poder de los Anunnakis. El disco solar alado, asociado con el dios del sol Utu, era uno de los símbolos más poderosos y representaba la capacidad de los dioses para ver y controlar todo lo que ocurría bajo el cielo. Este símbolo aparece con frecuencia en relieves y esculturas, a menudo colocado sobre la figura de un rey o sacerdote, mostrando que su poder terrenal estaba respaldado por la autoridad divina de los Anunnakis.

En la escultura en piedra, se han encontrado varias estatuillas de los dioses que eran colocadas en los templos para simbolizar la presencia continua de los Anunnakis en los asuntos humanos. Estas estatuillas, hechas de materiales como la piedra caliza y la terracota, se colocaban en los altares y se utilizaban en ceremonias de ofrenda. Se creía que estas estatuillas actuaban como intermediarias entre los humanos y los dioses, permitiendo que los Anunnakis aceptaran las ofrendas y bendijeran a los adoradores.

Las representaciones artísticas de los Anunnakis en la escultura y el arte sumerio ofrecen una visión profunda de cómo los sumerios veían a estos dioses. Las figuras imponentes de los Anunnakis, adornadas con símbolos de poder y divinidad, subrayan su importancia no solo en el mundo religioso, sino también en la vida política y social de Sumeria. A través de estas imágenes, los sumerios no solo honraban a sus dioses, sino que también reforzaban su relación con el poder divino y la protección cósmica que los Anunnakis ofrecían.

Los descubrimientos arqueológicos en Sumeria han sido cruciales para entender los mitos sumerios, especialmente aquellos relacionados con los Anunnakis. A través de las tablillas cuneiformes, relieves y restos arquitectónicos, los arqueólogos han podido reconstruir muchas de las historias y creencias sobre estos dioses y su papel en la creación del mundo, la humanidad y el destino. Estas interpretaciones no solo ayudan a iluminar los textos antiguos, sino que también proporcionan un contexto físico y cultural que profundiza nuestra comprensión de los mitos.

Uno de los descubrimientos más importantes en este sentido es la colección de tablillas de arcilla que contienen el Poema de la Creación Sumeria, en el que se describe el papel de los Anunnakis en la formación del universo. Estas tablillas, encontradas en los sitios de Uruk y Nippur, narran cómo los Anunnakis participaron en el establecimiento del orden cósmico, creando los cielos, la tierra y los seres humanos. La interpretación arqueológica de estas tablillas ha permitido a los estudiosos no solo traducir los mitos, sino también ubicar estos relatos dentro del contexto de las creencias religiosas y las prácticas rituales de la antigua Sumeria.

Otro mito clave que ha sido reinterpretado a la luz de los descubrimientos arqueológicos es el mito del Diluvio Sumerio, donde los Anunnakis deciden destruir a la humanidad mediante una gran inundación. El héroe sumerio Ziusudra, advertido por el dios Enki, construye un arca para salvarse a sí mismo y a sus seguidores. Este relato, que comparte similitudes con el relato bíblico de Noé, fue descubierto en tablillas de arcilla en el sitio de Nippur. La interpretación arqueológica de estas tablillas sugiere que el mito del diluvio estaba relacionado con experiencias reales de inundaciones catastróficas en la región de Mesopotamia, lo que refuerza la conexión entre los mitos y el entorno físico de los sumerios.

Además de las tablillas de arcilla, las excavaciones en los templos de Ur y Nippur han revelado la importancia de los rituales relacionados con la creación del hombre. En estos sitios, se han encontrado relieves y sellos cilíndricos que muestran a los Anunnakis moldeando a los primeros humanos a partir de arcilla, un tema central en los mitos de la creación sumeria. Estos hallazgos arqueológicos proporcionan un apoyo visual a los textos escritos y confirman la centralidad de los Anunnakis en la cosmogonía sumeria. La creación del hombre, según los mitos, no solo fue un acto divino, sino también un acto mágico realizado por los dioses utilizando sus poderes sobrenaturales para dar vida a las formas inertes de la tierra.

Las interpretaciones arqueológicas también han revelado el papel político de los Anunnakis en la vida de las ciudades sumerias. Los reyes, que se veían a sí mismos como representantes de los dioses en la Tierra, construyeron sus palacios y templos en torno a la veneración de los Anunnakis. Los hallazgos de inscripciones reales, como las de Gudea de Lagash, muestran cómo los reyes sumerios atribuían sus victorias militares y su legitimidad política al favor de los Anunnakis. Estas inscripciones, junto con los relieves de los templos, subrayan la importancia de los Anunnakis no solo como dioses de la creación, sino también como guardianes del orden político y social.

Un descubrimiento significativo relacionado con la interpretación de los mitos sumerios es el de las tablillas del destino, objetos sagrados mencionados en los textos que los Anunnakis utilizaban para controlar el destino de los humanos y los dioses. Aunque no se han encontrado las tablillas originales, las referencias a estos objetos en los textos y relieves encontrados en las excavaciones sugieren que los sumerios creían que los Anunnakis tenían el poder absoluto sobre el destino. Los arqueólogos han interpretado estos mitos como una forma de explicar el orden cósmico y la creencia de que los humanos no tenían control sobre su propio destino, sino que estaban a merced de las decisiones divinas inscritas en estas tablillas sagradas.

Las interpretaciones arqueológicas de los mitos sumerios han sido fundamentales para comprender la compleja relación entre los Anunnakis y la humanidad. A través del análisis de las tablillas de arcilla, los relieves y los objetos rituales, los arqueólogos han podido reconstruir gran parte de la cosmogonía y la teología sumeria, destacando el papel central de los Anunnakis en la creación, el destino y el orden político. Estos descubrimientos continúan arrojando luz sobre cómo los sumerios veían a los Anunnakis como los arquitectos del universo y los guardianes del destino humano.

En los últimos años, las excavaciones arqueológicas en sitios clave de la antigua Sumeria han seguido revelando nueva información sobre la civilización sumeria y su relación con los Anunnakis. Estos hallazgos recientes han proporcionado nuevas perspectivas sobre la estructura social, los rituales religiosos y las creencias cosmológicas de los sumerios, al tiempo que confirman muchas de las teorías previas sobre la importancia de los Anunnakis en la vida diaria de los habitantes de Mesopotamia.

Uno de los descubrimientos más recientes ha sido el hallazgo de tablillas cuneiformes que describen en detalle los rituales dedicados a Enki en el templo de Eridu, uno de los sitios más antiguos de Sumeria. Estas tablillas contienen fórmulas rituales para la invocación de Enki y describen el proceso por el cual los sacerdotes sumerios se comunicaban con el dios del agua y la sabiduría. Este hallazgo ha arrojado nueva luz sobre los complejos rituales religiosos que los sumerios realizaban para obtener la protección y las bendiciones de los Anunnakis. Además, ha confirmado la importancia de Enki como una figura central en el panteón sumerio y su papel como mediador entre los humanos y los otros dioses.

Otro hallazgo significativo es la reciente excavación en Nippur, donde los arqueólogos han descubierto una serie de tablillas administrativas que detallan las ofrendas realizadas al templo de Enlil. Estas tablillas muestran la organización altamente estructurada de los templos sumerios y revelan que los Anunnakis no solo eran venerados como deidades cósmicas, sino que también eran figuras centrales en la economía de las ciudades-estado. Las ofrendas, que incluían alimentos, animales y objetos valiosos, eran cuidadosamente registradas por los escribas, lo que demuestra la estrecha relación entre la religión, la política y la economía en la antigua Sumeria.

Los descubrimientos más recientes en el sitio de Lagash también han proporcionado nuevas evidencias sobre la veneración de los Anunnakis en el contexto militar. En las excavaciones de un antiguo palacio real, se han encontrado inscripciones que describen cómo los reyes sumerios invocaban a Ninurta, el dios de la guerra, antes de las campañas militares. Estas inscripciones no solo resaltan el papel de los Anunnakis en la vida religiosa, sino también su importancia como protectores y guías en los asuntos militares. Los relieves encontrados en el sitio muestran a Ninurta liderando a los ejércitos celestiales contra las fuerzas del caos, lo que refuerza la idea de que los reyes sumerios veían sus batallas terrenales como una extensión de los conflictos cósmicos entre los dioses.

Además de los templos y las tablillas, las excavaciones recientes han revelado una serie de amuletos y objetos rituales que confirman el papel de la magia y la protección divina en la vida cotidiana de los sumerios. Estos amuletos, que a menudo representaban a los Anunnakis como figuras antropomórficas o símbolos cósmicos, se utilizaban para proteger a los individuos de los espíritus malignos y garantizar el favor divino. Los hallazgos recientes en las tumbas de nobles y sacerdotes sumerios han descubierto que muchos de estos objetos eran enterrados junto con los difuntos, lo que sugiere que los sumerios creían que los Anunnakis continuarían protegiendo sus almas en el más allá.

Un hallazgo particularmente intrigante es el descubrimiento de un conjunto de sellos cilíndricos que representan a los Anunnakis interactuando con figuras humanas en actos de creación y juicio. Estos sellos, encontrados en varios sitios a lo largo de Mesopotamia, sugieren que los sumerios veían a los Anunnakis no solo como deidades lejanas, sino como seres que intervenían activamente en los asuntos humanos. Los sellos muestran a los dioses entregando los tablillas del destino a los reyes y sacerdotes, lo que refuerza la idea de que los Anunnakis eran vistos como los árbitros finales del destino humano y divino.

Los hallazgos más recientes sobre la civilización sumeria han profundizado nuestra comprensión de la relación entre los sumerios y los Anunnakis. Las nuevas evidencias arqueológicas confirman el papel central de los Anunnakis no solo en la religión, sino también en la política, la economía y la vida cotidiana de las ciudades-estado sumerias. A medida que continúan las excavaciones, es probable que se descubran más detalles sobre la veneración de estos poderosos dioses y su influencia en todos los aspectos de la vida sumeria.

Una de las áreas más fascinantes de estudio arqueológico y mitológico es la posible influencia de los Anunnakis en otras culturas antiguas. A lo largo de los siglos, las historias de los Anunnakis y sus hazañas divinas parecen haber viajado más allá de las fronteras de Sumeria, influyendo en las mitologías de civilizaciones vecinas como Babilonia, Asiria, Egipto e incluso culturas más distantes como las de la India y América Mesoamericana. Esta difusión de los mitos de los Anunnakis ha llevado a los estudiosos a investigar cómo estas deidades sumerias podrían haber influido en las religiones y mitologías de otras civilizaciones.

Una de las civilizaciones más influenciadas por los mitos sumerios fue Babilonia, que heredó muchas de las creencias sumerias a través de su interacción cultural con los sumerios. En Babilonia, los Anunnakis fueron absorbidos en el panteón babilónico, donde continuaron desempeñando un papel central en la cosmología. El mito de la creación babilónica, el Enuma Elish, comparte muchas similitudes con los relatos sumerios sobre los Anunnakis, especialmente en lo que respecta a la creación del mundo y la lucha entre los dioses y las fuerzas del caos. El dios babilónico Marduk, por ejemplo, adopta muchos de los rasgos de los Anunnakis sumerios, especialmente en su papel como creador y protector del orden cósmico.

En Egipto, aunque la estructura del panteón era diferente, los estudiosos han señalado ciertas similitudes entre los Anunnakis y las deidades egipcias, en particular en lo que respecta al concepto de dioses creadores y protectores del orden cósmico. Los dioses egipcios como Osiris y Ra desempeñan funciones similares a las deidades sumerias como Enki y Enlil, ya que son responsables de mantener el orden en el cosmos y de regular los ciclos de la vida y la muerte. Además, algunos estudiosos sugieren que el concepto egipcio de maat (el orden cósmico y la justicia) podría haber sido influenciado por las ideas sumerias sobre el destino y el control divino.

Otra civilización que muestra posibles conexiones con los mitos de los Anunnakis es la de los hititas y los hurrianos, que también adoptaron algunas de las creencias sumerias y acadias a través de sus interacciones con Mesopotamia. Los hititas, por ejemplo, tenían un complejo panteón de dioses que incluía figuras similares a los Anunnakis, como el dios de la tormenta Teshub, que comparte características con Enlil, y la diosa de la fertilidad Hannahanna, que tiene paralelismos con las diosas sumerias como Inanna.

En las civilizaciones mesoamericanas, como los mayas y los aztecas, también se han identificado paralelismos intrigantes con los mitos de los Anunnakis. Algunos estudiosos han señalado similitudes entre los dioses creadores de las culturas mesoamericanas, como Quetzalcóatl y Tezcatlipoca, y los Anunnakis sumerios, especialmente en lo que respecta a la creación del hombre a partir de barro o arcilla. Aunque estas conexiones son más especulativas, algunos arqueólogos y mitólogos sugieren que podría haber habido un intercambio cultural indirecto a lo largo de las rutas comerciales antiguas que conectaban el Viejo Mundo con el Nuevo Mundo.

Una teoría interesante que ha surgido en los estudios contemporáneos es la idea de que los Anunnakis no solo influyeron en las culturas antiguas a través del contacto directo, sino que también sirvieron como arquetipos universales de los dioses creadores y protectores del orden. Esta teoría sugiere que, independientemente de los contactos culturales, los Anunnakis representan un patrón mitológico que aparece en muchas civilizaciones antiguas debido a la universalidad de los temas que encarnan: la creación del mundo, el control del destino y la lucha entre el orden y el caos. En este sentido, los Anunnakis podrían haber influido indirectamente en la formación de otros panteones a través de la convergencia de ideas mitológicas comunes.

Los Anunnakis no solo fueron deidades centrales en la civilización sumeria, sino que también parecen haber tenido una influencia significativa en las mitologías y religiones de otras culturas antiguas. A través de la transmisión cultural y el intercambio de ideas a lo largo de los siglos, las historias y los arquetipos de los Anunnakis fueron absorbidos y reinterpretados por civilizaciones vecinas como Babilonia, Egipto y Mesopotamia. Estas conexiones entre los Anunnakis y otras deidades antiguas continúan siendo objeto de estudio, y los descubrimientos arqueológicos futuros podrían arrojar más luz sobre el impacto duradero de los Anunnakis en la historia religiosa del mundo antiguo.

Capítulo 20
Los Extraterrestres

En las últimas décadas, ha surgido una teoría popular y controvertida que sugiere que los Anunnakis, en lugar de ser simplemente deidades mitológicas, podrían haber sido seres extraterrestres que visitaron la Tierra en la antigüedad. Esta hipótesis, popularizada por autores como Zecharia Sitchin en su serie de libros Las Crónicas de la Tierra, sostiene que los relatos sumerios sobre los Anunnakis podrían describir interacciones entre humanos y una civilización alienígena avanzada. Según esta teoría, los sumerios habrían interpretado las acciones y tecnología avanzada de estos seres como actos divinos, lo que habría dado origen a los mitos sobre los dioses Anunnakis.

El fundamento de esta teoría se basa en la interpretación de los textos sumerios y los mitos de creación. En particular, el mito de la creación de la humanidad por los Anunnakis, descrito en el Poema de Atrahasis, donde los dioses crean a los humanos a partir de arcilla para que trabajen en lugar de ellos, ha sido reinterpretado por algunos como una referencia a una intervención genética alienígena. Según Sitchin, los Anunnakis eran seres extraterrestres que llegaron a la Tierra desde un planeta llamado Nibiru, un supuesto cuerpo celeste que, según su interpretación, tiene una órbita elíptica extremadamente larga y pasa cerca de la Tierra cada varios miles de años. Durante una de estas cercanas aproximaciones, los Anunnakis habrían descendido a la Tierra en busca de recursos naturales, especialmente oro, que necesitaban para su propia supervivencia.

En esta interpretación, la creación de los humanos por los Anunnakis no fue un acto divino, sino un experimento genético. Se postula que los Anunnakis habrían utilizado técnicas avanzadas de manipulación genética para crear una raza de trabajadores híbridos, mezclando su propio ADN con el de especies primitivas de la Tierra. Esta idea se apoya en la lectura de ciertos pasajes de los textos sumerios que describen cómo los dioses "moldearon" a los primeros humanos a partir de la arcilla, lo que Sitchin y otros han interpretado como una metáfora para el uso de biotecnología avanzada.

Uno de los argumentos que utilizan los defensores de esta teoría para sostener que los Anunnakis eran extraterrestres es la supuesta precisión astronómica de los antiguos sumerios. Los textos antiguos de Sumeria mencionan cuerpos celestes como Nibiru o Marduk, que algunos interpretan como referencias a un planeta real, desconocido por la astronomía moderna. Además, los sumerios parecen haber poseído un conocimiento notablemente avanzado del sistema solar, incluyendo el reconocimiento de planetas como Urano y Neptuno, que no eran visibles a simple vista y que no fueron descubiertos oficialmente hasta la era moderna. Este conocimiento ha llevado a algunos a especular que los sumerios adquirieron esta información de los Anunnakis, quienes habrían traído consigo un conocimiento superior del cosmos.

Otro aspecto de esta teoría se centra en las representaciones artísticas y arquitectónicas de los sumerios. Algunos autores han señalado que los zigurats y otras estructuras monumentales de la antigua Sumeria podrían haber sido creadas bajo la dirección de los Anunnakis, quienes poseían tecnología avanzada. Los zigurats, con su diseño escalonado, han sido comparados con plataformas de lanzamiento o estructuras utilizadas para la observación astronómica, lo que sugiere, según esta teoría, que podrían haber servido como puntos de contacto entre los Anunnakis y sus naves espaciales. Además, ciertos relieves y esculturas sumerias muestran a figuras con lo que parecen ser objetos tecnológicos en sus manos, como herramientas o dispositivos, que los teóricos de los antiguos astronautas interpretan como evidencia de tecnología alienígena avanzada.

Sin embargo, esta teoría ha sido ampliamente rechazada por la comunidad científica y académica, que la considera una interpretación pseudocientífica de los textos y artefactos antiguos. Los estudiosos tradicionales sostienen que los relatos sumerios sobre los Anunnakis deben interpretarse en su contexto mitológico y religioso, y que no existe evidencia arqueológica o textual que respalde la idea de que los Anunnakis fueran seres extraterrestres. Los críticos argumentan que el conocimiento astronómico de los sumerios, aunque avanzado para su tiempo, puede explicarse a través de la observación cuidadosa del cielo y el desarrollo gradual de las matemáticas y la astronomía, sin necesidad de recurrir a teorías extraterrestres.

La teoría del origen extraterrestre de los Anunnakis propone que estos dioses antiguos no eran seres mitológicos, sino una civilización alienígena que visitó la Tierra en la antigüedad y jugó un papel crucial en la creación y desarrollo de la humanidad. Aunque fascinante y popular entre algunos grupos, esta teoría ha sido ampliamente desacreditada por la academia, que prefiere una interpretación más tradicional de los textos y artefactos sumerios. Sin embargo, la idea de que los Anunnakis podrían haber sido seres de otro mundo sigue capturando la imaginación de muchos, lo que subraya el poder duradero de estos antiguos mitos en la cultura contemporánea.

Las teorías sobre el origen extraterrestre de los Anunnakis no solo se limitan a su relación con el planeta Nibiru, sino que también exploran la posibilidad de que los Anunnakis estuvieran relacionados con otros "dioses" de planetas lejanos, que aparecen en los mitos y tradiciones de otras civilizaciones antiguas. Esta idea sugiere que los Anunnakis podrían haber sido parte de una red de seres avanzados que viajaron por el cosmos, visitando diferentes planetas y actuando como deidades en múltiples culturas.

Uno de los paralelismos más mencionados es la relación entre los Anunnakis y los dioses egipcios. Según esta teoría, algunas de las deidades principales del antiguo Egipto, como Ra y Osiris, podrían haber sido extraterrestres de la misma raza que los

Anunnakis, o al menos parte de un grupo similar de seres cósmicos. Se argumenta que las similitudes entre los mitos de creación sumerios y egipcios, junto con las descripciones de los dioses que descienden del cielo, sugieren un origen común. Los antiguos egipcios también tenían una profunda conexión con las estrellas y los planetas, lo que algunos interpretan como una evidencia de contacto extraterrestre. La constelación de Orión, por ejemplo, era de suma importancia para los egipcios, y algunos teóricos sostienen que los dioses Anunnakis podrían haber venido de esta región del espacio.

Otra civilización que se menciona en estas teorías es la civilización maya. Los antiguos mayas tenían un conocimiento astronómico extremadamente avanzado, y sus dioses también eran descritos como seres que descendían del cielo. Los defensores de la teoría extraterrestre argumentan que los Anunnakis o seres similares podrían haber visitado Mesoamérica, donde fueron venerados como dioses por los mayas. Además, las estructuras piramidales en Mesoamérica, similares a los zigurats sumerios, son vistas como evidencia de un posible contacto entre estas culturas y una civilización extraterrestre compartida, como los Anunnakis.

La conexión entre los Anunnakis y los "dioses" de otros planetas también aparece en las leyendas de la India antigua, particularmente en los textos védicos. Los Vedas, una de las escrituras más antiguas de la humanidad, describen a los dioses viajando en carros celestiales conocidos como "vimanas", que algunos han interpretado como naves espaciales. Estas descripciones, combinadas con la veneración de los dioses que controlaban el destino y el orden cósmico, han llevado a algunos a especular que los Anunnakis y los dioses védicos podrían haber tenido un origen común. Según esta hipótesis, los Anunnakis no solo habrían visitado Mesopotamia, sino también otras partes del mundo antiguo, donde fueron interpretados de maneras diferentes por cada cultura.

La idea de que los Anunnakis formaban parte de una red más amplia de seres extraterrestres también ha sido explorada en la literatura moderna de la ciencia ficción y la ufología. En estos relatos, se sugiere que los Anunnakis podrían haber sido parte de una federación galáctica o un imperio interestelar que visitaba regularmente la Tierra para monitorear el desarrollo de la humanidad. Esta visión se inspira en gran medida en las ideas de antiguos astronautas y en la creencia de que muchas culturas antiguas compartían relatos de dioses que llegaron del cielo en naves voladoras. En esta interpretación, los Anunnakis son solo una de las muchas razas de seres avanzados que interactuaron con la Tierra en tiempos antiguos.

A pesar del atractivo popular de estas teorías, los estudiosos tradicionales de la mitología sumeria señalan que no hay evidencia sólida que sugiera que los Anunnakis fueran seres de otro planeta, ni que estuvieran relacionados con dioses extraterrestres en otras culturas. La mayoría de los textos sumerios sobre los Anunnakis se centran en sus roles dentro del panteón mesopotámico y sus interacciones con los humanos a nivel local, sin ninguna referencia explícita a viajes interplanetarios o contacto con otras civilizaciones fuera de la Tierra. Además, muchos de los paralelismos entre las culturas antiguas, como las similitudes arquitectónicas o astronómicas, pueden explicarse por el desarrollo independiente de ideas similares en diferentes partes del mundo, en lugar de un contacto común con seres extraterrestres.

Sin embargo, la posibilidad de que los Anunnakis estuvieran conectados con los "dioses" de otros planetas sigue siendo un tema fascinante para quienes buscan explicaciones alternativas a los mitos y religiones antiguas. La idea de que seres avanzados podrían haber viajado por el cosmos, sembrando civilizaciones y conocimientos en diferentes planetas, ofrece una perspectiva intrigante sobre el origen común de las mitologías y la naturaleza de la interacción entre los humanos y los dioses.

Las teorías sobre la conexión entre los Anunnakis y los dioses de otros planetas sugieren que estos seres antiguos podrían haber formado parte de una civilización intergaláctica que visitó la Tierra y otras culturas antiguas. Aunque esta teoría no cuenta con el respaldo de la comunidad académica, sigue siendo un tema de especulación popular y un elemento central en las teorías de los antiguos astronautas. La fascinación por los Anunnakis y su posible origen cósmico refleja el deseo de encontrar conexiones más amplias entre las mitologías del mundo y los misterios del universo.

La búsqueda de pruebas que respalden las teorías de contacto alienígena en la antigüedad, y en particular la conexión con los Anunnakis, ha llevado a investigadores, arqueólogos alternativos y teóricos de los antiguos astronautas a examinar detenidamente una variedad de fuentes y artefactos. A pesar de la falta de evidencia concluyente, algunos han identificado lo que consideran indicios de contacto extraterrestre en los registros históricos y arqueológicos, que podrían apuntar a la interacción de los humanos con los Anunnakis o seres similares en el pasado.

Uno de los tipos de evidencia más citados es el arte rupestre antiguo. En muchas partes del mundo, desde las cuevas de Tassili en el Sahara hasta las pinturas rupestres en Australia, se han descubierto imágenes que representan figuras humanoides con lo que parecen ser trajes espaciales o cascos. Los teóricos de los antiguos astronautas argumentan que estas imágenes no son representaciones simbólicas de chamanes o deidades, como sugieren los arqueólogos tradicionales, sino descripciones visuales de encuentros con seres extraterrestres. Estas figuras, con formas antropomórficas y a menudo rodeadas de rayos o halos de luz, son interpretadas como representaciones tempranas de los Anunnakis o seres similares que habrían interactuado con los primeros humanos.

Otra supuesta evidencia se encuentra en los relieves y esculturas de la antigua Sumeria. Algunos relieves sumerios muestran figuras que parecen sostener lo que algunos interpretan como dispositivos tecnológicos avanzados, como herramientas o aparatos desconocidos en esa época. En particular, se ha señalado una famosa representación de una figura que sostiene lo que parece un "bolso", un símbolo que aparece en muchas culturas antiguas, desde los sumerios hasta los mayas. Los defensores de la teoría extraterrestre sugieren que este bolso podría haber sido un dispositivo tecnológico traído a la Tierra por los Anunnakis, aunque los arqueólogos tradicionales lo consideran un símbolo que representaba poder o autoridad.

El análisis de conocimientos avanzados en la astronomía y la ingeniería también ha sido utilizado como evidencia de contacto alienígena. Como se mencionó anteriormente, los sumerios poseían un conocimiento notablemente preciso del sistema solar y de los movimientos planetarios, que algunos creen que es demasiado avanzado para haber sido descubierto sin la intervención de una civilización más desarrollada, como los Anunnakis. Además, estructuras como los zigurats, con su diseño preciso y alineaciones astronómicas, son interpretadas por los teóricos de los antiguos astronautas como evidencia de una influencia tecnológica superior.

Uno de los textos más estudiados por los teóricos del contacto alienígena es el Enuma Elish, el mito de la creación babilónico. En este texto, Marduk, uno de los dioses principales, lidera a los dioses en una batalla cósmica contra las fuerzas del caos, un relato que algunos han interpretado como una alegoría de una guerra entre civilizaciones extraterrestres. Según esta interpretación, los relatos de los dioses luchando en los cielos pueden haber sido descripciones de una guerra interestelar entre diferentes razas alienígenas, una de las cuales eran los Anunnakis, que posteriormente se asentaron en la Tierra. Aunque esta interpretación es altamente especulativa, ha capturado la imaginación de muchos que buscan en los mitos antiguos evidencias de eventos cósmicos reales.

Los teóricos de los antiguos astronautas también señalan el hecho de que muchas civilizaciones antiguas compartían la creencia en dioses que descendían del cielo y les enseñaban conocimientos avanzados, como la agricultura, la metalurgia y la arquitectura. Esta creencia en maestros celestiales, desde los Anunnakis de Sumeria hasta los dioses serpiente de América Central, es vista por algunos como una indicación de que estas culturas compartieron un contacto común con seres extraterrestres que viajaron por todo el mundo. En este contexto, los Anunnakis son vistos como parte de un grupo más amplio de visitantes alienígenas que influyeron en el desarrollo de la humanidad.

Sin embargo, la comunidad científica y arqueológica ha criticado duramente estas interpretaciones, argumentando que muchas de las "evidencias" de contacto alienígena son malinterpretaciones de artefactos y textos antiguos. Por ejemplo, los arqueólogos señalan que los sumerios, al igual que muchas otras culturas antiguas, representaban a sus dioses con elementos simbólicos que no deben tomarse de manera literal. Los objetos que algunos interpretan como tecnología avanzada probablemente eran símbolos de poder divino o autoridad sacerdotal, en lugar de dispositivos tecnológicos reales. Del mismo modo, los avances astronómicos de los sumerios pueden explicarse por observaciones cuidadosas a lo largo de siglos, sin necesidad de recurrir a la intervención extraterrestre.

Además, muchas de las supuestas pruebas de contacto alienígena, como las pinturas rupestres o los relieves, son demasiado ambiguas para ser consideradas evidencia definitiva. Los críticos argumentan que estas representaciones pueden interpretarse de muchas maneras diferentes y que es un error proyectar ideas modernas de tecnología y viajes espaciales sobre las imágenes creadas por culturas antiguas.

A pesar de estas críticas, la búsqueda de evidencias modernas de contacto alienígena continúa, y los Anunnakis siguen siendo una parte central de esta búsqueda. La teoría de que los Anunnakis fueron seres extraterrestres que interactuaron con los sumerios y otras civilizaciones ha inspirado a una nueva generación de investigadores a explorar los misterios del pasado y a preguntarse si, en algún momento de la historia, la humanidad realmente fue visitada por seres de otros mundos.

Las supuestas evidencias modernas de contacto alienígena incluyen arte rupestre, relieves antiguos, avances tecnológicos inexplicables y relatos mitológicos que algunos interpretan como pruebas de la interacción entre los humanos y los Anunnakis o seres similares. Aunque la comunidad científica rechaza la mayor parte de estas teorías, la fascinación por los antiguos astronautas sigue creciendo, manteniendo viva la posibilidad de que los Anunnakis fueran, en efecto, seres extraterrestres que influyeron en el curso de la historia humana.

Las teorías sobre los Anunnakis no solo se limitan al campo de la arqueología y la mitología, sino que también han dado lugar a una serie de teorías conspirativas modernas que sugieren que estos seres extraterrestres no solo visitaron la Tierra en la antigüedad, sino que aún juegan un papel activo en los asuntos humanos. Estas teorías han ganado popularidad en ciertos círculos, especialmente entre los teóricos de la conspiración, quienes creen que los Anunnakis podrían estar controlando aspectos clave de la política, la economía y la tecnología en el mundo actual.

Una de las teorías conspirativas más difundidas es la idea de que los Anunnakis o sus descendientes extraterrestres gobiernan en secreto a la humanidad a través de élites globales que actúan como sus intermediarios. Según esta teoría, las familias más poderosas del mundo, incluidas algunas de las principales dinastías bancarias y políticas, estarían vinculadas genéticamente a los Anunnakis. Se argumenta que estas élites han mantenido el conocimiento secreto de su linaje extraterrestre y lo han utilizado para mantener el control sobre los recursos y las instituciones globales. Esta teoría se entrelaza con otras narrativas conspirativas sobre el Nuevo Orden Mundial, en las que se afirma que estas élites están trabajando para establecer un gobierno global bajo la dirección de los Anunnakis.

Otra teoría popular sostiene que los Anunnakis están directamente involucrados en los avances tecnológicos más recientes, especialmente en áreas como la inteligencia artificial, la biotecnología y la exploración espacial. Según esta hipótesis, los Anunnakis no solo crearon a la humanidad en la antigüedad, sino que han continuado monitoreando su desarrollo y ahora están ayudando a los humanos a alcanzar un nuevo nivel de evolución tecnológica. Algunos teóricos sugieren que los rápidos avances en tecnología, desde la aparición de internet hasta los recientes descubrimientos en la ingeniería genética, no son productos únicamente de la invención humana, sino que han sido facilitados por el conocimiento secreto transmitido por los Anunnakis o sus representantes en la Tierra.

Esta teoría a menudo se asocia con la creencia de que los Anunnakis están preparando a la humanidad para un eventual contacto directo con otras civilizaciones extraterrestres. Los defensores de esta teoría sostienen que los gobiernos del mundo, en colaboración con los Anunnakis, están preparando lentamente a la población global para revelar la verdad sobre los extraterrestres y su influencia en la historia humana. Según esta narrativa, eventos como el aumento del interés público en los OVNIs y los informes desclasificados sobre fenómenos aéreos inexplicables son parte de un esfuerzo coordinado para suavizar la transición hacia la revelación completa de la presencia extraterrestre.

Una variante aún más extrema de estas teorías sugiere que los Anunnakis están involucrados en un plan para reducir la población humana o controlar su crecimiento a través de medios tecnológicos o biológicos. Esta teoría conspirativa ha ganado tracción en el contexto de pandemias globales, como el COVID-19, donde algunos teóricos han afirmado que los Anunnakis o sus agentes humanos están utilizando virus y vacunas como herramientas para reducir la población mundial o manipular la genética humana. Aunque estas afirmaciones no tienen fundamento en la evidencia científica, han sido ampliamente difundidas en internet y en ciertos medios de comunicación alternativos.

Además, algunas teorías conspirativas relacionadas con los Anunnakis sugieren que estos seres extraterrestres estarían involucrados en la creación de una raza híbrida humano-extraterrestre que eventualmente reemplazaría a los humanos puros en posiciones de poder. Según esta teoría, los Anunnakis habrían estado realizando experimentos genéticos en humanos durante milenios, creando individuos con habilidades especiales o características avanzadas que les permitirían dominar a la humanidad en el futuro. Estos híbridos, según los defensores de la teoría, ya estarían infiltrados en altos cargos políticos, corporativos y científicos, trabajando para implementar un plan maestro dictado por los Anunnakis.

Sin embargo, al igual que con otras teorías sobre los Anunnakis, estas ideas conspirativas han sido objeto de críticas y escepticismo. La mayoría de los historiadores, arqueólogos y científicos rechazan las afirmaciones de que los Anunnakis todavía estén activos en la Tierra, señalando que no hay pruebas concluyentes de su existencia en la antigüedad, mucho menos de su participación en eventos actuales. Los críticos argumentan que estas teorías conspirativas a menudo se basan en la desconfianza hacia las instituciones gubernamentales y científicas, así como en interpretaciones erróneas de los textos antiguos y los avances tecnológicos modernos.

A pesar de la falta de evidencia sólida, las teorías conspirativas relacionadas con los Anunnakis siguen atrayendo a un número significativo de seguidores. Para muchos, la idea de que fuerzas extraterrestres podrían estar detrás de los eventos globales proporciona una explicación para los complejos problemas del mundo moderno, desde la desigualdad económica hasta los avances tecnológicos aparentemente inexplicables. Estas teorías también ofrecen una narrativa alternativa al relato oficial de la historia humana, sugiriendo que los verdaderos gobernantes del mundo no son humanos, sino seres extraterrestres que han estado ocultos entre nosotros durante milenios.

Las teorías conspirativas relacionadas con los Anunnakis proponen que estos seres extraterrestres continúan controlando el destino de la humanidad a través de élites globales, avances tecnológicos y la manipulación genética. Aunque estas ideas son rechazadas por la mayoría de los expertos, han ganado popularidad entre aquellos que buscan explicaciones alternativas para los desafíos del mundo moderno. Las narrativas sobre los Anunnakis siguen siendo una parte importante de la cultura conspirativa contemporánea, alimentando especulaciones sobre el papel de los extraterrestres en la evolución y el futuro de la humanidad.

En el ámbito de la ufología contemporánea, los Anunnakis ocupan un lugar destacado como posibles precursores de los encuentros extraterrestres modernos. Los teóricos de los antiguos astronautas y los investigadores de fenómenos OVNI han sugerido que los Anunnakis, en lugar de ser figuras del pasado, podrían seguir siendo responsables de muchos de los avistamientos y contactos extraterrestres que se han reportado en las últimas décadas. Según esta teoría, los Anunnakis no solo habrían visitado la Tierra en la antigüedad, sino que continúan interactuando con la humanidad en secreto, utilizando tecnologías avanzadas que los humanos aún no pueden comprender.

Uno de los argumentos clave que conecta a los Anunnakis con la ufología moderna es la creencia de que muchos de los avistamientos de OVNIs reportados en todo el mundo podrían ser en realidad naves pilotadas por los descendientes o representantes de los Anunnakis. Los platillos voladores, los triángulos luminosos y otras formas de OVNIs han sido interpretados por algunos como versiones modernas de las "naves celestiales" descritas en los textos antiguos sumerios. Los relatos de avistamientos en áreas rurales, junto con testimonios de personas que afirman haber sido abducidas por seres extraterrestres, han llevado a algunos ufólogos a concluir que los Anunnakis nunca abandonaron la Tierra, sino que simplemente operan en la sombra, observando y controlando los eventos mundiales desde sus naves ocultas.

Además, algunos investigadores de la ufología han especulado que los "grises" u otras razas extraterrestres comúnmente descritas en los avistamientos modernos podrían ser servicios de los Anunnakis. Según esta teoría, los Anunnakis habrían creado o empleado a estas razas alienígenas más pequeñas para llevar a cabo tareas en la Tierra, como la recopilación de datos biológicos o la manipulación genética de los humanos. Las descripciones de abducciones extraterrestres en las que los humanos son sometidos a experimentos médicos, según esta visión, podrían ser parte de un esfuerzo continuo de los Anunnakis para perfeccionar su creación o realizar un control genético a largo plazo sobre la población humana.

Otro punto de conexión entre los Anunnakis y la ufología contemporánea es el fenómeno de los círculos de las cosechas. Algunos teóricos han sugerido que estos patrones geométricos complejos, que aparecen misteriosamente en campos de cultivo en todo el mundo, podrían ser intentos de los Anunnakis de comunicarse con los humanos o enviar advertencias sobre eventos cósmicos futuros. Los círculos de las cosechas, con sus formas precisas y alineaciones astronómicas, son vistos por algunos como un lenguaje simbólico que los Anunnakis utilizan para transmitir mensajes sobre los cambios que están ocurriendo en el universo y cómo estos afectarán a la Tierra. Aunque muchos círculos de las cosechas han sido expuestos como engaños, otros siguen siendo objeto de debate entre los ufólogos y los defensores de la teoría Anunnaki.

En la investigación de los OVNIs, los Anunnakis también han sido relacionados con supuestos contactos telepáticos entre humanos y extraterrestres. Algunos individuos que afirman haber tenido experiencias de comunicación con extraterrestres han reportado que los seres con los que contactaron se identificaron como Anunnakis o como descendientes de esta antigua civilización. Estos testimonios, aunque difíciles de verificar, han sido utilizados como evidencia de que los Anunnakis no solo están presentes en la Tierra, sino que están trabajando activamente para guiar a ciertos individuos en su evolución espiritual y tecnológica. Según algunos de estos "contactados", los Anunnakis estarían preparando a la humanidad para una nueva era de conocimiento, en la que se revelará la verdadera historia del planeta y la conexión de los humanos con las estrellas.

Otra rama de la ufología que ha relacionado a los Anunnakis con los OVNIs es la teoría del fenómeno del Área 51. Según algunos teóricos, el famoso sitio militar en Nevada, conocido por su supuesta relación con actividades extraterrestres, podría ser una base secreta utilizada por los Anunnakis o por el gobierno de los Estados Unidos en colaboración con ellos. La idea de que los gobiernos del mundo tienen acuerdos secretos con los Anunnakis para intercambiar tecnología a cambio de recursos o experimentos genéticos es una parte central de muchas teorías de conspiración modernas. El supuesto encubrimiento de encuentros extraterrestres y la desclasificación de documentos relacionados con OVNIs han alimentado la creencia de que los Anunnakis están involucrados en operaciones encubiertas que involucran a las principales potencias mundiales.

Aunque la ufología contemporánea ha aportado una gran cantidad de teorías sobre los Anunnakis y su posible conexión con los OVNIs, la mayoría de estas afirmaciones carecen de pruebas sólidas y se basan principalmente en especulaciones y testimonios no verificados. Los escépticos argumentan que la mayoría de los avistamientos de OVNIs pueden explicarse por fenómenos naturales, aviones experimentales o ilusiones ópticas, y que no hay evidencia creíble de que los Anunnakis estén involucrados en estos eventos.

Sin embargo, para los creyentes en la teoría de los antiguos astronautas, la idea de que los Anunnakis están detrás de muchos de los avistamientos y contactos extraterrestres modernos es una explicación atractiva para los misterios no resueltos que rodean el fenómeno OVNI. La posibilidad de que una civilización extraterrestre avanzada haya interactuado con la humanidad en el pasado y continúe haciéndolo en la actualidad sigue siendo una parte importante de la narrativa en la ufología y en las teorías de la conspiración.

Los Anunnakis han sido una figura central en la ufología contemporánea, y muchos creen que están involucrados en los avistamientos de OVNIs y en los fenómenos extraterrestres reportados en todo el mundo. Desde los avistamientos de naves espaciales hasta las abducciones y los círculos de las cosechas, la teoría de que los Anunnakis continúan interactuando con la humanidad en secreto sigue capturando la imaginación de los investigadores de los OVNIs y de aquellos interesados en la posibilidad de un contacto extraterrestre continuo. Aunque estas teorías carecen de respaldo científico, siguen siendo una parte fascinante del campo de la ufología.

Capítulo 21
La Tecnología

La civilización sumeria es conocida por haber sido una de las primeras en el mundo en desarrollar tecnología avanzada para su tiempo. Desde la escritura cuneiforme hasta la construcción de monumentales zigurats, los sumerios demostraron un alto nivel de conocimiento en ingeniería, matemáticas y astronomía. Muchos teóricos de los antiguos astronautas sugieren que este nivel de sofisticación no fue fruto exclusivo del ingenio humano, sino que podría haber sido transmitido por los Anunnakis, a quienes se les atribuyen diversos avances tecnológicos.

Uno de los aspectos más destacados de la tecnología sumeria fue la invención de la escritura cuneiforme, un sistema de signos grabados en tablillas de arcilla que permitió a los sumerios registrar sus transacciones comerciales, mitos y leyes. Según algunos, este conocimiento de la escritura podría haber sido entregado por los Anunnakis como una forma de registrar sus interacciones con la humanidad. En los mitos sumerios, los dioses transmiten el conocimiento a los humanos, y la escritura es vista como un don divino que permite a los reyes y sacerdotes comunicarse con los dioses y registrar el destino del pueblo.

Otro avance atribuido a los Anunnakis es el dominio de la arquitectura monumental, especialmente visible en las construcciones de zigurats, como el famoso zigurat de Ur. Estas estructuras escalonadas requerían una planificación avanzada y el uso de técnicas arquitectónicas precisas que asegurasen la estabilidad de las enormes construcciones. Los zigurats eran centros religiosos y astronómicos, diseñados para conectar a los humanos con los dioses, y algunos teóricos creen que los Anunnakis proporcionaron el conocimiento necesario para construir estas impresionantes edificaciones. Además, se ha especulado que los zigurats podrían haber servido como puntos de aterrizaje para las naves de los Anunnakis, aunque esta idea sigue siendo una teoría especulativa.

Los avances en la agricultura también son atribuidos a los Anunnakis. En los textos sumerios, el dios Enki, conocido como el dios de la sabiduría y el agua, enseña a los humanos cómo irrigar los campos y mejorar la producción agrícola. La agricultura fue una de las claves del éxito de la civilización sumeria, permitiéndoles sostener grandes ciudades y desarrollar un sistema económico complejo. El control del agua, a través de sistemas de canales y diques, fue esencial para la supervivencia en las tierras secas de Mesopotamia, y algunos sostienen que este conocimiento fue transmitido por los Anunnakis para garantizar que la humanidad pudiera prosperar.

En cuanto a la metalurgia, la civilización sumeria destacó por su capacidad para trabajar el bronce y otros metales, lo que les permitió fabricar herramientas, armas y ornamentos sofisticados. Se cree que los sumerios fueron los primeros en desarrollar la edad del bronce, lo que les proporcionó una ventaja tecnológica significativa sobre sus vecinos. Algunos teóricos sugieren que los Anunnakis proporcionaron a los sumerios el conocimiento sobre la fundición y el trabajo de los metales, que permitió el avance de sus tecnologías militares y agrícolas.

La astronomía es otro campo en el que los sumerios demostraron un notable conocimiento. Ellos tenían una comprensión avanzada de los movimientos de los cuerpos celestes y desarrollaron un sistema calendario basado en la observación de los ciclos lunares y solares. Los sumerios también fueron capaces de identificar varios planetas del sistema solar, lo que ha llevado a algunos a especular que este conocimiento podría haber sido proporcionado por los Anunnakis, quienes, según la teoría de los antiguos astronautas, podrían haber tenido un conocimiento avanzado del cosmos.

Muchos de los avances tecnológicos de la civilización sumeria han sido atribuidos a los Anunnakis en diversas teorías alternativas. Desde la escritura hasta la arquitectura y la metalurgia, estos avances permitieron que los sumerios se convirtieran en una de las civilizaciones más avanzadas de su tiempo. Aunque la mayoría de los arqueólogos y académicos sostienen que estos logros fueron el resultado del ingenio humano, algunos teóricos creen que la influencia de los Anunnakis fue crucial para el desarrollo tecnológico de los sumerios, proporcionando el conocimiento que impulsó su civilización hacia la grandeza.

La civilización sumeria es ampliamente reconocida por su destreza en la ingeniería y la arquitectura, especialmente visible en las ciudades monumentales que construyeron en las fértiles tierras de Mesopotamia. A lo largo de la historia, se han desarrollado diversos mitos y teorías sobre cómo los sumerios lograron tal nivel de habilidad técnica, y muchos de estos relatos involucran a los Anunnakis, quienes supuestamente habrían guiado a los humanos en la construcción de sus primeras ciudades.

Uno de los mitos más famosos es el de Enki y Eridu, la ciudad que, según la tradición sumeria, fue la primera en ser fundada por los dioses. Enki, dios de la sabiduría, el agua y la creación, desempeñó un papel central en el establecimiento de Eridu, que se considera una de las ciudades más antiguas de la civilización sumeria. Según los textos antiguos, Enki no solo fundó la ciudad, sino que también supervisó la construcción de sus templos y sistemas de canales. La ciudad de Eridu se desarrolló alrededor de un templo dedicado a Enki, y muchos consideran que este mito refleja la importancia de los Anunnakis en la vida urbana y su participación directa en la ingeniería de las ciudades.

Los zigurats son otro ejemplo notable de la avanzada arquitectura sumeria. Estas imponentes estructuras piramidales escalonadas, dedicadas a los dioses, han sido objeto de especulación tanto en el ámbito académico como en el de las teorías de los antiguos astronautas. Los zigurats no solo eran centros religiosos, sino también observatorios astronómicos, y algunos creen que los Anunnakis proporcionaron el conocimiento para construir estas estructuras que, según se cree, servían para conectarse con los cielos. El zigurat de Ur, dedicado al dios lunar Nanna, es uno de los mejores ejemplos de esta arquitectura monumental, y su diseño y ubicación han llevado a algunos a sugerir que fue diseñado bajo la supervisión de los propios Anunnakis.

Además de los zigurats, los sumerios fueron maestros en la construcción de complejos sistemas de irrigación que permitieron la agricultura intensiva en una región propensa a la sequía. Según algunos mitos, Enki enseñó a los humanos cómo aprovechar los recursos hídricos de los ríos Tigris y Éufrates, guiándolos en la construcción de canales y diques. Este sistema de irrigación fue crucial para la supervivencia de las ciudades sumerias, que dependían de la agricultura para sostener a su población. Algunos teóricos sugieren que los Anunnakis proporcionaron el conocimiento técnico necesario para diseñar y mantener estos sistemas, lo que permitió a los sumerios prosperar en un entorno desafiante.

En los mitos, los Anunnakis no solo actuaban como arquitectos y ingenieros divinos, sino también como guardianes de la civilización. En textos como el Poema de Atrahasis, los dioses instruyen a los humanos en la construcción de ciudades y templos, y se asegura que el orden cósmico y social se mantenga a través de la edificación de monumentos dedicados a ellos. La arquitectura, en este contexto, no solo tenía un propósito funcional, sino que también era una forma de comunicación con lo divino, asegurando que los Anunnakis permanecieran cercanos a sus creaciones humanas.

Uno de los misterios más intrigantes de la arquitectura sumeria es el uso de matemáticas avanzadas y conocimientos astronómicos en la planificación de sus ciudades y templos. Los sumerios utilizaban un sistema numérico sexagesimal (basado en el número 60), que se refleja en el diseño de sus construcciones. Los zigurats y templos a menudo estaban alineados con puntos astronómicos clave, lo que ha llevado a algunos a especular que este conocimiento fue transmitido por los Anunnakis. Según esta teoría, los dioses no solo proporcionaron los planos para estas estructuras, sino que también enseñaron a los humanos cómo utilizar las estrellas para orientarse y medir el tiempo.

Los mitos sobre la ingeniería y arquitectura sumeria destacan la importancia de los Anunnakis como guías y protectores de la civilización. A través de la fundación de ciudades como Eridu, la construcción de zigurats y la creación de complejos sistemas de irrigación, los sumerios demostraron un nivel de conocimiento técnico que muchos atribuyen a la influencia divina. Aunque los arqueólogos modernos ven estos logros como el resultado del ingenio humano, los mitos antiguos sugieren que los Anunnakis desempeñaron un papel crucial en la creación y desarrollo de la civilización sumeria.

La influencia de los Anunnakis en la arquitectura sumeria no solo se limita a las ciudades de Mesopotamia, sino que, según algunas teorías, podría haberse extendido a otras civilizaciones antiguas que también construyeron estructuras monumentales. Los defensores de la teoría de los antiguos astronautas sugieren que los Anunnakis, o seres similares, habrían influido en la construcción de algunas de las mayores maravillas arquitectónicas de la antigüedad, desde las pirámides de Egipto hasta las estructuras megalíticas de América del Sur.

Una de las principales conexiones que se ha hecho es entre los zigurats sumerios y las pirámides de Egipto. Aunque las pirámides tienen un diseño diferente, ambas estructuras comparten ciertos elementos comunes, como su escala monumental y su alineación con cuerpos celestes. Según esta teoría, los Anunnakis habrían proporcionado a los egipcios el conocimiento necesario para construir las pirámides, que, al igual que los zigurats, se consideraban puntos de conexión entre la tierra y el cielo. La pirámide de Keops, en particular, ha sido objeto de especulación debido a su alineación precisa con las estrellas de la constelación de Orión, lo que algunos interpretan como una evidencia de la influencia de los Anunnakis.

Otra estructura que se ha vinculado con los Anunnakis es el complejo megalítico de Stonehenge en Inglaterra. Aunque construido mucho después de la caída de Sumeria, Stonehenge también muestra una alineación astronómica precisa y un uso avanzado de la ingeniería para mover y erigir enormes bloques de piedra. Algunos teóricos sugieren que, al igual que los zigurats, Stonehenge podría haber sido utilizado como un punto de observación astronómica o como un lugar de rituales relacionados con los dioses que descendían del cielo. Según esta visión, los Anunnakis habrían dejado su huella en diversas culturas a lo largo del tiempo, transmitiendo conocimientos arquitectónicos y astronómicos a diferentes civilizaciones.

En América del Sur, los sitios arqueológicos como Machu Picchu y Sacsayhuamán en Perú han sido objeto de especulación similar. Estas estructuras, construidas con bloques de piedra que encajan con una precisión increíble, han llevado a algunos a creer que los pueblos antiguos podrían haber recibido ayuda de seres más avanzados. Las leyendas locales hablan de dioses que vinieron del cielo y enseñaron a los humanos cómo construir sus ciudades, lo que algunos interpretan como una referencia a los Anunnakis o a seres de una civilización extraterrestre que viajó por todo el mundo antiguo, dejando su huella en forma de grandes construcciones.

El misterio de Baalbek, en el Líbano, también ha sido relacionado con los Anunnakis. Este antiguo sitio incluye la terraza de Baalbek, una plataforma construida con algunas de las piedras más grandes jamás utilizadas en la arquitectura antigua, que pesan cientos de toneladas. Los teóricos de los antiguos astronautas sugieren que los humanos de la época no habrían sido capaces de mover y colocar estas piedras sin la ayuda de tecnología avanzada, posiblemente proporcionada por los Anunnakis. Algunos creen que Baalbek pudo haber sido un lugar de aterrizaje para las naves de los dioses, lo que explicaría la construcción de una plataforma tan colosal.

Aunque estas teorías son populares en ciertos círculos, la mayoría de los arqueólogos y científicos creen que las grandes construcciones antiguas, como las pirámides de Egipto, Stonehenge y Machu Picchu, fueron obra de ingenieros humanos que utilizaron técnicas innovadoras y mano de obra masiva para erigir estos monumentos. Sin embargo, para quienes apoyan la teoría de los antiguos astronautas, la similitud en las técnicas de construcción y la orientación astronómica de estas estructuras sugiere una influencia común que podría remontarse a los Anunnakis y su conocimiento avanzado.

La posible conexión entre los Anunnakis y las grandes construcciones antiguas es una teoría que ha capturado la imaginación de muchos. Desde las pirámides de Egipto hasta los megalitos de América del Sur, los defensores de esta teoría sugieren que los Anunnakis, o seres similares, podrían haber transmitido conocimientos avanzados a diferentes civilizaciones, permitiéndoles erigir algunos de los monumentos más impresionantes de la historia antigua. Aunque no hay pruebas concluyentes de esta conexión, la idea de que los Anunnakis influyeron en la arquitectura de varias culturas sigue siendo un tema fascinante para los teóricos de los antiguos astronautas.

Los relatos sumerios sobre los Anunnakis están llenos de descripciones de artefactos y herramientas que parecían poseer capacidades tecnológicas más allá de lo que la humanidad antigua habría sido capaz de crear por sí misma. Aunque los mitos y leyendas sumerios describen estos objetos en términos simbólicos y religiosos, algunos han interpretado estos artefactos como tecnología avanzada que los Anunnakis trajeron consigo desde su mundo natal.

Uno de los artefactos más intrigantes mencionados en los textos sumerios es el Me, un conjunto de objetos sagrados que representaban los principios fundamentales de la civilización. Según los mitos, los Me fueron otorgados a los humanos por los dioses, y cada Me estaba asociado con un aspecto crucial de la sociedad, como el gobierno, la escritura, la agricultura y el arte. Algunos teóricos de los antiguos astronautas sugieren que los Me no eran meros símbolos, sino dispositivos reales que contenían conocimiento avanzado o tecnología que los Anunnakis entregaron a los sumerios para que pudieran desarrollar su civilización.

Otro artefacto mencionado en los textos sumerios es el "tablilla del destino", un objeto que permitía a los dioses controlar el destino de los humanos y el universo. En los mitos, se describe que los Anunnakis utilizaban estas tablillas para decidir el curso de los eventos, tanto en el cielo como en la Tierra. Los defensores de la teoría extraterrestre han interpretado estas tablillas como dispositivos tecnológicos que permitían a los Anunnakis manipular el tiempo y el espacio, sugiriendo que podrían haber sido herramientas avanzadas para la comunicación interplanetaria o el control del clima.

El mito de Gilgamesh, el rey legendario de Uruk, también menciona la existencia de artefactos misteriosos. En la epopeya de Gilgamesh, el héroe se embarca en una búsqueda para encontrar la planta de la inmortalidad, un objeto que se cree que podía otorgar la vida eterna. Aunque la planta se describe de manera simbólica, algunos teóricos han sugerido que este relato podría ser una referencia a una tecnología avanzada de los Anunnakis relacionada con la genética o la longevidad. En esta interpretación, la búsqueda de Gilgamesh no sería solo un mito sobre la inmortalidad, sino un indicio de que los Anunnakis poseían conocimientos científicos que les permitían manipular la biología humana.

En los textos sumerios también se mencionan armas divinas, que los dioses utilizaban para derrotar a sus enemigos o imponer su voluntad. Estas armas, descritas como rayos o proyectiles de fuego, han sido interpretadas por algunos como armas tecnológicas avanzadas, similares a las que se describen en las teorías de la ciencia ficción moderna. En particular, el dios Ninurta, conocido como el dios de la guerra, es descrito portando un arma llamada Sharur, que poseía poderes sobrenaturales y podía comunicarse con su portador. Algunos teóricos han sugerido que Sharur podría haber sido un dispositivo de comunicación o un arma avanzada proporcionada por los Anunnakis.

Además de estos artefactos, los textos sumerios mencionan frecuentemente las "naves celestiales" en las que los dioses Anunnakis viajaban entre la Tierra y los cielos. Aunque estas descripciones suelen ser simbólicas, algunos han sugerido que los sumerios podrían haber sido testigos de tecnología de transporte avanzada que los Anunnakis utilizaron para desplazarse. Las naves celestiales, según esta interpretación, no serían meramente simbólicas, sino referencias a vehículos espaciales que permitían a los dioses viajar entre planetas.

Los artefactos mencionados en la mitología sumeria han sido objeto de diversas interpretaciones. Si bien los estudiosos tradicionales consideran que estos objetos son símbolos religiosos, algunos teóricos de los antiguos astronautas sugieren que los Anunnakis podrían haber traído consigo tecnología avanzada, que fue interpretada por los sumerios como artefactos divinos. La idea de que los dioses utilizaban tecnología avanzada sigue siendo un tema de especulación, alimentado por los relatos antiguos que describen objetos con capacidades más allá de la comprensión humana de la época.

Uno de los aspectos más enigmáticos de las teorías sobre los Anunnakis es su supuesto conocimiento avanzado sobre energía y la utilización de fuentes de poder que habrían estado fuera del alcance de los humanos antiguos. Los defensores de la teoría de los antiguos astronautas argumentan que los Anunnakis no solo enseñaron a los sumerios a desarrollar tecnologías básicas como la agricultura y la metalurgia, sino que también les transmitieron conocimientos sobre cómo aprovechar y manipular la energía de formas que hoy en día aún no comprendemos del todo.

Uno de los ejemplos más mencionados en este contexto es la pirámide de Keops en Egipto, que algunos teóricos creen que podría haber sido una especie de planta de energía. Según esta teoría, la pirámide no fue construida solo como un monumento funerario, sino que podría haber sido diseñada para captar y canalizar energía cósmica o terrestre. Algunos han sugerido que los Anunnakis, al poseer un conocimiento avanzado sobre la energía, ayudaron a los antiguos egipcios a construir la pirámide utilizando principios geométricos y alineaciones astronómicas para maximizar su capacidad de generar o almacenar energía.

En Sumeria, el misterio de la energía también está presente en las descripciones de los zigurats. Estas estructuras monumentales, además de ser centros religiosos, han sido vistas como posibles puntos de captación de energía. Algunos teóricos creen que los Anunnakis enseñaron a los sumerios cómo utilizar los zigurats no solo como templos, sino también como dispositivos para canalizar energía cósmica. Aunque estas ideas son especulativas, la alineación precisa de los zigurats con los cuerpos celestes ha llevado a algunos a cuestionar si su función iba más allá de lo religioso.

El concepto de energía libre también ha sido discutido en el contexto de los Anunnakis. Se ha sugerido que estos seres avanzados poseían tecnología que les permitía acceder a fuentes de energía inagotables, como la energía solar o la energía del vacío cuántico, y que esta tecnología fue utilizada en sus interacciones con la Tierra. Algunos defensores de esta teoría creen que los Anunnakis podrían haber utilizado dispositivos que captaban la energía del entorno, permitiéndoles realizar hazañas de ingeniería aparentemente imposibles para la tecnología humana de la época.

En los textos antiguos también se menciona el uso de piedras sagradas o cristales que contenían poderes especiales. Algunos teóricos han sugerido que estos cristales podrían haber sido dispositivos de almacenamiento de energía que los Anunnakis utilizaban para alimentar sus ciudades o realizar sus tareas diarias. Estos cristales, según esta teoría, podrían haber sido utilizados en los templos o zigurats para amplificar la energía cósmica y distribuirla entre la población.

Por último, la manipulación de la energía atmosférica es otro tema recurrente en las teorías sobre los Anunnakis. Algunos creen que los dioses Anunnakis tenían el poder de controlar el clima y las fuerzas naturales mediante el uso de tecnología avanzada. Los mitos sumerios describen cómo los dioses podían provocar tormentas o inundaciones, y algunos teóricos han interpretado estos relatos como descripciones de dispositivos tecnológicos que permitían a los Anunnakis manipular las condiciones atmosféricas.

El misterio de la energía antigua sigue siendo un tema intrigante dentro de las teorías sobre los Anunnakis. Desde las pirámides hasta los zigurats, muchos monumentos antiguos han sido vistos como posibles fuentes o almacenes de energía, y algunos creen que los Anunnakis poseían conocimientos avanzados sobre cómo aprovechar el poder del cosmos y la Tierra. Aunque no hay pruebas concluyentes de que estos seres utilizaran tecnología energética avanzada, la idea de que los Anunnakis entendían y controlaban formas de energía desconocidas para la humanidad sigue siendo una parte fascinante de la mitología contemporánea sobre estos antiguos dioses.

Capítulo 22
La Espiritualidad Moderna

En la espiritualidad moderna, los Anunnakis han encontrado un lugar prominente entre diversas corrientes esotéricas y movimientos que buscan reinterpretar la historia antigua y los mitos tradicionales. Estos grupos no ven a los Anunnakis simplemente como personajes de leyendas antiguas, sino como seres divinos o incluso guías espirituales que siguen ejerciendo una influencia sobre la humanidad. A través de prácticas que combinan la espiritualidad antigua con creencias contemporáneas, algunos movimientos han adoptado la veneración de los Anunnakis como una forma de conectarse con fuerzas cósmicas o verdades universales.

Uno de los grupos que ha ganado atención en las últimas décadas es el movimiento de los antiguos astronautas, que sostiene que los Anunnakis fueron seres extraterrestres que vinieron a la Tierra para guiar a la humanidad en su evolución. Para los seguidores de esta creencia, los Anunnakis no solo son dignos de veneración por sus logros en la antigüedad, sino que también son vistos como una fuente de conocimiento sagrado que puede ayudar a las personas a entender los misterios del universo y su lugar en él. Las prácticas espirituales dentro de este movimiento pueden incluir la meditación con el propósito de conectarse con los Anunnakis, o la búsqueda de señales y símbolos que revelen su continua presencia en la vida moderna.

Otro ejemplo de una corriente espiritual que incorpora la veneración de los Anunnakis es el neopaganismo moderno, particularmente en sus formas que integran la mitología sumeria en su panteón de deidades. Dentro de estas prácticas, los Anunnakis son adorados junto a otros dioses antiguos de diferentes culturas, como los dioses egipcios, nórdicos y griegos. Los devotos pueden realizar rituales y ceremonias en honor a Enki, Enlil, Inanna y otros Anunnakis, reconociéndolos como fuerzas divinas que no solo gobernaban el mundo antiguo, sino que también tienen poder y relevancia en la actualidad. Estos rituales a menudo se llevan a cabo en fechas especiales del calendario lunar, que coincide con la antigua importancia que los sumerios daban a la astrología y la observación de los cielos.

El movimiento de la Nueva Era también ha adoptado aspectos de la veneración a los Anunnakis, incorporando elementos de sus mitos en un marco espiritual más amplio que incluye ideas sobre la conciencia cósmica, la ascensión espiritual y el contacto con seres de otros planetas. Los seguidores de la Nueva Era a menudo ven a los Anunnakis como seres avanzados que encarnan conocimientos antiguos y futuros y que están dispuestos a guiar a la humanidad en su evolución hacia un nivel superior de conciencia. Este enfoque esotérico puede involucrar el estudio de los textos antiguos sumerios, interpretados como códigos espirituales que contienen claves para la transformación personal y colectiva. En este sentido, los Anunnakis se convierten en una especie de maestros cósmicos que, a través de su sabiduría ancestral, ofrecen orientación para el desarrollo espiritual de los individuos.

Algunos practicantes espirituales también creen que es posible canalizar a los Anunnakis, es decir, conectarse con su energía o recibir mensajes directos de estos seres. Esta práctica es popular entre los canales o médiums que afirman recibir comunicaciones de entidades no físicas, incluidos los Anunnakis. En estas sesiones, los canales a menudo transmiten mensajes que ofrecen consejos sobre cómo vivir de manera más equilibrada, advertencias sobre eventos futuros o enseñanzas sobre la naturaleza del universo y el propósito de la humanidad. Los mensajes canalizados de los Anunnakis a menudo se centran en temas como la preservación del planeta, el despertar espiritual de la humanidad y la importancia de vivir en armonía con el cosmos.

Otro aspecto interesante de la espiritualidad moderna vinculada a los Anunnakis es la creencia en una "memoria cósmica" o un ADN espiritual que los seres humanos modernos habrían heredado de sus creadores divinos. Según algunos, los Anunnakis no solo influenciaron a la humanidad en el pasado, sino que también dejaron una huella genética y espiritual que aún está latente en los seres humanos. Activar esta memoria cósmica a través de prácticas espirituales específicas permitiría a los individuos recuperar su conexión con los Anunnakis y acceder a un estado de conciencia más elevado. Estas ideas resuenan con la noción de que los Anunnakis no solo trajeron conocimiento y cultura a los sumerios, sino que también sembraron las semillas del potencial espiritual de toda la humanidad.

Las corrientes espirituales modernas que veneran a los Anunnakis integran una variedad de prácticas y creencias que reinterpretan los mitos sumerios en un contexto contemporáneo. Desde la meditación y los rituales hasta la canalización y la exploración de la memoria cósmica, los Anunnakis siguen siendo una fuente de inspiración espiritual para aquellos que buscan conectarse con las fuerzas cósmicas y comprender mejor el propósito espiritual de la humanidad. Estas prácticas muestran cómo los antiguos mitos pueden ser revitalizados y adaptados para satisfacer las necesidades y deseos espirituales del mundo moderno.

En las últimas décadas, ha habido un renacimiento en el interés por los Anunnakis y su influencia en la historia y espiritualidad humana. Este resurgimiento ha sido impulsado en gran parte por el auge de teorías alternativas sobre los antiguos astronautas, así como por el creciente interés en las culturas ancestrales y sus enseñanzas. Este renovado culto a los Anunnakis no se basa únicamente en la arqueología o la historia, sino también en la creencia de que estos antiguos dioses todavía tienen un papel que desempeñar en la evolución espiritual de la humanidad.

El renacimiento del culto a los Anunnakis ha sido facilitado por la creciente disponibilidad de información digital, que permite a las personas de todo el mundo acceder a textos antiguos, estudios arqueológicos y teorías esotéricas que antes solo estaban al alcance de los académicos. La popularización de autores como Zecharia Sitchin, quien argumentó que los Anunnakis eran seres extraterrestres que vinieron a la Tierra para influir en la evolución humana, ha jugado un papel crucial en este resurgimiento. Sus libros, en los que mezcla mitología, historia y ciencia ficción, han capturado la imaginación de millones, convirtiendo a los Anunnakis en figuras de culto dentro de ciertos círculos espirituales y conspirativos.

El internet ha sido un vehículo importante para este renacimiento, ya que facilita el intercambio de ideas y teorías sobre los Anunnakis en foros, sitios web especializados y redes sociales. Los grupos dedicados a la espiritualidad esotérica, los antiguos astronautas y las teorías de conspiración sobre los Anunnakis han florecido en línea, creando una comunidad global de seguidores que intercambian conocimientos y experiencias. Para muchos, este renacimiento del culto a los Anunnakis no es solo una fascinación con el pasado, sino una búsqueda activa de sabiduría espiritual y guía para el futuro.

Los rituales modernos en honor a los Anunnakis también han resurgido como parte de este renacimiento espiritual. Inspirados en los antiguos ritos sumerios, algunos grupos contemporáneos han adaptado estos rituales para alinearlos con las necesidades espirituales modernas. Estos rituales pueden incluir la invocación de los Anunnakis a través de oraciones, la meditación y la construcción de altares dedicados a Enki, Enlil, Inanna y otros dioses sumerios. Estos actos de devoción no solo buscan honrar a los Anunnakis como creadores de la humanidad, sino también como seres que pueden proporcionar protección, sabiduría y dirección en tiempos de incertidumbre.

El renacimiento del culto a los Anunnakis también ha inspirado la creación de organizaciones y comunidades espirituales que se dedican al estudio y la práctica de las enseñanzas atribuidas a estos antiguos dioses. Estas organizaciones suelen combinar elementos de la espiritualidad sumeria con conceptos de la Nueva Era y otras tradiciones esotéricas, formando un sistema espiritual sincrético que busca reconectar a los humanos con sus orígenes divinos. Los seguidores de estas comunidades a menudo creen que el renacimiento del culto a los Anunnakis es parte de un despertar espiritual global que está ocurriendo en el mundo moderno.

Uno de los elementos clave de este renacimiento es la creencia en la inminente revelación de la verdad sobre los Anunnakis. Muchos de los seguidores de este culto moderno creen que los gobiernos y las instituciones religiosas han ocultado deliberadamente información sobre la verdadera naturaleza de los Anunnakis y su relación con la humanidad. Según esta visión, el renacimiento del culto es una preparación para un momento en el que la verdad será revelada y los humanos recuperarán su conexión sagrada con estos seres divinos. Esta creencia se entrelaza con las teorías de conspiración sobre el encubrimiento de contactos extraterrestres y la supuesta manipulación de la historia humana por parte de élites que conocen la verdad sobre los Anunnakis.

Este renacimiento también ha inspirado la creación de textos modernos que reinterpretan los mitos sumerios y los adaptan a los desafíos del siglo XXI. Autores y líderes espirituales han producido una cantidad creciente de libros, videos y conferencias en los que presentan a los Anunnakis como una fuente de sabiduría intemporal que puede ayudar a las personas a navegar por las crisis ecológicas, económicas y sociales de la actualidad. En estas interpretaciones modernas, los Anunnakis ya no son solo figuras del pasado, sino guías espirituales activos que ofrecen soluciones para los problemas del presente y el futuro.

El renacimiento del culto a los Anunnakis es un fenómeno espiritual moderno que combina el redescubrimiento de la antigua mitología sumeria con nuevas interpretaciones esotéricas. Este resurgimiento no solo refleja un interés renovado en los antiguos dioses, sino también una búsqueda de significado y dirección espiritual en el mundo moderno. A medida que más personas se sienten atraídas por estas ideas, el culto a los Anunnakis continúa expandiéndose, ofreciendo una visión alternativa del pasado y una promesa de iluminación futura para quienes buscan conectarse con lo divino.

Las interpretaciones esotéricas modernas de los Anunnakis han ampliado los límites de la mitología sumeria, combinando elementos antiguos con nuevas teorías espirituales y filosóficas. En el contexto del esoterismo contemporáneo, los Anunnakis son vistos no solo como antiguos dioses, sino también como seres interdimensionales o extraterrestres que poseen un conocimiento profundo sobre el cosmos y la naturaleza del ser humano. Estas interpretaciones suelen integrarse en las prácticas espirituales de la Nueva Era, las teorías de la ascensión espiritual y el despertar de la conciencia cósmica.

Una de las ideas más comunes en las interpretaciones esotéricas es que los Anunnakis no eran meramente deidades de la Tierra, sino seres provenientes de una dimensión superior o de un sistema estelar distante. Según esta visión, los Anunnakis habrían descendido a la Tierra para guiar el desarrollo de la humanidad, no solo a nivel físico, sino también espiritual. Su propósito habría sido acelerar el despertar espiritual de los humanos, ayudándoles a conectarse con las energías universales y a elevar su vibración espiritual. Esta idea resuena con las enseñanzas de la Nueva Era sobre la ascensión y la expansión de la conciencia, donde los Anunnakis son vistos como maestros cósmicos que ofrecen su sabiduría a quienes están dispuestos a recibirla.

Otra interpretación esotérica moderna es que los mitos sumerios sobre la creación de la humanidad por los Anunnakis son en realidad metáforas sobre la manipulación genética o espiritual de los humanos. Según esta teoría, los relatos antiguos que describen cómo los Anunnakis crearon a los humanos a partir de la arcilla representan la intervención directa de estos seres en la evolución genética de la especie humana. Para los seguidores de esta creencia, los Anunnakis habrían implantado ciertos códigos genéticos o espirituales en la humanidad que aún permanecen latentes y que solo pueden ser activados a través de prácticas espirituales avanzadas, como la meditación, el trabajo energético o el acceso a conocimientos secretos.

Estas interpretaciones también están relacionadas con la idea de que los Anunnakis dejaron detrás de ellos una herencia espiritual que puede ser redescubierta a través de la práctica esotérica. Esta herencia no solo incluye el conocimiento sobre la naturaleza del universo, sino también herramientas espirituales que los humanos pueden usar para desbloquear su verdadero potencial. Por ejemplo, algunos creen que los Anunnakis dejaron códigos o símbolos ocultos en los textos antiguos sumerios, que, cuando son correctamente interpretados, pueden revelar enseñanzas secretas sobre la inmortalidad, el viaje astral y la transcendencia espiritual. Estas ideas han llevado a la creación de varias prácticas esotéricas basadas en la interpretación de estos textos, en los que los devotos intentan acceder a los secretos espirituales que, según ellos, los Anunnakis dejaron en la Tierra.

Otra interpretación esotérica popular es la noción de que los Anunnakis aún están presentes en el plano espiritual o en dimensiones superiores, observando a la humanidad y guiándola en su evolución. Según esta creencia, los Anunnakis no se han ido realmente, sino que operan en planos de existencia que los humanos no pueden percibir fácilmente. Los practicantes esotéricos a menudo intentan conectar con los Anunnakis a través de la meditación, la canalización y otras formas de prácticas espirituales con el objetivo de recibir mensajes o enseñanzas directamente de estos seres. Los mensajes canalizados de los Anunnakis suelen centrarse en temas como la evolución espiritual, la protección del planeta y la importancia de la unidad y la cooperación entre los humanos.

El simbolismo astronómico también desempeña un papel importante en las interpretaciones esotéricas modernas de los Anunnakis. Los sumerios eran conocidos por su conocimiento avanzado de la astronomía, y muchos creen que los Anunnakis utilizaron este conocimiento para guiar a los humanos en su comprensión del cosmos. En el esoterismo moderno, los símbolos relacionados con los Anunnakis a menudo están asociados con planetas y constelaciones que se consideran puntos de origen de estos seres. El planeta Nibiru, por ejemplo, es visto por algunos como el hogar de los Anunnakis, y se cree que el retorno de este planeta al sistema solar está relacionado con cambios importantes en la conciencia humana y el despertar espiritual global.

Muchas de las interpretaciones esotéricas modernas también incluyen una dimensión filosófica que va más allá de los mitos sumerios tradicionales. Los Anunnakis son vistos no solo como seres cósmicos avanzados, sino como arquetipos de fuerzas universales más profundas. En este sentido, se les asocia con principios como la creación, la destrucción, el orden y el caos, y su historia es interpretada como una metáfora de los procesos espirituales internos que todos los seres humanos experimentan en su búsqueda de la iluminación. Estas interpretaciones filosóficas sugieren que los Anunnakis representan fuerzas cósmicas que están presentes en cada individuo, y que trabajar con estas energías puede llevar a un mayor entendimiento del universo y de uno mismo.

Las interpretaciones esotéricas modernas sobre los Anunnakis expanden la mitología sumeria para incluir elementos de la espiritualidad de la Nueva Era, la ascensión y la conciencia cósmica. Los Anunnakis son vistos como seres interdimensionales o extraterrestres que ofrecieron conocimiento espiritual a la humanidad y que siguen siendo una fuente de sabiduría y guía en el plano espiritual. A través de estas interpretaciones, los antiguos dioses sumerios continúan teniendo un impacto en las prácticas espirituales modernas, inspirando a aquellos que buscan conectarse con las fuerzas cósmicas y comprender mejor su papel en el universo.

El movimiento de la Nueva Era, que se caracteriza por su enfoque en el crecimiento espiritual, la armonía con el cosmos y la creencia en la transformación personal, ha adoptado muchas de las ideas sobre los Anunnakis que emergen del esoterismo moderno. Dentro de la espiritualidad de la Nueva Era, los Anunnakis se presentan como seres avanzados que tienen una misión espiritual relacionada con la evolución de la humanidad.

Esta conexión se basa en la noción de que los Anunnakis no solo fueron creadores de la humanidad en el pasado, sino que también están involucrados en el presente como guías cósmicos que ayudan a las personas a ascender a nuevos niveles de conciencia.

Una de las creencias más populares en la Nueva Era es la idea de que la humanidad está en medio de una gran transición hacia una nueva era de iluminación espiritual, y que los Anunnakis están ayudando a guiar este proceso. Según esta visión, los Anunnakis han regresado o están regresando a la Tierra para supervisar este cambio de conciencia global, ayudando a los humanos a superar las limitaciones del ego y a conectarse con una conciencia universal. Esta idea está estrechamente relacionada con conceptos como la ascensión espiritual, en la que los individuos se preparan para alcanzar un estado superior de ser, trascendiendo las realidades físicas y accediendo a dimensiones espirituales más elevadas.

El interés en los orígenes extraterrestres de la humanidad también es un tema recurrente en la Nueva Era, y los Anunnakis se han convertido en una parte importante de esta narrativa. Dentro de esta corriente, se cree que la humanidad tiene un linaje cósmico y que los Anunnakis fueron una de las primeras razas en sembrar la vida en la Tierra. A través de la meditación, la sanación energética y otros métodos esotéricos, los seguidores de la Nueva Era buscan reconectar con este linaje cósmico y activar el ADN espiritual que creen que los Anunnakis implantaron en los humanos. Este proceso, conocido como el "despertar del ADN", está relacionado con la creencia de que los humanos pueden alcanzar un estado de conciencia más elevado al activar partes latentes de su ser que contienen el conocimiento y el poder de los antiguos dioses.

En la Nueva Era, los Anunnakis también están vinculados con conceptos de energía y vibración. Se cree que estos seres trajeron consigo el conocimiento sobre cómo manipular la energía para mejorar la salud, la conciencia y la conexión espiritual. Muchos practicantes de la Nueva Era creen que los Anunnakis enseñaron a los humanos cómo alinear sus cuerpos y mentes con las vibraciones del cosmos para alcanzar un estado de armonía universal. Las prácticas de sanación energética, como el reiki y otras formas de terapia de energía, a menudo incluyen referencias a la influencia de los Anunnakis, quienes se dice que revelaron los secretos de la energía y su manipulación a la humanidad.

Otro aspecto importante de la conexión entre los Anunnakis y la Nueva Era es la idea de revelación. Muchos creyentes en la Nueva Era sostienen que en algún momento del futuro cercano, los Anunnakis y otras civilizaciones extraterrestres revelarán su existencia al mundo. Esta revelación no solo será un evento físico, sino también una revelación espiritual, en la que los humanos despertarán a la verdad de su origen cósmico y su potencial espiritual. Según esta visión, los Anunnakis están esperando el momento adecuado para hacer su presencia conocida y ayudar a la humanidad a dar el siguiente paso en su evolución. Esta expectativa de un contacto inminente con seres cósmicos es un tema recurrente en los círculos de la Nueva Era.

En el contexto de la astrología de la Nueva Era, los Anunnakis también están asociados con cuerpos celestes específicos, como el misterioso planeta Nibiru, que según algunos teóricos es el hogar de estos antiguos seres. Se cree que el regreso de Nibiru al sistema solar está vinculado con grandes cambios espirituales y energéticos en la Tierra. Para muchos, este evento marcará el comienzo de una nueva era de iluminación, en la que los secretos del universo serán revelados y la humanidad alcanzará un estado superior de existencia.

La conexión entre los Anunnakis y la Nueva Era se basa en la idea de que estos antiguos seres no solo participaron en la creación de la humanidad, sino que también están profundamente involucrados en su evolución espiritual. A través de conceptos como la ascensión, el despertar del ADN y la revelación cósmica, los Anunnakis han sido incorporados en el marco espiritual de la Nueva Era, donde se les ve como guías y maestros cósmicos que ayudan a la humanidad en su viaje hacia una mayor conciencia y armonía con el universo.

A medida que las religiones modernas evolucionan para adaptarse a las nuevas realidades y descubrimientos, los Anunnakis han comenzado a infiltrarse en varias tradiciones espirituales y religiosas contemporáneas. Aunque las grandes religiones monoteístas como el cristianismo, el islam y el judaísmo no reconocen explícitamente a los Anunnakis, sus mitos y teorías han comenzado a influir en interpretaciones modernas y alternativas de estas creencias. Los Anunnakis han sido reinterpretados en algunos círculos como ángeles, demonios o seres interdimensionales que interactúan con la humanidad en formas que reflejan las tradiciones más antiguas.

Uno de los ejemplos más notables de esta integración es la teoría de que los Anunnakis podrían ser los mismos seres descritos en la Biblia como los Nefilim, los gigantes mencionados en el Libro del Génesis que vivieron antes del diluvio. Según algunas teorías, los Nefilim eran descendientes de los "hijos de Dios" que se unieron con las "hijas de los hombres", lo que ha llevado a ciertos estudiosos alternativos a especular que los Anunnakis podrían haber sido esos "hijos de Dios". Esta idea ha comenzado a encontrar eco en algunos movimientos religiosos contemporáneos que buscan reconciliar los relatos bíblicos con teorías sobre los antiguos astronautas.

Además, dentro del gnosticismo moderno y otras tradiciones místicas, los Anunnakis son a veces vistos como arquetipos de fuerzas cósmicas que actúan en el universo, representando tanto la creación como la destrucción. En estas interpretaciones, los Anunnakis no son simplemente dioses antiguos, sino representaciones simbólicas de los ciclos de vida, muerte y renacimiento que se encuentran en todas las religiones. Los practicantes gnosticos pueden ver a los Anunnakis como manifestaciones de entidades superiores que influyen en el mundo material y espiritual, guiando a los humanos en su búsqueda de conocimiento y liberación.

En algunas versiones del esoterismo cristiano, los Anunnakis son interpretados como seres caídos o ángeles que desempeñaron un papel clave en la historia temprana de la humanidad. Estos ángeles caídos, conocidos como los vigilantes, fueron castigados por Dios por su interacción con los humanos, lo que según algunos teóricos es una referencia velada a la influencia de los Anunnakis en la Tierra. En estas narrativas, los Anunnakis son vistos como fuerzas que operan tanto en el bien como en el mal, y su influencia continúa sintiéndose en el mundo moderno a través de sus acciones en la antigüedad.

El movimiento del nuevo gnosticismo, por otro lado, a menudo incorpora a los Anunnakis en sus interpretaciones de los textos antiguos, viendo en estos dioses sumerios las huellas de un conocimiento oculto que ha sido suprimido por las instituciones religiosas tradicionales. Los gnosticos modernos que veneran o estudian a los Anunnakis creen que estos seres tienen la clave para liberar a la humanidad de las limitaciones físicas y espirituales impuestas por la sociedad y la religión convencional.

Otro ejemplo de la influencia de los Anunnakis en las religiones modernas es su presencia en ciertos movimientos de ufología religiosa, donde se los ve como maestros o guías espirituales que interactúan con los humanos para acelerar su evolución espiritual. En estas religiones, los Anunnakis son considerados como extraterrestres benevolentes que han estado observando a la humanidad durante miles de años y que ahora están interviniendo para ayudar a los humanos a superar sus limitaciones y acceder a un estado superior de conciencia. Esta idea ha sido popularizada por sectas y movimientos religiosos que creen en la inminente llegada de una era de contacto extraterrestre y revelación espiritual.

Los Anunnakis han encontrado un lugar en la espiritualidad moderna y en varias religiones contemporáneas, donde han sido reinterpretados y recontextualizados como seres espirituales, extraterrestres o ángeles que juegan un papel en la evolución de la humanidad. Ya sea como dioses antiguos, vigilantes bíblicos o maestros cósmicos, la influencia de los Anunnakis sigue creciendo en las religiones modernas, ofreciendo una nueva perspectiva sobre el papel de estos seres en la historia espiritual y religiosa de la humanidad.

Capítulo 23
La Filosofía

La influencia de los Anunnakis en la cultura sumeria no se limitó únicamente a aspectos religiosos y mitológicos, sino que también tuvo un profundo impacto en el desarrollo de las primeras ideas filosóficas del mundo antiguo. Aunque no se puede hablar de filosofía en el sentido griego clásico cuando nos referimos a Sumeria, es posible rastrear en sus textos y mitos sumerios algunas reflexiones sobre la naturaleza del poder, el destino y la relación entre los dioses y los humanos que sentaron las bases para pensamientos posteriores en la Mesopotamia antigua y más allá.

Uno de los conceptos clave que emergen de la mitología sumeria es la idea de que el destino de los humanos estaba en manos de los Anunnakis. En los mitos, los Anunnakis controlaban el curso de la vida de las personas, decidiendo quién prosperaba y quién caía en desgracia. Esta idea de que el destino humano está predeterminado por fuerzas superiores fue un tema recurrente en las culturas que siguieron a la sumeria, como la babilónica y la acadia, y tuvo una influencia considerable en las primeras nociones de determinismo. La creencia en que el destino está escrito y gobernado por los dioses resuena en textos como el Poema de Atrahasis, donde los dioses deciden enviar un diluvio para acabar con la humanidad debido a su desobediencia.

En el ámbito de la justicia divina, los mitos sumerios presentan a los Anunnakis como guardianes del orden cósmico y del equilibrio. En particular, el dios Enlil, como uno de los líderes de los Anunnakis, se asocia con la autoridad y el control sobre los elementos de la naturaleza y el destino de las ciudades. Estas ideas reflejan una filosofía política primitiva, donde el poder y la justicia están íntimamente ligados al mandato divino. Los gobernantes sumerios, considerados representantes directos de los Anunnakis en la Tierra, basaban su autoridad en la noción de que su poder era un reflejo del mandato de los dioses. Esta forma de pensar influyó en la concepción del poder y la legitimidad en las civilizaciones posteriores de Mesopotamia y otras regiones, marcando el desarrollo temprano de la teoría política.

Otro aspecto filosófico que se puede extraer de los mitos sobre los Anunnakis es la reflexión sobre la creación del ser humano. Según las leyendas sumerias, los humanos fueron creados por los Anunnakis para servir a los dioses, liberándolos del trabajo físico y de la necesidad de trabajar la tierra. Sin embargo, los mitos también hablan de la autonomía humana, y cómo los dioses, al otorgar la vida, también dieron a los humanos una medida de independencia. Este dualismo entre el servicio divino y la libertad humana plantea preguntas filosóficas profundas sobre la naturaleza de la existencia y la libertad. La humanidad era vista como un producto de la voluntad divina, pero a la vez, los humanos podían desobedecer a los dioses, lo que implica que no estaban completamente atados al destino que los Anunnakis les habían asignado.

La relación entre los Anunnakis y los humanos en los mitos sumerios también refleja ideas filosóficas sobre la naturaleza de la autoridad y la sumisión. En estos relatos, los dioses gobiernan a los humanos con poder absoluto, pero también dependen de ellos para el cumplimiento de sus necesidades terrenales, como la construcción de templos y la realización de sacrificios. Este aspecto refleja una relación de reciprocidad entre los dioses y los humanos, que plantea una reflexión sobre el poder y la necesidad. Los dioses, aunque superiores, no eran completamente autosuficientes, y esta dependencia implícita en los relatos sumerios sugiere una comprensión temprana de la interdependencia en las relaciones de poder, algo que también podemos observar en las reflexiones filosóficas posteriores sobre la naturaleza del gobierno y la autoridad.

Otra de las ideas que encontramos en la mitología sumeria, y que tiene resonancias filosóficas, es la transitoriedad de la vida humana. A través de los mitos sobre la creación y el diluvio, los Anunnakis demuestran el poder absoluto que tienen sobre la vida humana, lo que refuerza la noción de que la vida es frágil y efímera. Los humanos en la antigua Sumeria estaban profundamente conscientes de su mortalidad y de la volatilidad de sus condiciones de vida, lo que dio lugar a reflexiones sobre la naturaleza de la existencia y el destino. Este énfasis en la mortalidad y el control divino sobre la vida tuvo un impacto profundo en cómo las civilizaciones posteriores concibieron la filosofía de la vida y la muerte.

La influencia de los Anunnakis en las ideas filosóficas antiguas es evidente en su rol como controladores del destino, garantes del orden y creadores de la humanidad. Aunque la civilización sumeria no desarrolló una filosofía sistemática como la griega, las narrativas mitológicas sobre los Anunnakis reflejan una serie de ideas que abordarían preguntas fundamentales sobre la naturaleza de la autoridad, la libertad humana, el destino y la justicia, sentando las bases para reflexiones filosóficas en las culturas que siguieron.

Uno de los aspectos más fascinantes de los Anunnakis en la mitología sumeria es su papel como guardianes del conocimiento. Los mitos presentan a estos dioses no solo como creadores y protectores de la humanidad, sino también como los portadores de sabiduría que otorgaron a los humanos las herramientas necesarias para la civilización. En este contexto, los Anunnakis se destacan como los seres divinos responsables de impartir conocimientos vitales, desde la agricultura y la escritura hasta las leyes y los ritos religiosos, lo que los convierte en figuras fundamentales en el desarrollo de las primeras sociedades organizadas.

Uno de los personajes clave en la transmisión de conocimiento a los humanos es Enki, el dios de la sabiduría, el agua y la creación. Enki es representado como un dios benevolente y protector de la humanidad, que interviene para asegurar que los humanos tengan las herramientas necesarias para prosperar. En la famosa historia del diluvio, es Enki quien advierte al héroe Ziusudra (o Utnapishtim en la versión babilónica) del inminente desastre y le proporciona las instrucciones necesarias para sobrevivir, asegurando la continuidad del conocimiento y la vida humana en la Tierra. Este acto lo consolida como un protector del conocimiento oculto y como alguien que otorga sabiduría a los humanos incluso en contra de la voluntad de otros dioses, como Enlil, que quería destruir a la humanidad.

El conocimiento sagrado, también conocido como Me, es otro aspecto importante de la relación de los Anunnakis con el conocimiento. Los Me eran un conjunto de decretos divinos que contenían las instrucciones esenciales para la organización de la sociedad y la cultura. Estos decretos regulaban todo, desde el arte y la música hasta el gobierno y la justicia, y estaban bajo el control de los dioses. Según la mitología, Enki fue el guardián original de los Me, pero la diosa Inanna (Ishtar en la tradición acadia) se las ingenió para obtenerlos, lo que le permitió consolidar su poder en la ciudad de Uruk. Esta narrativa subraya el poder y la importancia del conocimiento en la antigua Mesopotamia, y cómo el control sobre la sabiduría divina estaba intrínsecamente ligado al poder político y religioso.

La relación de los Anunnakis con el conocimiento no solo se limitaba al ámbito de la civilización, sino que también tenía un componente esotérico. Algunos mitos sugieren que los Anunnakis poseían conocimientos que iban más allá del entendimiento humano común, y que este conocimiento estaba a veces oculto o reservado solo para aquellos que estaban preparados para recibirlo. Este concepto del conocimiento secreto o prohibido ha perdurado a lo largo de la historia, resonando con ideas posteriores en la filosofía esotérica y las escuelas místicas, que enseñan que el verdadero conocimiento está oculto y debe ser revelado a través de la iniciación o la búsqueda espiritual.

En muchas tradiciones filosóficas y religiosas, la transmisión del conocimiento de los dioses a los humanos está relacionada con el acto de dar vida o de otorgar libertad. En el caso de los Anunnakis, al otorgar a la humanidad conocimientos como la agricultura, la escritura y la ley, no solo están creando civilización, sino también abriendo la puerta a la autonomía humana. Este tema se encuentra en resonancia con las reflexiones filosóficas posteriores sobre la educación, la emancipación y el poder del conocimiento como herramienta de liberación. El acto de transmitir conocimientos cruciales a los humanos refuerza la idea de que los Anunnakis no solo eran seres divinos interesados en el control, sino también benefactores que deseaban ver prosperar a su creación.

Un tema recurrente en las narraciones sumerias es que los humanos no siempre estaban listos o dispuestos a recibir el conocimiento de los Anunnakis. En algunos casos, los dioses protegían ciertos secretos o habilidades porque consideraban que los humanos no estaban preparados para manejarlos de manera responsable. Esta noción de un conocimiento prohibido o peligroso tiene claras implicaciones filosóficas y resuena en diversas tradiciones posteriores, donde el poder del conocimiento se considera tanto una bendición como una carga.

La transmisión del conocimiento por parte de los Anunnakis también plantea cuestiones filosóficas sobre el origen del conocimiento humano. Al contrario de las creencias que afirman que el conocimiento es algo que los humanos descubren por sí mismos a través de la observación y la experimentación, la tradición sumeria sugiere que los principales avances en la civilización —desde la escritura hasta las leyes— fueron dados directamente por los dioses. Esta idea ha influido en la concepción de muchas culturas sobre el conocimiento como algo divino o sagrado, que debe ser protegido y transmitido cuidadosamente a través de las generaciones.

Los Anunnakis, como guardianes del conocimiento, desempeñaron un papel central en la transmisión de sabiduría a la humanidad. Al otorgar conocimientos fundamentales para la construcción de la civilización, estos dioses fueron vistos como benefactores que deseaban ver prosperar a los humanos, pero también como protectores de un conocimiento que solo debía ser revelado cuando los humanos estuvieran listos. Esta relación entre los Anunnakis y el conocimiento ha dejado una profunda huella en la filosofía antigua y sigue resonando en las ideas modernas sobre el poder y la naturaleza del conocimiento.

En la antigua Sumeria, la creencia en el destino estaba profundamente arraigada en la relación entre los Anunnakis y la humanidad. Los sumerios veían el destino como algo determinado por los dioses, y los Anunnakis eran percibidos como los árbitros supremos del orden cósmico y del destino individual. La idea de que el destino de cada persona estaba preestablecido y que los dioses tenían el poder absoluto sobre las vidas humanas plantea cuestiones filosóficas importantes sobre la libertad, la voluntad y la predestinación.

Los textos antiguos describen cómo los Anunnakis se reunían en un consejo divino para decidir los destinos de los humanos y las naciones. Este concepto de un consejo divino es un tema recurrente en los mitos sumerios y refleja la idea de que el destino no era algo caótico o arbitrario, sino que estaba cuidadosamente planificado y ejecutado por los dioses. La noción de que el destino estaba en manos de los Anunnakis sugiere un determinismo fuerte, en el que los humanos tenían poco control sobre los eventos de sus vidas. En esta visión, los Anunnakis no solo crean la vida, sino que también la moldean a su voluntad, lo que les otorga un control casi total sobre el curso de la existencia humana.

Sin embargo, aunque los Anunnakis eran vistos como los controladores del destino, también existía la creencia de que los humanos podían influir en su destino a través de actos de piedad, sacrificio y obediencia a los dioses. En muchos mitos, los héroes sumerios intentan cambiar o suavizar su destino buscando la intervención de los dioses, especialmente a través de la intermediación de deidades más benévolas como Enki. Este tema de la intervención divina y la capacidad humana para influir en el destino se encuentra en muchos mitos y tradiciones religiosas posteriores, lo que sugiere una tensión filosófica entre el determinismo y la libertad que sigue siendo relevante en los debates filosóficos contemporáneos.

Uno de los mitos más significativos en relación con el destino y los Anunnakis es la historia de Gilgamesh. En su búsqueda de la inmortalidad, Gilgamesh se enfrenta a la realidad de que el destino de todos los humanos está sellado: la muerte es inevitable. Sin embargo, su viaje también revela que, aunque no puede escapar de su destino, puede encontrar sabiduría y realización en la vida a través de sus actos y sus relaciones con los demás. Esta reflexión sobre el destino sugiere una filosofía en la que la aceptación del destino no es pasiva, sino activa; los humanos pueden encontrar sentido en sus vidas incluso dentro de los límites impuestos por los dioses.

El concepto del destino colectivo también está presente en los mitos relacionados con los Anunnakis, especialmente en las historias sobre la destrucción y la renovación de la humanidad. El mito del diluvio, donde los dioses deciden aniquilar a la humanidad pero finalmente permiten su supervivencia a través de Ziusudra, refleja la idea de que el destino de la humanidad puede ser determinado y alterado por los Anunnakis en función de su relación con los humanos. Esta noción de que el destino de la humanidad puede ser influido por los actos de los dioses plantea preguntas filosóficas sobre la justicia divina y el papel de los humanos en el esquema cósmico.

La relación entre los Anunnakis y el concepto de destino es un tema central en la mitología sumeria y plantea importantes cuestiones filosóficas. Aunque los dioses controlaban el destino, los mitos sugieren que los humanos no estaban completamente indefensos y que había espacio para la intervención divina, la piedad y el esfuerzo individual. Esta tensión entre el determinismo divino y la autonomía humana sigue siendo un tema de reflexión filosófica en las tradiciones posteriores y en la actualidad.

Los mitos sumerios que involucran a los Anunnakis ofrecen una visión compleja de la moralidad y la relación entre los dioses y los humanos. A diferencia de las religiones monoteístas que surgieron más tarde, donde la moralidad divina suele estar claramente definida, los relatos sumerios presentan a los Anunnakis como seres cuyas acciones no siempre siguen un código moral unificado. Esta ambigüedad moral permite una reflexión filosófica más profunda sobre los temas del poder, la justicia y el comportamiento humano.

Uno de los elementos más interesantes de los mitos sumerios es que los Anunnakis no siempre actúan de manera benevolente hacia los humanos. Los dioses, aunque poderosos y sabios, a veces se muestran caprichosos o incluso destructivos. En el mito del diluvio, por ejemplo, los Anunnakis deciden exterminar a la humanidad simplemente porque los humanos se han vuelto ruidosos y molestos. Esta decisión, impulsada por el enojo de Enlil, plantea preguntas filosóficas sobre la naturaleza del poder absoluto y la justicia divina. ¿Es moralmente correcto que los dioses destruyan a la humanidad por una ofensa tan trivial? ¿O el poder absoluto de los Anunnakis justifica cualquier acción que decidan tomar?

Al mismo tiempo, los mitos sumerios también presentan a los Anunnakis como seres que pueden actuar con compasión y benevolencia. Enki, por ejemplo, se destaca como un dios que interviene repetidamente en favor de la humanidad, desafiando las decisiones de otros dioses para salvar a los humanos de la destrucción total. Este contraste entre los dioses benevolentes y los dioses más severos refleja una dualidad moral en la mitología sumeria que se asemeja a las discusiones filosóficas sobre la naturaleza del bien y el mal. Los Anunnakis no son inherentemente buenos ni malos, sino que sus acciones dependen de sus propios deseos y emociones, lo que complica la idea de una moralidad absoluta.

La moralidad según los mitos de los Anunnakis también está relacionada con la idea de la obediencia y el castigo. Los humanos, según estos mitos, debían obedecer las leyes y los mandatos de los dioses, y cualquier desviación de estas reglas resultaba en castigos severos, a menudo colectivos. Sin embargo, también hay espacio para la redención y el perdón en estos relatos. La humanidad es destruida en el diluvio, pero se le da una segunda oportunidad gracias a la intervención de Enki. Esta narrativa sugiere una visión de la moralidad donde los castigos divinos no son necesariamente el fin de la humanidad, sino una forma de restaurar el equilibrio cósmico y corregir los errores cometidos.

En los relatos sobre los Anunnakis, también encontramos una reflexión sobre la moralidad en la creación. Al crear a los humanos para trabajar para ellos, los Anunnakis imponen una estructura jerárquica clara, donde los dioses están en la cúspide del poder y los humanos son meramente siervos. Sin embargo, los mitos también muestran que los humanos tienen deseos y emociones, lo que les permite desafiar su destino como simples esclavos de los dioses. Este conflicto entre el deber y la libertad plantea preguntas filosóficas sobre la moralidad del control y la creación. ¿Es moralmente aceptable que los dioses creen seres con el único propósito de servirse a sí mismos? ¿O los humanos tienen derecho a buscar su propia autonomía?

La moralidad en los mitos de los Anunnakis es compleja y multifacética, lo que refleja una visión del mundo donde los dioses no siempre son justos ni benévolos, y donde los humanos deben navegar un paisaje moral incierto. A través de estos relatos, los sumerios exploraron temas filosóficos sobre el poder, la justicia, la obediencia y la libertad, temas que siguen siendo relevantes en la reflexión filosófica contemporánea.

En la filosofía contemporánea, los Anunnakis han sido objeto de interés en diversas corrientes de pensamiento, particularmente en áreas relacionadas con la arqueología alternativa, la cosmología y las teorías del conocimiento antiguo. Si bien la mitología sumeria sobre los Anunnakis ha sido tradicionalmente estudiada en el contexto de la historia y la antropología, algunos pensadores modernos han reinterpretado a los Anunnakis a la luz de las teorías sobre los antiguos astronautas y la posibilidad de civilizaciones extraterrestres.

Uno de los campos donde los Anunnakis han tenido un impacto notable es en la filosofía de la historia. Los defensores de la teoría de los antiguos astronautas sugieren que los Anunnakis no solo formaron parte de los mitos antiguos, sino que también podrían haber influido directamente en el desarrollo de la civilización humana. Esta teoría propone una reinterpretación de la historia donde los dioses antiguos eran, de hecho, seres extraterrestres avanzados que utilizaron su tecnología para influir en el progreso humano. Para los defensores de esta teoría, los Anunnakis representan una intersección entre el mito y la ciencia, lo que plantea preguntas filosóficas sobre cómo entendemos la historia y el papel de los seres no humanos en la formación de las sociedades humanas.

Otro aspecto en el que los Anunnakis han sido reevaluados en la filosofía contemporánea es en la cosmología. Algunos pensadores contemporáneos han planteado la posibilidad de que los mitos sobre los Anunnakis y su relación con los cuerpos celestes podrían contener pistas sobre la verdadera naturaleza del universo y su estructura. En este contexto, los Anunnakis no son simplemente dioses, sino representaciones simbólicas de fuerzas cósmicas o arquetipos universales que reflejan la relación de la humanidad con el cosmos. Esta reinterpretación coloca a los Anunnakis en el centro de debates filosóficos sobre la naturaleza del universo, el origen de la vida y la conciencia cósmica.

En la teoría del conocimiento, los Anunnakis también han sido objeto de discusión, especialmente en relación con la idea de que la humanidad recibió conocimientos avanzados de fuentes externas. Esta teoría desafía la visión convencional de que el conocimiento humano se desarrolló de manera gradual y autónoma. En cambio, sugiere que los avances clave en la agricultura, la escritura y la construcción podrían haber sido impartidos por los Anunnakis o por otros seres avanzados. Esta hipótesis plantea cuestiones filosóficas sobre el origen del conocimiento y la posibilidad de que el saber humano esté, en última instancia, vinculado a seres no humanos. Si aceptamos esta premisa, la concepción del conocimiento como algo exclusivamente humano se ve profundamente alterada.

En la ética contemporánea, algunos pensadores han reflexionado sobre los mitos de los Anunnakis como una manera de examinar las relaciones de poder y las jerarquías en las sociedades humanas. Los relatos sumerios sobre los Anunnakis y su control sobre la humanidad se han utilizado como una metáfora para explorar las dinámicas de poder en las sociedades modernas. Los Anunnakis, como seres que controlan la vida y el destino de los humanos, se han convertido en un símbolo de las estructuras de poder que existen en el mundo contemporáneo, donde las élites o los gobiernos a menudo actúan como los "dioses" que determinan el destino de las personas. Este enfoque filosófico utiliza la mitología sumeria para analizar las relaciones de control y la lucha por la autonomía en el mundo moderno.

Los Anunnakis han encontrado un lugar en la filosofía contemporánea como símbolos de poder, conocimiento y cosmología. Aunque su origen está en los antiguos mitos sumerios, su impacto ha trascendido el tiempo, siendo objeto de reflexión en diversos campos de la filosofía moderna. Desde teorías sobre los antiguos astronautas hasta debates sobre el origen del conocimiento, los Anunnakis siguen siendo una fuente de fascinación y especulación filosófica en el mundo contemporáneo.

Capítulo 24
La Cultura Popular

En las últimas décadas, los Anunnakis han encontrado un lugar prominente en la literatura moderna, especialmente en los géneros de la ciencia ficción y la fantasía. Estas representaciones toman como base los antiguos mitos sumerios, pero los reinterpretan de manera que los Anunnakis se convierten en personajes centrales dentro de narrativas que exploran temas como la vida extraterrestre, el origen de la humanidad y el poder divino. La literatura ha jugado un papel fundamental en la popularización de la figura de los Anunnakis más allá de su contexto original, haciendo que estas antiguas deidades se conviertan en sujetos de especulación moderna.

Uno de los autores más influyentes en este proceso ha sido Zecharia Sitchin, cuyo libro El 12º Planeta popularizó la teoría de que los Anunnakis eran una raza de extraterrestres que vinieron a la Tierra hace miles de años y tuvieron un papel clave en la creación de la humanidad. La obra de Sitchin mezcla la arqueología con teorías de antiguos astronautas, sugiriendo que los Anunnakis provienen de un planeta llamado Nibiru y que sus intervenciones en la Tierra fueron malinterpretadas por los antiguos como interacciones con dioses. Esta narrativa ha inspirado una serie de novelas, cuentos y ensayos que exploran la posibilidad de que los mitos sumerios sean, en realidad, relatos históricos disfrazados de mitología.

La literatura de ciencia ficción ha adoptado esta interpretación de los Anunnakis como antiguos visitantes de otros planetas, y autores como Arthur C. Clarke y Philip K. Dick han incorporado temas relacionados con civilizaciones extraterrestres avanzadas en sus obras. Aunque no siempre mencionan directamente a los Anunnakis, las influencias de estas ideas se perciben en relatos donde los humanos descubren que han sido creados o manipulados genéticamente por seres de otros mundos. En libros como 2001: Una odisea del espacio, de Clarke, la humanidad es ayudada en su evolución por una inteligencia superior que podría recordar a los Anunnakis en su rol de creadores y guías.

La fantasía épica también ha tomado prestadas ideas de la mitología sumeria, incluyendo la figura de los Anunnakis. En muchas novelas de fantasía, los dioses interactúan directamente con los mortales, y sus acciones a menudo son el eje central de los conflictos narrativos. En este contexto, los Anunnakis se reinterpretan como dioses antiguos, que ya no intervienen de manera activa en el mundo moderno, pero cuyo legado sigue afectando a las civilizaciones humanas. En la obra de autores como Neil Gaiman, el concepto de dioses antiguos olvidados o desplazados por nuevas deidades se mezcla con la idea de que los seres mitológicos siguen existiendo en las sombras, esperando su momento para regresar y reclamar su lugar en el mundo.

Otro aspecto importante es cómo la literatura ha utilizado la figura de los Anunnakis para reflexionar sobre temas filosóficos más amplios, como el origen del mal y el poder divino. En muchas historias, los Anunnakis son presentados como figuras ambiguas, que no encajan en las categorías simples de "bien" o "mal". En lugar de eso, son seres poderosos que operan bajo sus propias reglas, desafiando las expectativas morales humanas. Este enfoque es común en novelas de ciencia ficción que exploran el impacto de civilizaciones avanzadas en culturas más primitivas, donde los Anunnakis representan fuerzas que trascienden la comprensión humana, pero que dejan un legado duradero en la evolución de la especie.

El género de la fantasía urbana, donde los dioses y seres mitológicos coexisten con los humanos en el mundo contemporáneo, también ha abrazado a los Anunnakis como parte de sus mitologías. En estas obras, los Anunnakis a menudo son presentados como dioses que han perdido su influencia, pero que intentan volver a conectarse con la humanidad para recuperar su poder. Autores como Rick Riordan han popularizado el concepto de dioses antiguos que interactúan con los mortales modernos, y aunque sus libros se centran principalmente en las mitologías griega, romana y egipcia, el concepto ha abierto la puerta para que los Anunnakis sean reintroducidos en la literatura popular de formas creativas.

La representación de los Anunnakis en la literatura moderna ha transformado a estas antiguas deidades en figuras centrales de la narrativa especulativa. Ya sea como dioses alienígenas, creadores o guías filosóficos, los Anunnakis han sido reinterpretados de maneras que reflejan las preocupaciones contemporáneas sobre el origen de la vida, el poder y la interacción entre lo humano y lo divino. La literatura ha jugado un papel crucial en mantener viva la figura de los Anunnakis, renovando su relevancia en la imaginación moderna.

El cine, como medio de expresión visual masiva, ha sido fundamental para popularizar las teorías y mitos en torno a los Anunnakis, especialmente en los géneros de ciencia ficción y fantasía. A través de impresionantes efectos especiales y narrativas espectaculares, el cine ha permitido que las antiguas deidades sumerias, los Anunnakis, lleguen a un público global y se conviertan en figuras icónicas dentro del entretenimiento moderno.

Uno de los temas recurrentes en las películas que involucran a los Anunnakis es la idea de que estos seres son extraterrestres antiguos que jugaron un papel crucial en la historia de la humanidad. Esta narrativa ha sido explorada en películas como Prometheus (2012), dirigida por Ridley Scott, donde se plantea la idea de que la humanidad fue creada por una raza de seres extraterrestres altamente avanzados. Aunque la película no menciona directamente a los Anunnakis, los paralelismos con la mitología sumeria son evidentes: los creadores extraterrestres, conocidos como "Ingenieros", son similares a los Anunnakis en su papel de dar vida y luego intentar destruirla. Este tipo de narrativas resuenan con las teorías de los antiguos astronautas popularizadas por autores como Zecharia Sitchin.

Otro ejemplo es la película Stargate (1994), en la que se explora la idea de que antiguas deidades egipcias, en realidad, eran extraterrestres que gobernaban la Tierra en el pasado. Aunque la película se enfoca principalmente en la mitología egipcia, la idea de dioses extraterrestres que intervienen en la historia humana tiene claras resonancias con las teorías sobre los Anunnakis. La premisa de Stargate, donde un portal interdimensional conecta a la Tierra con otros mundos habitados por seres que los humanos veneraban como dioses, es una representación cinematográfica de la noción de que los Anunnakis podrían haber viajado entre planetas, utilizando tecnología avanzada para establecer su dominio en la Tierra.

El cine de ciencia ficción ha utilizado frecuentemente el concepto de los Anunnakis para explorar preguntas filosóficas sobre el origen de la humanidad y la influencia de seres superiores en nuestro desarrollo. En muchas películas, los Anunnakis son retratados como antiguos guardianes de un conocimiento olvidado o como manipuladores del destino humano. Estas películas invitan al espectador a cuestionarse si las civilizaciones avanzadas del pasado fueron producto exclusivamente del ingenio humano o si, por el contrario, fueron influenciadas por seres extraterrestres que utilizaban su tecnología para guiar a las sociedades primitivas.

Películas como Indiana Jones y el Reino de la Calavera de Cristal (2008) también han explorado la idea de que antiguas civilizaciones, como las de América del Sur, podrían haber sido influenciadas por seres de otros mundos. Aunque la película se centra en la mitología maya, el concepto de seres divinos o extraterrestres que aportan conocimiento a la humanidad es una narrativa que refleja la influencia de las teorías sobre los Anunnakis en la cultura popular. Estas representaciones cinematográficas toman elementos de las mitologías antiguas y las mezclan con la ciencia ficción moderna, creando una narrativa híbrida que atrae tanto a los interesados en la historia como a los aficionados a la ficción especulativa.

Además de la ciencia ficción, el cine documental también ha abordado la temática de los Anunnakis, especialmente en producciones que exploran las teorías de conspiración sobre los antiguos astronautas. Documentales como Ancient Aliens (2009) han contribuido a popularizar la idea de que los Anunnakis eran extraterrestres que visitaron la Tierra hace miles de años. Este tipo de documentales, aunque a menudo criticados por su falta de rigor científico, han capturado la imaginación de millones de espectadores, fomentando un creciente interés en las teorías que sugieren que los dioses antiguos eran, en realidad, visitantes de otros mundos.

El impacto visual del cine ha sido crucial para la popularización de los Anunnakis, ya que permite a los espectadores visualizar estos seres antiguos y sus interacciones con la humanidad de manera espectacular. Los efectos especiales modernos permiten la creación de imágenes impactantes de ciudades antiguas, naves espaciales y seres extraterrestres, haciendo que los mitos de los Anunnakis cobren vida de una manera que los textos antiguos no podrían haber transmitido por sí mismos. A través del cine, los Anunnakis han sido transformados de simples personajes mitológicos a figuras icónicas de la cultura popular, alcanzando una audiencia mucho mayor y más diversa de la que jamás imaginaron los antiguos sumerios.

El cine ha sido un medio fundamental para la difusión de la figura de los Anunnakis en la cultura popular moderna. A través de películas de ciencia ficción, aventuras y documentales, los Anunnakis han sido reinterpretados como dioses extraterrestres, creadores y guardianes del conocimiento, capturando la imaginación de millones de personas y asegurando que estas antiguas deidades continúen siendo parte del imaginario colectivo contemporáneo.

La ciencia ficción ha sido uno de los géneros que más ha adoptado y adaptado el concepto de los Anunnakis, entrelazando su mitología con teorías sobre antiguos astronautas, viajes espaciales y la manipulación genética de la humanidad. Dentro de este género, los Anunnakis han sido reinterpretados como seres extraterrestres avanzados que juegan un papel crucial en el origen de la vida en la Tierra y en el desarrollo de las civilizaciones antiguas. La flexibilidad de la ciencia ficción permite a los autores explorar una amplia gama de posibilidades, desde los encuentros cercanos entre humanos y Anunnakis hasta los efectos a largo plazo de su intervención en la historia humana.

Uno de los temas más recurrentes en la ciencia ficción moderna que involucra a los Anunnakis es la creación de la humanidad a través de medios científicos avanzados. Esta narrativa plantea que los Anunnakis no solo visitaron la Tierra en tiempos antiguos, sino que desempeñaron un papel activo en la manipulación genética de los primeros humanos, acelerando su evolución. Esta idea aparece en novelas como Las crónicas de los Annunaki, una serie de ciencia ficción que presenta a estos antiguos dioses como ingenieros genéticos que, a través de la modificación del ADN humano, crearon una raza de seres inteligentes. La ciencia ficción, en este contexto, se convierte en un espacio para la especulación sobre el origen de la vida y la capacidad de los seres avanzados para alterar el curso de la evolución.

El concepto de civilizaciones perdidas es otro tema importante en la ciencia ficción que ha utilizado a los Anunnakis como personajes centrales. En estas historias, los Anunnakis son presentados como los constructores de civilizaciones avanzadas que florecieron en la Tierra antes de la historia registrada, y cuya tecnología y conocimientos fueron olvidados con el tiempo. Estas civilizaciones, a menudo descritas como utópicas o increíblemente avanzadas, son redescubiertas por humanos modernos que se topan con las ruinas de ciudades antiguas o artefactos alienígenas. La ciencia ficción moderna, en este sentido, utiliza a los Anunnakis para explorar la idea de que el conocimiento antiguo perdido podría contener claves importantes para el futuro de la humanidad.

El viaje espacial es otro tema que ha sido recurrentemente asociado con los Anunnakis en la ciencia ficción. En muchas novelas y películas, los Anunnakis no solo son seres que llegaron a la Tierra desde otro planeta, sino que continúan existiendo en otros sistemas estelares, observando el progreso de la humanidad o esperando el momento adecuado para regresar. Este concepto aparece en obras como Stargate, donde los humanos descubren que los Anunnakis dejaron tecnología avanzada en la Tierra que permite viajar a través de portales espaciales. Estas narrativas reflejan el deseo de explorar el espacio y descubrir otros mundos habitados por civilizaciones avanzadas, una temática central en la ciencia ficción.

Además de ser figuras centrales en narrativas especulativas, los Anunnakis también son utilizados en la ciencia ficción para plantear preguntas filosóficas sobre la naturaleza del poder, la tecnología y la moralidad. En muchas historias, los Anunnakis son retratados como seres que poseen conocimientos y tecnologías tan avanzadas que son percibidos como dioses por los humanos primitivos. Esto plantea cuestiones sobre la ética del conocimiento, el impacto de la tecnología en las sociedades menos avanzadas y el papel de los seres superiores en la guía o control de civilizaciones más jóvenes. ¿Deberían los Anunnakis haber intervenido en la historia humana? ¿Era moralmente correcto que crearan y manipularan a la humanidad para sus propios fines? Estas preguntas reflejan debates contemporáneos sobre el uso del poder y la responsabilidad de las naciones o individuos más avanzados tecnológicamente.

La ciencia ficción moderna también ha utilizado a los Anunnakis para explorar teorías de conspiración y manipulación global. En estas narrativas, los Anunnakis no son solo antiguos visitantes que dejaron su marca en las civilizaciones antiguas, sino que siguen influenciando secretamente los eventos globales. Este enfoque aparece en historias donde los gobiernos o grupos élite han mantenido contacto con los Anunnakis y utilizan su tecnología o conocimientos para controlar a la población mundial. Este tipo de historias, que mezclan ciencia ficción con elementos de thriller y teoría conspirativa, han encontrado un público apasionado entre aquellos interesados en las teorías de la conspiración sobre los antiguos astronautas y el control extraterrestre de la humanidad.

Los Anunnakis han sido adoptados por el género de la ciencia ficción como figuras clave en narrativas sobre la creación, la evolución y el futuro de la humanidad. A través de su representación en novelas, series y películas, los Anunnakis han trascendido su origen mitológico para convertirse en símbolos de la posibilidad y el misterio en la ciencia ficción moderna. Sus intervenciones en la historia humana, su tecnología avanzada y su papel como creadores continúan inspirando a escritores y cineastas a explorar nuevas formas de entender nuestra relación con el cosmos y con el pasado.

La influencia de los Anunnakis no se limita a la literatura y el cine, sino que también ha permeado otros aspectos de la cultura popular, incluyendo la música y el arte. Los Anunnakis, como antiguos dioses sumerios y presuntos visitantes extraterrestres, han capturado la imaginación de artistas y músicos que encuentran en su historia una fuente de inspiración para crear obras que exploran temas de origen, poder y misterio cósmico. La presencia de los Anunnakis en la música y el arte refleja el interés generalizado por las teorías sobre antiguos astronautas y la búsqueda de significado en mitologías antiguas reinterpretadas en un contexto contemporáneo.

En el ámbito de la música, varios géneros han adoptado la figura de los Anunnakis para explorar temas relacionados con el misticismo, los orígenes cósmicos y la conspiración global. Por ejemplo, en el género del metal progresivo y el rock, bandas como Tool y Mastodon han utilizado referencias a los Anunnakis y a las antiguas civilizaciones en sus letras y temáticas. Estas bandas a menudo combinan narrativas mitológicas con elementos de ciencia ficción, creando historias que hablan de seres ancestrales que intervienen en el destino de la humanidad. En canciones como "The Grudge" de Tool, se puede detectar una exploración de la influencia de fuerzas divinas en la vida humana, que recuerda al control que los Anunnakis supuestamente ejercieron sobre la civilización antigua.

Además del metal, el hip-hop también ha adoptado los temas relacionados con los Anunnakis. Artistas como Killah Priest, un rapero asociado con el colectivo Wu-Tang Clan, han incorporado referencias a los Anunnakis en sus letras, hablando de ellos como figuras de poder que controlan los eventos en la Tierra. En su álbum Planet of the Gods, Killah Priest hace alusión a la conexión entre los Anunnakis, los antiguos astronautas y las teorías de conspiración sobre el control extraterrestre de la humanidad. A través de la música, los Anunnakis se convierten en símbolos de un poder oculto y misterioso que sigue influyendo en el curso de la historia humana.

El arte visual también ha sido un medio importante para la representación de los Anunnakis en la cultura popular. Artistas contemporáneos han encontrado en la figura de los Anunnakis un tema fascinante para explorar la conexión entre lo antiguo y lo futurista, lo divino y lo extraterrestre. Obras de arte que combinan la estética sumeria con elementos de ciencia ficción han surgido en galerías y exposiciones, donde los Anunnakis son representados como seres divinos y tecnológicos, a menudo con detalles inspirados en la iconografía de la civilización sumeria, como los zigurats y las tablillas de arcilla.

En el arte callejero y el graffiti, la figura de los Anunnakis también ha sido utilizada como símbolo de resistencia y poder. En varias ciudades alrededor del mundo, se han visto murales y graffitis que retratan a los Anunnakis como figuras enigmáticas que desafían la narrativa oficial sobre el origen de la humanidad. Estos murales, a menudo acompañados de mensajes crípticos sobre la verdad oculta y la conspiración global, reflejan el impacto de las teorías sobre los antiguos astronautas en la cultura alternativa y subversiva.

El impacto de los Anunnakis en el arte digital ha sido igualmente significativo. Con el auge de la tecnología digital y las herramientas de creación gráfica, los artistas han encontrado nuevas formas de representar a los Anunnakis como seres futuristas que desafían las fronteras del tiempo y el espacio. En plataformas como DeviantArt y otros sitios de arte en línea, es común encontrar representaciones de los Anunnakis que combinan elementos de la mitología antigua con paisajes futuristas, donde los dioses sumerios se muestran como seres cósmicos que viajan entre galaxias y sistemas estelares. Estas representaciones reflejan la fascinación moderna por los mitos antiguos reinterpretados a la luz de los avances tecnológicos y las posibilidades del viaje interestelar.

Además de la música y el arte visual, la figura de los Anunnakis ha sido utilizada en el diseño gráfico y la moda. Algunos diseñadores han adoptado motivos sumerios en sus creaciones, incorporando símbolos y figuras asociadas con los Anunnakis en ropa y accesorios. Estos elementos, que van desde representaciones estilizadas de los dioses hasta inscripciones cuneiformes, han sido utilizados en colecciones de moda inspiradas en el misticismo y la arqueología alternativa. En el mundo del diseño gráfico, los Anunnakis se han convertido en una fuente de inspiración para creaciones que exploran la intersección entre lo histórico y lo futurista, lo terrenal y lo extraterrestre.

Los Anunnakis han dejado una huella duradera en la música y el arte popular, transformándose de figuras mitológicas antiguas en símbolos contemporáneos de poder, misterio y conspiración. A través de la música, el arte visual y la moda, los Anunnakis continúan siendo una fuente de inspiración creativa que refleja la fascinación moderna por lo desconocido y el deseo de explorar los límites de la historia, la tecnología y el poder divino.

El auge de la cultura digital en el siglo XXI ha proporcionado un espacio ideal para que las teorías y mitos sobre los Anunnakis se difundan rápidamente y alcancen una audiencia global. A través de plataformas como YouTube, Reddit, Instagram y otros medios sociales, la figura de los Anunnakis ha encontrado un renacimiento en la era digital, donde la información se comparte y discute libremente, permitiendo que estas antiguas deidades sumerias sean reinterpretadas en nuevos contextos y para nuevos propósitos.

Uno de los aspectos más notables de la influencia de los Anunnakis en la cultura digital es su presencia en los videos de conspiración y los documentales en línea. Cadenas como History Channel y plataformas independientes han producido una enorme cantidad de contenido que explora las teorías de los antiguos astronautas, sugiriendo que los Anunnakis fueron seres extraterrestres que visitaron la Tierra hace miles de años y que, de alguna manera, siguen influyendo en la humanidad. Documentales como Ancient Aliens han contribuido a la popularización de estas ideas, y miles de videos en YouTube exploran los detalles de los mitos sumerios, mezclándolos con interpretaciones modernas sobre el origen de la vida, la religión y el poder.

El impacto de los Anunnakis en la comunidad de Reddit es también significativo. En subforos como r/conspiracy o r/aliens, los usuarios comparten y discuten teorías relacionadas con los Anunnakis, a menudo vinculando sus historias con otras teorías conspirativas modernas, como la existencia de gobiernos secretos que han mantenido contacto con extraterrestres. Estas discusiones a menudo involucran debates sobre la tecnología avanzada de los Anunnakis, su papel en la creación de las primeras civilizaciones humanas y su posible regreso en el futuro. La viralización de estas teorías en plataformas sociales ha hecho que los Anunnakis se conviertan en una parte integral de la cultura digital de la conspiración.

Las redes sociales como Instagram y TikTok también han jugado un papel crucial en la difusión de información y contenido relacionado con los Anunnakis. En Instagram, por ejemplo, hay miles de publicaciones etiquetadas con #Anunnaki, que incluyen desde representaciones artísticas hasta teorías detalladas sobre su influencia en la humanidad. Los creadores de contenido han utilizado estas plataformas para compartir ilustraciones, memes y vídeos que reinterpretan a los Anunnakis como figuras cósmicas o tecnológicas, lo que ha permitido que la figura de estos antiguos dioses sumerios alcance a una nueva generación de jóvenes interesados en teorías de conspiración, historia alternativa y ciencia ficción.

Otro aspecto interesante es cómo los videojuegos han adoptado a los Anunnakis en sus narrativas y universos. En juegos como Assassin's Creed y Destiny, se exploran temas relacionados con civilizaciones antiguas que interactúan con la humanidad de formas misteriosas y avanzadas tecnológicamente. Aunque los Anunnakis no siempre se mencionan explícitamente, su influencia se siente en el uso de mitos y teorías sobre antiguos dioses extraterrestres que guían o controlan el desarrollo humano. Estos juegos permiten a los jugadores explorar mundos donde las historias sobre los Anunnakis cobran vida de manera interactiva, proporcionando una nueva forma de experimentar estos mitos antiguos.

Además, en la cultura de los memes, los Anunnakis han sido utilizados como un símbolo para representar ideas sobre el control oculto o el conocimiento secreto. Los memes que circulan en plataformas como Twitter o Reddit a menudo presentan a los Anunnakis como figuras enigmáticas que saben más de lo que dejan ver, reflejando la fascinación contemporánea por lo oculto y lo desconocido. Estos memes mezclan el humor con la teoría de la conspiración, ayudando a difundir aún más la idea de que los Anunnakis fueron responsables de eventos cruciales en la historia humana y que, de alguna manera, todavía influyen en el presente.

El uso de tecnologías de realidad aumentada (AR) y realidad virtual (VR) ha permitido que los usuarios exploren de manera interactiva narrativas y escenarios relacionados con los Anunnakis. A través de aplicaciones y experiencias inmersivas, los jugadores y usuarios pueden sumergirse en mundos donde los Anunnakis son protagonistas, explorando ciudades antiguas, artefactos misteriosos y naves espaciales avanzadas. Estas experiencias digitales no solo ofrecen entretenimiento, sino que también permiten a las personas visualizar e interactuar con las leyendas sobre los Anunnakis de una manera completamente nueva.

Los Anunnakis han dejado una huella profunda en la cultura digital moderna, donde las teorías sobre antiguos astronautas, conspiraciones globales y civilizaciones avanzadas han encontrado un terreno fértil para crecer y difundirse. Desde videos en línea y redes sociales hasta videojuegos y memes, los Anunnakis continúan capturando la imaginación de millones de personas en todo el mundo, asegurando que su legado siga siendo una parte vibrante de la cultura contemporánea.

Capítulo 25
Teorías Modernas

A lo largo de las últimas décadas, los Anunnakis han sido objeto de múltiples teorías y reinterpretaciones en el ámbito de la historia alternativa, la arqueología especulativa y la ufología. Estas reinterpretaciones se centran en la idea de que los Anunnakis, descritos originalmente como deidades de la antigua civilización sumeria, no eran simplemente mitos o creaciones religiosas, sino seres reales, posiblemente de origen extraterrestre, que influyeron en el desarrollo de la humanidad. Esta perspectiva se popularizó en gran parte gracias al trabajo de autores como Zecharia Sitchin, quien propuso que los Anunnakis eran extraterrestres que visitaron la Tierra hace miles de años.

La principal tesis de Sitchin, expuesta en su libro El 12º Planeta, sostiene que los Anunnakis provienen de un planeta llamado Nibiru, que orbita el Sol en una trayectoria elíptica larga. Según esta interpretación, los Anunnakis llegaron a la Tierra hace aproximadamente 450.000 años en busca de recursos, particularmente oro, y utilizaron ingeniería genética avanzada para crear a los primeros seres humanos, diseñados para ser sus trabajadores. En esta narrativa, los mitos sumerios sobre la creación del hombre a partir de la arcilla no son simples metáforas, sino descripciones codificadas de manipulaciones genéticas llevadas a cabo por los Anunnakis.

Este enfoque plantea una reinterpretación radical de la historia humana, desafiando las narrativas académicas convencionales. En lugar de ver los mitos de creación sumerios como relatos religiosos, los defensores de estas teorías los consideran registros históricos de interacciones entre la humanidad primitiva y seres avanzados de otros planetas. Esta reinterpretación ha encontrado una audiencia amplia, especialmente entre aquellos que desconfían de las explicaciones tradicionales de la historia y buscan conexiones entre las civilizaciones antiguas y el espacio exterior.

Otra reinterpretación moderna de los Anunnakis se encuentra en el campo de la espiritualidad alternativa. En lugar de verlos exclusivamente como extraterrestres o ingenieros genéticos, algunas corrientes esotéricas contemporáneas presentan a los Anunnakis como seres cósmicos avanzados que encarnan principios espirituales más profundos. En esta versión, los Anunnakis son guías espirituales o guardianes cósmicos, encargados de velar por la evolución espiritual de la humanidad. Esta visión conecta a los Anunnakis con las creencias de la Nueva Era, en las que se explora la idea de que ciertas entidades extraterrestres o interdimensionales están ayudando a la humanidad a ascender a un nuevo nivel de conciencia.

La reinterpretación contemporánea de los Anunnakis también incluye la idea de que estos seres dejaron atrás un legado oculto que puede ser desvelado por aquellos que están dispuestos a buscarlo. Esta visión se basa en la creencia de que los Anunnakis impartieron conocimiento avanzado en áreas como la astronomía, la agricultura y la arquitectura, conocimientos que fueron transmitidos a través de sociedades secretas o linajes especiales que han guardado estos secretos a lo largo de la historia. Los defensores de esta teoría creen que muchos de los avances tecnológicos y culturales de la humanidad tienen sus raíces en las enseñanzas dejadas por los Anunnakis, y que el redescubrimiento de este conocimiento podría tener un impacto profundo en la sociedad moderna.

El impacto de estas reinterpretaciones ha sido significativo, influyendo en una amplia gama de teorías relacionadas con la arqueología alternativa, los antiguos astronautas y la búsqueda de civilizaciones perdidas. Estas ideas han sido popularizadas en libros, programas de televisión, documentales y conferencias, y han capturado la imaginación de millones de personas en todo el mundo. A pesar de las críticas de los académicos tradicionales, que consideran estas teorías como pseudociencia, la reinterpretación moderna de los Anunnakis continúa prosperando, alimentando el deseo de muchos de encontrar respuestas alternativas sobre los orígenes de la humanidad.

La reinterpretación contemporánea de los Anunnakis los ha convertido en figuras centrales en las teorías de la historia alternativa y la espiritualidad moderna. Ya sea como extraterrestres antiguos que influyeron en la evolución humana o como guías espirituales cósmicos, los Anunnakis siguen siendo un tema de fascinación que desafía las narrativas tradicionales y propone una conexión más profunda entre la humanidad y el cosmos.El surgimiento de las teorías de la conspiración en las últimas décadas ha brindado un nuevo contexto para la interpretación de los Anunnakis, quienes han sido incorporados en narrativas que sugieren que estos antiguos dioses no solo fueron responsables de la creación de la humanidad, sino que continúan influyendo secretamente en los eventos globales hasta el día de hoy. En el centro de muchas de estas teorías está la idea de que los Anunnakis, como seres extraterrestres, han mantenido contacto con ciertas élites de la humanidad, utilizando su influencia para manipular la política, la economía y el desarrollo tecnológico.

Una de las teorías más extendidas en este ámbito es la idea de que los Anunnakis forman parte de una agenda global secreta, dirigida por un grupo de élites conocido como los Illuminati o los gobiernos en la sombra. Según esta teoría, los Anunnakis no solo controlan a los líderes mundiales, sino que también han mantenido su presencia en la Tierra desde los tiempos antiguos, actuando como observadores o incluso como manipuladores de los eventos humanos. Este tipo de narrativas se ha vuelto particularmente popular en foros de discusión en línea, videos de YouTube y libros de autores que exploran las conexiones entre los Anunnakis y las teorías conspirativas sobre el nuevo orden mundial.

Otra teoría prominente relacionada con los Anunnakis en el ámbito de la conspiración es la de la reptilianos. Esta teoría, popularizada por el autor británico David Icke, sostiene que los Anunnakis no eran simplemente dioses o extraterrestres benevolentes, sino que en realidad eran seres reptilianos que adoptaron formas humanas para gobernar y manipular a la humanidad desde las sombras. Según esta narrativa, muchas figuras históricas y contemporáneas de poder, incluidos políticos, empresarios y celebridades, serían descendientes o incluso encarnaciones de los Anunnakis reptilianos, quienes continúan ejerciendo un control significativo sobre los asuntos globales.

En el contexto de las teorías de la conspiración tecnológica, algunos proponentes creen que los Anunnakis han estado involucrados en la creación o supervisión de tecnologías avanzadas que se han mantenido ocultas al público en general. Estas teorías sugieren que los Anunnakis proporcionaron a ciertas civilizaciones antiguas conocimientos avanzados sobre la energía, la arquitectura y la medicina, pero que gran parte de este conocimiento fue suprimido o destruido para mantener a la humanidad en un estado de dependencia y control. En tiempos modernos, se dice que las corporaciones y los gobiernos están trabajando en secreto con tecnología de origen Anunnaki, lo que explicaría algunos de los avances científicos más recientes.

Además, las teorías de la conspiración moderna también han vinculado a los Anunnakis con fenómenos como los avistamientos de ovnis, la existencia de bases secretas en la Antártida y la construcción de estructuras megalíticas como las pirámides de Egipto o los moáis de la Isla de Pascua. Se especula que estas construcciones no podrían haber sido creadas por las civilizaciones humanas de la época sin ayuda externa, y los Anunnakis son a menudo presentados como los verdaderos artífices de estos monumentos. La idea de que los Anunnakis dejaron huellas físicas de su presencia en la Tierra sigue siendo una teoría recurrente en los círculos de la conspiración.

El papel de los medios digitales ha sido clave para la proliferación de estas teorías. Plataformas como YouTube, foros como Reddit y sitios web dedicados a la ufología han permitido que estas teorías sobre los Anunnakis lleguen a una audiencia global. Los videos de larga duración, los podcasts y los blogs especializados en conspiraciones sobre los Anunnakis continúan atrayendo a personas que buscan respuestas alternativas sobre los eventos históricos y actuales. Este fenómeno ha creado un ciclo en el que las teorías de conspiración alimentan el interés por los Anunnakis, lo que a su vez genera más contenido digital que refuerza estas narrativas.

Los Anunnakis han sido incorporados de manera significativa en las teorías de la conspiración moderna, donde se les presenta como seres antiguos y poderosos que continúan influyendo en el mundo desde las sombras. Ya sea como reptilianos disfrazados de humanos o como supervisores de una agenda global secreta, los Anunnakis han encontrado un nuevo lugar en el imaginario conspirativo moderno, donde su legado continúa alimentando la especulación sobre el verdadero curso de la historia humana.

El concepto de los Anunnakis, originado en la antigua Mesopotamia, ha trascendido los límites del mito y la religión antigua para convertirse en un tema central dentro de diversas áreas del pensamiento moderno. La evolución de las ideas sobre los Anunnakis ha influido en campos tan variados como la filosofía, la arqueología alternativa, la cosmología e incluso la espiritualidad contemporánea, generando debates profundos sobre los orígenes de la humanidad, la naturaleza del poder y el papel de las fuerzas cósmicas en la historia.

Uno de los impactos más significativos de los Anunnakis en el pensamiento moderno ha sido en el campo de la historia alternativa. Autores como Zecharia Sitchin y Erich von Däniken han popularizado la idea de que los Anunnakis eran seres extraterrestres que no solo visitaron la Tierra en el pasado, sino que jugaron un papel activo en el desarrollo de la civilización humana. Esta idea ha influido en el pensamiento sobre el origen de las civilizaciones, cuestionando las explicaciones académicas tradicionales y sugiriendo que gran parte de nuestra historia ha sido malinterpretada o suprimida.

En el ámbito de la filosofía contemporánea, los Anunnakis han sido objeto de debate en torno a temas como el determinismo, la intervención divina y la manipulación genética. Las teorías que proponen que los Anunnakis crearon a los humanos a través de ingeniería genética plantean preguntas fundamentales sobre la autonomía humana y el libre albedrío. Si los seres humanos fueron creados para servir a una raza superior de extraterrestres, ¿hasta qué punto somos realmente libres? Estas preguntas resuenan con los debates filosóficos modernos sobre el control y la libertad, y cómo la tecnología y la biología influyen en nuestra capacidad de tomar decisiones.

Otro impacto notable de los Anunnakis en el pensamiento moderno se encuentra en la cosmología y la ciencia ficción, donde se les utiliza como símbolos de fuerzas cósmicas avanzadas que guían o influyen en el destino humano. En este contexto, los Anunnakis son vistos como representantes de la intervención cósmica, seres que encarnan el poder de las civilizaciones galácticas para alterar la vida en planetas más jóvenes como la Tierra. Esto ha llevado a que los Anunnakis se incorporen en narrativas filosóficas que exploran la posibilidad de que la humanidad esté siendo observada o influenciada por seres de otros sistemas estelares, lo que amplía la discusión sobre la existencia de vida inteligente fuera de la Tierra y su impacto en nuestra evolución.

En el campo de la espiritualidad contemporánea, los Anunnakis han sido adoptados por diversas corrientes esotéricas y de la Nueva Era, donde se les considera seres avanzados que pueden ofrecer guía espiritual a quienes buscan trascender las limitaciones terrenales. Esta reinterpretación de los Anunnakis como maestros espirituales conecta con una tendencia más amplia en la que las antiguas deidades y figuras mitológicas son reinterpretadas en términos de energía cósmica y crecimiento personal. En lugar de ser vistos simplemente como dioses antiguos, los Anunnakis se convierten en figuras clave en la búsqueda moderna de la iluminación y la trascendencia espiritual.

El impacto de los Anunnakis en el pensamiento moderno también se extiende a la tecnología y la futurología. La creencia en que los Anunnakis poseían conocimientos avanzados en áreas como la ingeniería genética, la arquitectura y la energía ha inspirado a algunos futuristas a explorar la posibilidad de que la tecnología moderna esté replicando, consciente o inconscientemente, los avances que los Anunnakis dejaron en la Tierra hace miles de años. En este sentido, los Anunnakis son vistos como precursores de la tecnología avanzada, y sus leyendas continúan inspirando teorías sobre el papel de la tecnología en la transformación de la sociedad y el futuro de la humanidad.

Los Anunnakis han tenido un impacto significativo en el pensamiento moderno, influyendo en áreas tan diversas como la filosofía, la ciencia ficción, la espiritualidad y la futurología. Sus historias, ya sean interpretadas como mitos o como relatos históricos, continúan desafiando las narrativas convencionales sobre el origen de la humanidad y el papel de las fuerzas cósmicas en nuestro desarrollo. A medida que estas ideas siguen evolucionando, es probable que los Anunnakis continúen siendo una fuente de inspiración y especulación en el pensamiento moderno.

Aunque la mayoría de las teorías sobre los Anunnakis se encuentran en los márgenes de la ciencia convencional, algunas ideas relacionadas con estos antiguos dioses sumerios han despertado el interés de ciertos sectores de la comunidad científica. La búsqueda de respuestas sobre el origen de la humanidad, la posibilidad de vida extraterrestre y la existencia de civilizaciones avanzadas en el pasado ha llevado a algunos científicos a explorar temas que, aunque especulativos, están alineados con las teorías sobre los Anunnakis.

Uno de los campos más directamente relacionados con los Anunnakis es el de la arqueoastronomía, que estudia cómo las antiguas civilizaciones interpretaban los fenómenos celestes y su posible relación con la arquitectura y los monumentos megalíticos. Investigadores en este campo han sugerido que ciertas estructuras antiguas, como las pirámides de Giza, Stonehenge y las líneas de Nazca, podrían haber sido diseñadas con un conocimiento avanzado de la astronomía que no encaja con lo que sabemos de las capacidades tecnológicas de las civilizaciones antiguas. Aunque la mayoría de los arqueólogos tradicionales descartan estas teorías, los defensores de la arqueoastronomía sostienen que los Anunnakis o seres similares podrían haber impartido este conocimiento a los humanos antiguos.

Otro campo científico que se ha cruzado con las teorías sobre los Anunnakis es el de la astrobiología, que explora la posibilidad de vida en otros planetas y las condiciones que podrían haber permitido que civilizaciones avanzadas se desarrollen en otros mundos. Aunque la astrobiología se basa en el estudio de las condiciones planetarias y no necesariamente en mitologías antiguas, algunos teóricos han sugerido que si los Anunnakis existieron, podrían haber sido una especie avanzada de otro sistema estelar que encontró la manera de viajar a la Tierra. En este sentido, la astrobiología y la búsqueda de exoplanetas habitables pueden estar alineadas con la idea de que la humanidad no está sola en el universo y que otras civilizaciones pueden haber interactuado con nosotros en el pasado.

Además, algunos científicos interesados en la paleogenética han especulado sobre la posibilidad de que los Anunnakis, si existieron, podrían haber dejado rastros en el ADN humano. La paleogenética estudia los antiguos genes humanos para rastrear la evolución y las migraciones de las poblaciones antiguas, y algunos teóricos creen que ciertos patrones genéticos inusuales podrían ser evidencia de una intervención extraterrestre en nuestra evolución. Aunque esta teoría no tiene aceptación en la comunidad científica tradicional, la idea de que los Anunnakis manipularon genéticamente a los humanos sigue siendo un tema de interés entre los defensores de las teorías de los antiguos astronautas.

La búsqueda de civilizaciones avanzadas también ha llevado a científicos y exploradores a investigar lugares como la Antártida, donde algunos creen que podrían estar enterradas las ruinas de una civilización antigua avanzada, posiblemente conectada con los Anunnakis. Estas teorías, aunque altamente especulativas, se basan en la idea de que la Antártida, hace miles de años, era un continente habitable antes de que quedara cubierto de hielo, y que podría haber sido el hogar de una civilización perdida que dejó huellas de su tecnología avanzada.

A pesar de que la comunidad científica en general es escéptica sobre las teorías relacionadas con los Anunnakis, el aumento del interés en la búsqueda de vida extraterrestre, el estudio de civilizaciones antiguas y el análisis de genes antiguos ha permitido que ciertas ideas sobre los Anunnakis se mantengan vivas en los márgenes del discurso científico. A medida que la ciencia avanza y se descubren más datos sobre el pasado de la Tierra y el universo, es posible que algunas de las teorías más especulativas sobre los Anunnakis reciban una reevaluación, aunque probablemente bajo una luz más crítica.

La búsqueda de los Anunnakis en la ciencia se centra principalmente en teorías marginales relacionadas con la arqueoastronomía, la astrobiología y la paleogenética, campos que, aunque no aceptan directamente la existencia de los Anunnakis, se interesan por preguntas relacionadas con la posibilidad de que la humanidad haya sido influenciada por civilizaciones más avanzadas. Si bien estas ideas son vistas con escepticismo, el interés continuo por los Anunnakis y su impacto en la historia humana garantiza que seguirán siendo un tema de especulación en ciertos sectores científicos.

El impacto de las ideas sobre los Anunnakis no solo ha influido en la forma en que interpretamos el pasado, sino que también ha generado especulaciones sobre lo que su legado podría significar para el futuro de la humanidad. En este contexto, los Anunnakis son vistos no solo como figuras del pasado, sino como agentes activos en el destino de la especie humana. Varios teóricos y autores han sugerido que los Anunnakis podrían desempeñar un papel crucial en los próximos eventos planetarios, ya sea a través de su regreso o mediante la reactivación de conocimientos antiguos que dejaron a nuestra disposición.

Una de las ideas más recurrentes en este campo es la creencia de que los Anunnakis podrían regresar a la Tierra en algún momento del futuro cercano, ya sea para supervisar el progreso de la humanidad o para intervenir en momentos de crisis global. Esta teoría se basa en la noción de que los Anunnakis no se han ido completamente, sino que han estado observando a la humanidad desde las sombras, esperando el momento adecuado para revelar su presencia una vez más. En este escenario, su regreso sería visto como un momento de revelación cósmica, donde la humanidad descubriría finalmente sus verdaderos orígenes y recibiría la guía necesaria para enfrentar los desafíos futuros.

Otra línea de pensamiento sugiere que los Anunnakis dejaron atrás tecnología avanzada y conocimientos ocultos que, si se redescubrieran y utilizaran correctamente, podrían transformar el futuro de la humanidad. Los defensores de esta teoría creen que tecnologías como la energía libre, los avances médicos revolucionarios o incluso los secretos del viaje interestelar podrían estar ocultos en antiguas ciudades, templos o artefactos vinculados con los Anunnakis. Este conocimiento, una vez desbloqueado, podría permitir a la humanidad avanzar a pasos agigantados hacia un futuro post-escasez, donde los problemas energéticos, ambientales y sociales del presente se resolverían con la ayuda de la sabiduría Anunnaki.

En el ámbito de la espiritualidad contemporánea, algunos creen que el legado de los Anunnakis no es únicamente tecnológico, sino también espiritual. Según esta perspectiva, los Anunnakis dejaron claves para la ascensión espiritual de la humanidad, y su legado está relacionado con el despertar de un nuevo nivel de conciencia global. En este contexto, los Anunnakis no solo serían nuestros creadores físicos, sino también maestros espirituales que desean ayudarnos a trascender nuestras limitaciones terrenales y acceder a una dimensión superior de existencia. Esta idea conecta con las corrientes espirituales de la Nueva Era, donde se espera una transformación masiva de la humanidad en un futuro cercano, impulsada por fuerzas cósmicas.

Además, la idea de que los Anunnakis podrían jugar un papel en el futuro de la humanidad también está relacionada con las teorías sobre el destino cósmico de la especie. Algunos autores han sugerido que la humanidad está destinada a convertirse en una especie interplanetaria, y que el legado de los Anunnakis incluye las herramientas y el conocimiento necesarios para colonizar otros planetas. En esta visión, la Tierra es solo el comienzo del viaje humano, y los Anunnakis, como nuestros predecesores galácticos, están esperando que alcancemos un nivel de desarrollo suficiente para unirnos a ellos en el vasto cosmos.

La conexión entre los Anunnakis y el futuro de la humanidad también se ha utilizado para especular sobre el impacto de los avances tecnológicos modernos, como la inteligencia artificial y la biotecnología. Algunos teóricos han planteado que los Anunnakis podrían haber usado técnicas similares a las que estamos comenzando a desarrollar para crear a la humanidad, y que estamos entrando en una era en la que seremos capaces de replicar sus hazañas. Esta perspectiva sugiere que la humanidad, al alcanzar niveles de tecnología similares a los de los Anunnakis, podría estar preparándose para asumir el rol de creadores en otros mundos, replicando el ciclo de intervención que los Anunnakis comenzaron hace miles de años.

Los Anunnakis no solo son figuras del pasado, sino que también representan una visión del futuro de la humanidad. Ya sea a través de su posible regreso, la reactivación de su conocimiento o la evolución espiritual que dejaron como legado, los Anunnakis continúan siendo un tema central en las especulaciones sobre el futuro del planeta y la evolución de nuestra especie. A medida que la humanidad enfrenta nuevos desafíos en el siglo XXI, el legado de los Anunnakis sigue ofreciendo una rica fuente de inspiración para aquellos que buscan respuestas sobre nuestro destino en el cosmos.

Capítulo 26
Reflexiones Finales

Los Anunnakis, como figuras centrales en la mitología sumeria, han dejado una huella profunda en la historia del pensamiento humano, desde los primeros textos escritos hasta las teorías contemporáneas sobre el origen de la humanidad y la vida extraterrestre. Estos dioses sumerios, inicialmente considerados como entidades poderosas que controlaban diversos aspectos de la vida y la naturaleza, han sido objeto de un gran número de reinterpretaciones a lo largo de la historia, lo que ha dado lugar a la creación de un legado multifacético que abarca la religión, la filosofía, la arqueología alternativa y la ciencia ficción.

En la antigua Sumeria, los Anunnakis eran vistos como deidades encargadas de mantener el orden cósmico y social. Según los mitos, estos dioses tenían poder sobre los elementos de la naturaleza, la creación de los humanos y el destino de las ciudades-estado sumerias. El panteón sumerio, del cual los Anunnakis formaban parte, representaba una estructura jerárquica de poder en la que cada dios tenía responsabilidades específicas. La creación de la humanidad, según el mito sumerio, fue uno de los actos más significativos atribuidos a los Anunnakis. Según las tabletas de arcilla descubiertas en sitios arqueológicos como Nippur y Eridu, los Anunnakis crearon a los humanos como trabajadores, seres cuya existencia debía facilitar las labores que los dioses ya no querían realizar.

La figura de Enki, uno de los líderes más importantes de los Anunnakis, se destaca como un dios de la sabiduría y el conocimiento que a menudo intervino en favor de los humanos, particularmente en mitos como el del diluvio, donde Enki advierte a Ziusudra (Utnapishtim) del inminente desastre, permitiendo que una porción de la humanidad sobreviva. Este tema de la creación y protección de la humanidad por parte de los Anunnakis ha perdurado en las diferentes versiones de sus mitos, otorgándoles un papel crucial en la cosmovisión de los sumerios.

Con el tiempo, los mitos de los Anunnakis se difundieron por otras culturas de Mesopotamia, como los acadios, los asirios y los babilonios, adaptándose a sus panteones y creencias. En estas culturas, los Anunnakis a menudo aparecían en textos como los responsables del destino de los humanos, dictando su futuro y participando en la estructura del cosmos. Los babilonios, por ejemplo, heredaron los relatos de la creación sumeria y los modificaron en textos como el Enuma Elish, donde los dioses más jóvenes, como Marduk, tomaban el protagonismo.

En tiempos modernos, los Anunnakis han trascendido su contexto original para convertirse en íconos culturales. A lo largo del siglo XX y XXI, los Anunnakis fueron redescubiertos por arqueólogos y estudiosos de las antiguas civilizaciones mesopotámicas. Sin embargo, fue su inclusión en teorías sobre antiguos astronautas y en el campo de la arqueología alternativa lo que los elevó a un nuevo nivel de notoriedad. La idea de que los Anunnakis no eran simplemente dioses mitológicos, sino seres extraterrestres que interactuaron con los humanos antiguos, ha capturado la imaginación de millones de personas en todo el mundo.

En este sentido, el legado de los Anunnakis es doble: por un lado, siguen siendo recordados como las deidades creadoras de una de las primeras civilizaciones de la historia, y por otro, han sido reinterpretados como visitantes cósmicos que jugaron un papel en la creación y evolución de la humanidad. Este dualismo en la percepción de los Anunnakis ha asegurado su longevidad como figuras de interés en la cultura contemporánea.

Los Anunnakis, aunque originarios de los antiguos mitos sumerios, han continuado resonando a lo largo de los siglos. Su legado se ha expandido y transformado, desde su rol en la creación de la humanidad en las primeras ciudades de Mesopotamia hasta su representación como seres de otros mundos en las narrativas modernas. A través de sus múltiples interpretaciones, los Anunnakis siguen siendo una fuerza poderosa en la imaginación humana, simbolizando tanto el pasado ancestral de la humanidad como sus potenciales conexiones con el cosmos.

Desde que se redescubrieron los textos cuneiformes que mencionaban a los Anunnakis, los estudiosos han dedicado mucho esfuerzo a comprender su papel en la mitología sumeria y su significado dentro de la civilización mesopotámica. Las interpretaciones académicas de los Anunnakis han evolucionado a medida que se han encontrado nuevas tablillas y sitios arqueológicos, proporcionando una visión más clara de su función en las primeras religiones organizadas del mundo. Aunque las teorías académicas se centran principalmente en su papel como deidades en los mitos antiguos, también se han explorado otros aspectos, como su influencia en las ideas posteriores sobre los dioses y el poder divino.

En el ámbito de la arqueología, los Anunnakis se consideran representaciones simbólicas del poder político y religioso en las primeras ciudades-estado de Sumeria. Como figuras divinas, los Anunnakis servían para legitimar el gobierno teocrático de los reyes, quienes a menudo afirmaban tener una conexión directa con los dioses. Los templos dedicados a los Anunnakis y otros dioses del panteón sumerio eran centros de poder religioso y económico, donde se llevaban a cabo rituales y ofrendas que mantenían el orden social. En este sentido, los Anunnakis eran fundamentales para el sistema de creencias que estructuraba la sociedad sumeria, y su influencia se extendía tanto a la esfera religiosa como a la política.

En cuanto a su función mitológica, los Anunnakis son considerados deidades intermediarias que actúan entre los dioses más poderosos y la humanidad. En los mitos sumerios, a menudo eran descritos como jueces del inframundo o como deidades que determinaban el destino de los humanos. Su asociación con el inframundo y la vida después de la muerte sugiere que los Anunnakis jugaban un papel importante en la cosmología sumeria, donde la muerte no era el final, sino una transición a otro reino donde los dioses aún tenían influencia sobre las almas de los fallecidos.

Algunos estudiosos también han destacado que los Anunnakis podrían haber sido una clase de dioses ancestrales o espíritus de la naturaleza, responsables de mantener el equilibrio entre el cielo, la tierra y el inframundo. Esta visión más cercana a la naturaleza de los Anunnakis les confiere un rol en la regulación de los ciclos naturales, como la fertilidad de la tierra y la abundancia de las cosechas. De hecho, muchos de los rituales dedicados a los Anunnakis tenían que ver con la agricultura y la celebración de las estaciones, lo que subraya su importancia en la vida cotidiana de los sumerios.

A lo largo de los años, las interpretaciones lingüísticas de los textos que mencionan a los Anunnakis también han cambiado, con el análisis de los nombres y epítetos utilizados para describirlos. El término "Anunnaki" ha sido interpretado de diferentes maneras, pero generalmente se traduce como "los descendientes de An", en referencia a Anu, el dios del cielo y jefe del panteón sumerio. Esto indica una relación de subordinación de los Anunnakis con respecto a los dioses principales, sugiriendo que, aunque poderosos, no estaban en la cima de la jerarquía divina.

Las interpretaciones académicas sobre los Anunnakis han revelado que estos dioses no solo eran importantes en el contexto religioso y mitológico de Sumeria, sino que también desempeñaban un papel clave en la estructura social y política de las primeras civilizaciones mesopotámicas. Su influencia como intermediarios divinos y reguladores de la vida después de la muerte les otorgó un lugar central en la cosmovisión sumeria, y su legado ha continuado siendo objeto de estudio y fascinación en la academia moderna.

El impacto cultural de los Anunnakis ha trascendido los límites de la mitología mesopotámica, extendiéndose a lo largo de la historia humana y contribuyendo al desarrollo de ideas sobre el poder divino, la creación y la relación entre dioses y humanos.

Aunque su culto desapareció con el paso del tiempo, el legado de los Anunnakis se ha mantenido vivo a través de las tradiciones, los textos y las influencias que dejaron en las culturas que les siguieron.

Uno de los aspectos más notables del impacto cultural de los Anunnakis es su influencia en la formación de las ideas sobre los dioses y el poder en las civilizaciones posteriores de Mesopotamia, como los acadios, los babilonios y los asirios. En estas culturas, los Anunnakis fueron absorbidos en sus respectivos panteones, y su papel como intermediarios divinos fue heredado por otros dioses y entidades espirituales. La figura del juez divino y del dios que controla los destinos humanos fue central en la visión del mundo de los antiguos pueblos mesopotámicos, y esta noción continuó evolucionando en las religiones de la región.

Los Anunnakis también tuvieron un impacto duradero en la literatura y las narrativas mitológicas. Las epopeyas y mitos de Sumeria, como el Poema de Gilgamesh, influyeron en textos religiosos y literarios posteriores, incluidas las historias bíblicas y la mitología griega. El mito del diluvio, en particular, es un ejemplo claro de cómo los relatos sumerios sobre los Anunnakis influyeron en las escrituras posteriores. Las semejanzas entre el mito de Ziusudra, donde los Anunnakis deciden enviar un diluvio para purgar a la humanidad, y la historia bíblica de Noé, indican una transmisión cultural de estas ideas a lo largo del tiempo.

En la historia del arte, los Anunnakis también han dejado su marca. En los templos y palacios de las ciudades mesopotámicas, se han encontrado representaciones artísticas que muestran a los Anunnakis como figuras imponentes, a menudo acompañadas de símbolos de poder y autoridad. Estas representaciones no solo eran una muestra de la devoción religiosa hacia los dioses, sino también una forma de consolidar la legitimidad de los gobernantes que afirmaban ser descendientes de los Anunnakis. A través del arte y la iconografía, los Anunnakis se convirtieron en símbolos de poder divino, presentes en la vida pública y política de Mesopotamia.

El impacto de los Anunnakis también se puede rastrear en las ideas modernas sobre el poder extraterrestre y las teorías de los antiguos astronautas. En la cultura popular, los Anunnakis han sido reinterpretados como seres extraterrestres avanzados que influyeron en el desarrollo de la civilización humana, una idea que ha resonado con un público más amplio en los últimos años. Este tipo de reinterpretaciones ha dado lugar a un nuevo tipo de impacto cultural, donde los mitos antiguos se mezclan con la ciencia ficción y la especulación sobre la existencia de civilizaciones avanzadas fuera de la Tierra.

Los Anunnakis han tenido un impacto cultural profundo en la historia humana, desde sus raíces en la antigua Mesopotamia hasta su reinvención en la cultura popular contemporánea. A través de su papel en los mitos, el arte y las ideas sobre el poder divino, los Anunnakis han influido en la forma en que las civilizaciones han comprendido el mundo y la relación entre los dioses y la humanidad.

La relación entre los Anunnakis y la búsqueda del origen de la vida ha sido un tema de interés tanto en los mitos antiguos como en las teorías contemporáneas sobre el surgimiento de la humanidad. Según las leyendas sumerias, los Anunnakis no solo eran dioses, sino también creadores que diseñaron a los humanos para servirles. Esta idea de la creación ha influido profundamente en la forma en que la humanidad ha buscado respuestas sobre su propio origen.

En la mitología sumeria, los Anunnakis utilizaron ingeniería divina para crear a los humanos a partir de la arcilla y la sangre de un dios sacrificado. Este relato no solo explica el origen de los humanos, sino que también establece una relación jerárquica entre los dioses y sus creaciones. A través de este mito, los sumerios ofrecieron una explicación religiosa para el origen de la humanidad, que estaba intrínsecamente ligada al servicio y la obediencia hacia los dioses.

La idea de los Anunnakis como creadores ha sido reinterpretada en tiempos modernos a través de la teoría de los antiguos astronautas, que sugiere que estos dioses no eran seres mitológicos, sino extraterrestres avanzados que manipularon genéticamente a los primeros humanos. Esta reinterpretación ha dado lugar a una nueva forma de pensar sobre el origen de la vida, que mezcla la mitología antigua con las teorías científicas sobre la evolución y la genética. Los defensores de esta teoría argumentan que los Anunnakis podrían haber sido responsables de intervenir en la evolución humana, acelerando su desarrollo a través de la manipulación genética.

Esta teoría también ha impulsado debates filosóficos sobre el papel de los creadores y la autonomía de los seres creados. Si los Anunnakis realmente diseñaron a los humanos, ¿qué implica esto para nuestra comprensión del libre albedrío? ¿Somos simplemente el producto de un experimento realizado por una civilización avanzada, o tenemos la capacidad de trascender nuestras limitaciones impuestas por nuestros creadores? Estas preguntas han encontrado eco en el pensamiento moderno, especialmente en las áreas de la ciencia y la filosofía que exploran los límites del poder creativo y la responsabilidad ética de los creadores.

Por otro lado, la ciencia moderna ha buscado respuestas sobre el origen de la vida a través de la astrobiología y el estudio del ADN antiguo. Aunque las teorías sobre la intervención de los Anunnakis no son aceptadas en los círculos científicos tradicionales, la idea de que la vida en la Tierra podría haber sido influenciada por factores externos, como los cometas o incluso la panspermia (la teoría de que la vida en la Tierra podría haber llegado del espacio exterior), sigue siendo un tema de estudio. Esta búsqueda del origen de la vida está en el corazón de muchas de las preguntas que la humanidad ha intentado responder a lo largo de los siglos.

Los Anunnakis, ya sea como dioses mitológicos o como creadores extraterrestres, han sido una fuente de inspiración en la búsqueda del origen de la vida. A través de los mitos antiguos y las teorías modernas, los Anunnakis siguen siendo una figura clave en la exploración de cómo surgió la humanidad y cuál es su lugar en el universo.

El legado de los Anunnakis no se limita a su papel como dioses o creadores, sino que también abarca aspectos más profundos de la espiritualidad y la filosofía. A lo largo de los siglos, los Anunnakis han sido vistos como símbolos de poder divino, y su influencia ha moldeado la forma en que las culturas antiguas y modernas piensan sobre la autoridad, el conocimiento y la relación entre los dioses y los humanos.

En la filosofía sumeria, los Anunnakis representaban la justicia cósmica y el orden divino, una estructura que se reflejaba en la sociedad humana. Los reyes, considerados intermediarios entre los dioses y los humanos, se apoyaban en la legitimidad que los Anunnakis les otorgaban para gobernar. Este legado de poder divino ha sido central en las ideas sobre la monarquía y el derecho divino de los reyes, no solo en Mesopotamia, sino también en las civilizaciones que le siguieron.

Desde un punto de vista espiritual, los Anunnakis también se han convertido en figuras que simbolizan la búsqueda de la verdad y el conocimiento oculto. En las tradiciones esotéricas modernas, se cree que los Anunnakis poseían secretos sobre el universo y la creación que solo podían ser revelados a aquellos dignos de recibirlos. Este aspecto espiritual ha sido adoptado por movimientos de la Nueva Era y corrientes de pensamiento esotérico que ven en los Anunnakis a guías cósmicos que aún pueden influir en el destino de la humanidad.

En la filosofía contemporánea, los Anunnakis han inspirado debates sobre el poder, el destino y la libertad. La idea de que seres superiores pueden tener control sobre el destino humano plantea preguntas sobre el determinismo y el libre albedrío. ¿Hasta qué punto los humanos tienen el control sobre su propio destino si fueron creados para servir a los dioses? Este dilema filosófico sigue siendo relevante en las discusiones modernas sobre la autonomía y la responsabilidad.

El legado de los Anunnakis, por tanto, es tanto espiritual como filosófico, y continúa influyendo en la forma en que las personas interpretan el poder, la autoridad y el conocimiento en el mundo moderno. Aunque sus orígenes están en las primeras civilizaciones de la humanidad, su impacto sigue siendo relevante hoy en día, ofreciendo una rica fuente de reflexión sobre las relaciones entre los dioses, los humanos y el universo.

Epílogo

Al reflexionar sobre la vasta influencia de los Anunnakis, tanto en la antigua Sumer como en la cultura moderna, es imposible no sentirse atraído por las lecciones que estos mitos nos ofrecen sobre el poder, el conocimiento y la humanidad. Los Anunnakis no solo fueron vistos como creadores y guías, sino también como protectores de un conocimiento que solo debía ser revelado en el momento adecuado. En cada leyenda, desde la creación de la escritura hasta la construcción de los grandes zigurats, hay una advertencia implícita: el conocimiento sin sabiduría puede ser tan peligroso como beneficioso.

En la mitología sumeria, los Anunnakis enseñaron a la humanidad a cultivar la tierra, a construir ciudades y a organizarse bajo líderes divinamente designados. Estos avances, aunque trajeron prosperidad, también crearon nuevos desafíos. Los humanos, dotados de las herramientas de la civilización, debían aprender a mantener un equilibrio entre el progreso y la reverencia por las fuerzas cósmicas que los gobernaban. Los templos y los rituales se convirtieron en recordatorios constantes de que, aunque los Anunnakis habían dado estos dones, también podían retirarlos si la humanidad los utilizaba de manera incorrecta.

Este delicado equilibrio entre el poder y la responsabilidad resuena profundamente en nuestra era moderna. Al igual que los sumerios que miraban hacia los cielos en busca de guía, nosotros también enfrentamos desafíos similares en nuestra relación con el conocimiento y la tecnología. En un mundo donde los avances científicos y tecnológicos continúan transformando nuestras vidas, los mitos sobre los Anunnakis sirven como una advertencia intemporal sobre la necesidad de equilibrar el progreso con la sabiduría.

Hoy en día, los Anunnakis han encontrado un nuevo renacimiento en la cultura popular. Las teorías de antiguos astronautas, los documentales en plataformas como History Channel y la proliferación de contenido en línea han transformado a estos dioses sumerios en símbolos de poder oculto y conspiración. En los memes y en los videojuegos, los Anunnakis representan tanto lo desconocido como lo deseado: un conocimiento superior que, si se obtiene, podría cambiar el curso de la historia humana.

Sin embargo, al final de todo, lo que los mitos sobre los Anunnakis realmente nos enseñan es la importancia de la moderación y la reflexión. El poder sin límites, como se vio en los conflictos entre Enki y Enlil, siempre conduce a la destrucción. La sabiduría verdadera no reside en la acumulación de conocimiento, sino en la capacidad de usarlo de manera responsable para el beneficio de todos.

Al concluir este viaje a través de la historia y la mitología de los Anunnakis, queda claro que estas antiguas deidades todavía tienen mucho que enseñarnos. No solo sobre los orígenes de la civilización, sino también sobre nuestra propia naturaleza y los desafíos que enfrentamos como especie. Los Anunnakis, en su papel de guardianes del conocimiento, nos recuerdan que el verdadero poder reside no solo en lo que sabemos, sino en cómo elegimos utilizar ese conocimiento.